AF341583

A. HUGUENIN

UN
VILLAGE BOURGUIGNON

sous

L'ANCIEN RÉGIME

GEMEAUX

Doctus cum Libro.

DIJON

IMPRIMERIE DARANTIERE

65, RUE CHABOT-CHARNY, 65

1893

GEMEAUX

A. HUGUENIN

UN

VILLAGE BOURGUIGNON

SOUS

L'ANCIEN RÉGIME

GEMEAUX

Doctus cum Libro.

DIJON

IMPRIMERIE DARANTIERE

65, RUE CHABOT-CHARNY, 65

1893

AVANT-PROPOS

On peut dire des villages ce qu'on a dit des peuples : Heureux ceux qui n'ont pas d'histoire, et dont les habitants ont vu leur vie s'écouler calme et paisible, au milieu des affections de famille et des travaux des champs.

Qu'il rappelle un succès ou une défaite, un nom historique coûte cher, on peut en demander le prix aux vieux remparts de Belfort, ou aux ruines encore fumantes de Bazeilles.

Donc cette étude n'est pas une histoire, mais un simple récit destiné à conserver des souvenirs qui disparaissent chaque jour, et qui ont bien leur intérêt.

Dans ces notes, j'ai eu plutôt en vue la vie administrative, morale et matérielle de tous les villages de la Bourgogne, que celle de Gemeaux en particulier ; du reste elle était à peu près la même partout dans la province, mais il me fallait un type, et j'ai choisi le village que je connaissais le mieux.

Je n'ai pas écrit pour les lettrés, mais pour les humbles et les modestes, ce qui explique la nécessité, selon moi, de revenir sur des faits historiques indispensables à connaître pour être compris par les habitants des villages auxquels je m'adresse plus particulièrement. Je crois toutefois n'avoir envisagé ces faits que dans les rapports stricts de l'histoire particulière avec l'histoire nationale (1).

Je ne pouvais me dispenser de parler de l'ancien régime, des impôts, de la révocation de l'édit de Nantes, sans quoi mon travail n'aurait pas eu de sens.

Je m'empresse de reconnaître, de confesser même, que j'aurais dû apporter plus d'exactitude dans l'indication des sources, et, pour les pièces tirées des dépôts publics, reproduire la désignation même des inventaires; pour les imprimés donner le titre, l'édition, le volume, la page (2).

Je ne l'ai pas fait; au début de mes recherches, qui ont duré plusieurs années, j'ai oublié de prendre ces précautions et je n'ai pu y revenir; mais ce que je puis affirmer, c'est que je n'ai rien avancé sans en avoir eu la preuve, car je suis de ceux qui pensent que l'histoire ne s'invente pas.

Voici les sources auxquelles j'ai puisé :
Archives et Bibliothèque nationales, Paris.

(1) H. Chabeuf, *Plan d'une monographie communale.*
(2) Ibid.

Bibliothèque de la ville de Dijon.

Joseph Garnier, Chartes communales, Cherches des
   feux, etc.

Seignobos, le Régime féodal en Bourgogne.

Augustin Thierry, Essai sur la formation du Tiers
   Etat.

Michelet, Origine du droit français.

H. Taine, l'Ancien régime.

A. Babeau, l'Ecole, la Vie rurale, le Village sous
   l'ancien régime.

L. Veuillot, le Droit du seigneur.

Bussy-Rabutin, Mémoires.

E. Gauttier, la Chevalerie.

H. Beaune et J. d'Arbaumont, la Noblesse aux Etats
   de Bourgogne.

*Puis les notes inédites des abbés Duplus, Choiset,
de M. Césaire Huot, et enfin des papiers de famille.*

*Avec de pareils maîtres, l'épigraphe suivante
s'imposait naturellement à ce travail :*

Doctus cum libro.

Gemeaux, octobre 1892.

UN VILLAGE BOURGUIGNON
SOUS L'ANCIEN RÉGIME

GEMEAUX

Sentinelle avancée de la montagne, Gemeaux se présente fièrement au voyageur qui, se rendant de Dijon à Langres, suit l'ancienne voie romaine d'Agrippa.

Combien son aspect devait être plus imposant encore, lorsque les vieilles tours de Guillaume de Grancey élevaient vers le ciel leurs créneaux menaçants.

C'était alors avec Grancey, Saulx-le-Duc, Thil-Châtel, le *fort pays* de Bourgogne (1) ; aujourd'hui ce n'est plus qu'un village, qui conserve encore des traces de son antique origine. Gemeaux, dit *Courtépée,* ainsi nommé sans doute à cause des reliques des saints Jumeaux, martyrs de Langres, qu'on y vénère. C'est là une erreur, les reliques des fils de sainte

(1) Grancey et Thil-Châtel ont fait autrefois féodalement partie du duché.

1.

Léonille n'y furent apportées qu'au xvii⁰ siècle (1), et il y avait longtemps, à cette époque, que Gemeaux portait son nom. Aux xii⁰ et xiii⁰ siècles on l'appelle Gemelx, Gemelli, aux xv⁰ et xvi⁰ siècles Jumeaux. Le nom de Jumeaux ou Gemeaux lui vient des deux petites montagnes au pied desquelles il se trouve bâti, la Charme et le Montmeroux. Il existait très certainement déjà à l'époque celtique, les sépultures découvertes près des fontaines, la hache en bronze trouvée par M. Gauttier, en témoignent suffisamment.

Du reste, de tout temps, là où il y avait des fontaines, se trouvaient des habitations.

Gemeaux avait donc déjà une longue existence à l'époque barbare. Les deux cippes découverts en Prénan, les défenses qui se trouvent près de la voie romaine l'indiquent assez. Un des cippes trouvés à Gemeaux est en pierre blanche d'Asnières, il a 1 mètre 50 de hauteur sur 1 m. 30 de largeur. Il représente trois personnes qui semblent être le père, la mère et l'enfant. C'est un monument funéraire gallo-romain qui paraît remonter au iii⁰ ou iv⁰ siècle de notre ère.

L'aspect du village du côté de la route est agréable ; au milieu de la colline se détache l'église avec sa tour carrée du xii⁰ siècle ; à ses pieds s'étagent de charmantes habitations disposées en terrasse. Au sommet, quelques restes du vieux château, une statue

(1) Voir le chapitre : L'Eglise.

de la Vierge encadrée dans une ceinture de feuillage.

Le culte de la mère de Dieu a toujours été en grand honneur à Gemeaux, car l'église lui avait été primitivement dédiée ; en voit en effet, en 1120, Jocerand, évêque de Langres, parler, avec une tendre et respectueuse affection, de son église de Sainte-Marie de Gemeaux. Plus tard, le 23 octobre de l'an 1429, un autre évêque de Langres la consacrait à nouveau en la plaçant sous le patronage de l'Assomption. La chapelle qui existe encore dans le château actuel lui est aussi dédiée, la fête du village se célébrait autrefois le 15 août, et ce jour est encore la fête de l'église.

Si maintenant vous parcourez les rues de Gemeaux, partout vous trouvez des vestiges de l'ancienne dévotion des habitants. A chaque pas vous rencontrerez des inscriptions ou des niches en pierre, veuves de leurs statues mais qui témoignent du culte fervent de nos pères pour la Mère de Dieu.

Allez vers l'orient, vous rencontrez la combe Sainte-Marie, à l'Occident les terres Notre-Dame, au nord le sentier à la Vierge, au midi la chapelle Saint-Michel, où se trouvait la statuette miraculeuse de Notre-Dame de Bon-Secours.

Enfin la statue qui domine aujourd'hui le pays représente la Vierge Marie.

Si du sommet de la Charme vous appuyez à droite, vous rencontrez une avenue d'arbres séculaires, conduisant au bois. Plus à droite encore, au pied d'un coteau couvert de vigne, le château ; il est entouré de vieux tilleuls, ormes et marronniers, qui l'abritent contre les vents du nord.

Rien n'est plus agréable à voir que ce massif de verdure, qui, en automne, au milieu d'une brume légère sous les rayons d'un pâle soleil, se colore de tous les feux de l'arc-en-ciel. Du haut de la *Charme* (c'est le nom d'une des collines au pied desquelles est bâti le village), la vue s'étend à l'infini. Çà et là quelques croix de pierre qui se détachent dans le ciel bleu, ex voto de pieuses familles; puis d'immenses plaines, des bois, des prés, plus loin la sombre forêt de *Velours*, les montagnes du Jura, et enfin quelquefois, les pics neigeux du Mont-Blanc, signes précurseurs de l'orage.

L'aspect du village, depuis le chemin de fer, est tout différent. Il est triste, c'est bien le vieux bourg du moyen âge, avec ses toits de laves et ses maisons grises. L'intérieur est plus triste encore, pas d'arbres, pas de jardins, des rues étroites, tortueuses. Sur la place, les vieilles halles auxquelles s'attachent des maisons en ruines qui n'ont ni intérêt ni utilité.

Geméaux, malgré les invasions des grandes Compagnies, la visite des Écorcheurs, et des soldats de Galas, ne paraît pas avoir beaucoup changé. L'incendie, qui pendant ces guerres a détruit tant de villages, l'a épargné; cela devait tenir à sa position naturellement défensive.

Les ennemis s'emparaient du fort, s'y installaient, et de là ravageaient et pillaient les campagnes voisines.

Le climat est bon, l'air sain, pur, très vif, il convient peu aux gens nerveux ; les gelées printanières y sont très fréquentes. En automne, elles sont plus rares.

On y cultivait jadis la vigne avec profit, aujourd'hui les maladies cryptogamiques l'ont tuée.

Le houblon d'importation récente y est d'une qualité exceptionnelle. Le sol y serait fertile s'il était mieux cultivé et amendé.

Les habitants, je parle de la vieille race, sont sobres, laborieux, économes, obstinés, un peu ombrageux ; mais au fond leur nature est bonne ; ils ne sont ni flatteurs, ni hypocrites. Ils aiment, disent-ils, la liberté ; ils ont bien raison, mais ils préfèrent encore l'égalité sans penser que souvent l'égalité est la négation de la liberté. Ils ne se doutent pas, dans le désir qu'ils ont d'être absolument les égaux de tous, que les sociétés ne vivent pas d'égalité, mais d'inégalité. En dehors de l'égalité devant la loi et devant l'impôt, l'égalité doit être l'œuvre personnelle de chacun.

La nature repousse l'égalité. Supposons une société où tous les hommes seraient également riches, l'argent n'aurait pas de valeur, car ce qui lui donne un prix, c'est que les uns en ont et que les autres n'en ont pas.

Voyez la nature, elle n'a pas fait un seul être semblable, il y a des hommes petits, grands, beaux, laids intelligents, stupides, etc. Prenez cent plantes, il n'y en a pas deux qui se ressemblent, prenez des feuilles de tous les arbres, il n'y en a pas deux du même vert. Donc ne vantons pas trop l'égalité et laissons cette utopie aux jaloux, aux envieux, pour ne pas dire aux imbéciles.

On appelait autrefois les habitants de Gemeaux des *sacs vides*, parce qu'ils n'étaient pas riches, ou des *pécoras*. Si je consigne ici ces sobriquets, c'est à un point de vue purement historique, car ils ne sont plus mérités, si tant est qu'ils l'aient jamais été.

Les Gemello† aiment leur pays et ne connaissent pas d'autre horizon que celui de leur village. Comme leurs pères ils se résignent au travail quelque dur qu'il soit, et leur seule ambition est d'augmenter leurs petits domaines. Ils sont charitables et savent au besoin aider un voisin dans l'embarras.

Le sol natal sent bon, aussi j'aime ce vieux bourg, j'aime ses chemins pierreux, ses sentiers qui se perdent dans les vignes, j'aime les buissons où noircit la prunelle, et ces murgers de pierre grise où traînent quelques vieux ceps de ce beau raisin bleu qu'on appelle le *Gaillard*. J'aime le bois de la Charme et ses allées ombreuses, et celui de Fontenottes avec sa chapelle gothique, où dort depuis de longs siècles le vaillant Templier Etienne de Tricastel.

J'aime aussi et surtout le souvenir des miens qui dorment sous les dalles de l'église : je me reporte par la pensée au temps où ils vivaient, je les vois, simples et bons, traversant de longs siècles de misère, et grandissant par l'ordre, l'épargne et le travail ; et à l'heure de la mort, recommandant aux leurs de solidariser leurs affections et leurs intérêts, et de mettre avant tout l'amour de la famille et du devoir accompli.

L'ANCIEN RÉGIME

Je ne sais qui a dit, et avec raison, que l'esprit des masses était séparé par mille siècles de nos souvenirs nationaux. Qui donc en effet aujourd'hui, sauf quelques natures curieuses et tristes, aime à remuer la poussière des archives et songer au passé ? La Révolution a jeté, entre l'ancien régime et le nouveau, un voile tellement épais, qu'il n'est pas encore déchiré, et beaucoup d'esprits vulgaires pensent et se font gloire de penser que la France ne date que de 1789. Dans ce modeste travail, j'espère prouver cependant que nos campagnes avaient déjà une vie propre avant cette époque, et que nos pères valaient mieux qu'on ne se plaît à le dire.

Pour bien se rendre compte de la vie administrative, morale et matérielle même d'un village avant 1789, il faut avoir une idée générale de cet ancien régime, dont on n'a jamais tant médit que depuis que ceux qui en avaient été les témoins ont disparu.

Il est mort aujourd'hui, qu'il repose en paix ; ce n'est pas moi qui prononcerai son oraison funèbre ;

je ne dirai pas même, comme M. de Tocqueville, dont personne cependant ne saurait suspecter la science et encore moins le libéralisme : « J'ai commencé l'étude de l'ancienne société française avec défiance, je l'ai terminée avec respect. » Mais je dirai de l'ancien régime ce qu'on a dit des hommes, les meilleurs sont ceux qui ont commis le moins de fautes, il faut donc le traiter avec indulgence, en considérant qu'il était un progrès sur les régimes qui l'avaient précédé.

De cet ancien régime je connais les fautes et les crimes ; il ne faut pas trop parler de la Saint-Barthélemy, des dragonnades, des lettres de cachet, des cours prévôtales, de la révocation de l'Edit de Nantes, car on pourrait répondre par la Terreur, les noyades de Nantes, le massacre des prisons, la Terreur blanche, le deux décembre, la loi de sûreté générale, la commune, le massacre des ôtages..... Et les abus d'aujourd'hui n'ont pas pour excuse une société en formation, qui ne connaissait que la force brutale !

Tout cela ne prouve rien, si ce n'est que les gouvernements se défendent comme ils peuvent et par les mêmes moyens ; quand l'intérêt est en jeu, l'homme et les principes disparaissent, il ne reste que la bête.

Cet ancien régime a cependant vécu de longs siècles ; ses lois nous répugnent aujourd'hui et avec raison, mais, pour le bien juger et l'apprécier avec impartialité, il faut se reporter au moment où il a été créé, en rechercher les causes, et ne pas le comparer avec l'époque actuelle. L'habit d'un enfant de dix ans va mal à un homme de vingt.

Parlant du régime moderne, II. Taine dit :

« A l'épreuve nous n'avons jamais été contents de la nôtre, treize fois en 80 ans nous l'avons démolie pour la refaire, et nous avons beau la refaire, nous n'avons pas encore trouvé celle qui nous convient; mais sous cette forme nouvelle, comme sous l'ancienne, le faible est toujours la proie du fort. Malheur à ceux que leur *évolution* trop lente livre au voisin qui subitement s'est détaché de sa chrysalide et sort le premier tout armé. »

Oui, en moins d'un siècle nous avons changé treize fois de gouvernement, et on s'explique mal que le peuple ait supporté pendant si longtemps cet ancien régime sans se plaindre, c'est donc qu'il était moins mauvais qu'on ne l'a dit.

On s'explique encore moins que ce même peuple, qui venait de s'insurger contre le pouvoir royal, son œuvre de dix siècles, aille, quelques années plus tard, acclamer le césarisme impérial, et lui donner tout, sa liberté, son or et jusqu'à son sang.

Quoi qu'on en dise, le régime moderne est fils de l'ancien, et a été construit avec ses débris, comme les églises avec les pierres des temples du paganisme; partout en effet on y retrouve la trace de la vieille société française; dans l'ordre administratif, judiciaire, surtout dans l'armée; dans l'établissement et la perception des impôts ; car on n'a pu détruire en quelques jours une société âgée de vingt siècles. Enfin, qu'on le veuille ou non, je n'apprécie pas, je constate que l'ancien régime, malgré ses vices et ses imperfections, a fait la France province à province, nous a donné l'Alsace, la Lorraine et Metz que le duc de Guise, en 1553, a su défendre et conserver, contre ce puissant empereur d'Allemagne qui voyait le soleil se lever et se coucher dans ses états !

Après la conquête de la Gaule par les Romains, ceux-ci peu à peu absorbèrent la race nationale, et par eux-mêmes, par leurs esclaves, leurs colons, détruisirent ce qui restait de petits propriétaires libres ; et ce qui le prouve, c'est la disparition à peu près complète de la langue celtique, remplacée par la langue latine.

« De notre temps, dit M. Seignobos dans son *Régime féodal en Bourgogne,* où le pouvoir central agit chaque jour sur les parties les plus reculées du territoire et les classes les plus basses de la société, où il a des agents dans chaque village et fait passer tous les hommes dans son armée, on peut voir combien la langue du gouvernement a peine à gagner sur celle des habitants. En quatre siècles, le français n'a pu expulser ni le basque, ni le breton et ce, malgré l'école, l'église et l'administration. »

Donc la vieille race gauloise avait à peu près disparu, les Romains vainqueurs se partagèrent les terres du pays. Beaucoup de nos villages portent encore les noms de leurs propriétaires d'alors : Flacey-Flacia-cus, Savigny-Saviniacus.

Propriétaires par droit de conquête, les vainqueurs imposèrent aux vaincus des conditions absolues qui furent successivement modifiées jusqu'à l'affranchissement des communes. L'invasion des Burgondes avait un peu modifié, sans l'améliorer beaucoup, le régime romain. Le soldat burgonde partagea avec les grands propriétaires romains les terres du pays, et les hommes qui en dépendaient, comme les Romains l'avaient fait avec les grands propriétaires Gaulois ; car celui qui possédait la terre possédait les hommes, qui n'étaient que des esclaves. Ils travaillaient pour le propriétaire du sol, qui les nourrissait et les entretenait plus ou moins bien, eux et leurs familles.

A l'esclavage romain et barbare succéda le servage ; c'était un progrès, l'Eglise déjà avait adouci les mœurs. Grâce à elle le serf n'était plus un esclave ; il dépendait bien du maître, ne pouvait quitter le domaine auquel il était attaché sans permission, mais sa condition était celle d'un colon. Il cultivait en donnant une part des fruits. Augustin Thierry, dans son *Histoire sur la formation du tiers Etat,* s'exprime ainsi : « L'Eglise eut l'initiative de cette reprise du mouvement de vie et de progrès, dépositaire des plus nobles débris de l'ancienne civilisation, elle ne dédaigna pas de recueillir, avec la science et les arts de l'esprit, la tradition des procédés mécaniques et agricoles. Une abbaye n'était pas seulement un lieu de prière et de méditation, c'était encore un asile ouvert contre l'envahissement de la barbarie sous toutes ses formes.

«Au vIII° siècle, les serfs de la glèbe pouvaient être distribués arbitrairement sur le domaine, transférés d'une partie de terre à l'autre, selon la convenance du maître, sans égard aux liens de parenté s'il en existait entre eux. »

Avant le régime féodal, les paysans étaient non seulement exclus de la société politique, mais ils ne possédaient rien, ni terre, ni maison, ni famille, ni patrie, en un mot ils étaient de véritables Ilotes.

L'église intervint et reconnut leurs unions ; le mariage, sanctionné par elle, eut un caractère sacré ; de ce jour ils eurent une famille !

Le maître les logea, fort mal, mais enfin, ils eurent une maison ; il leur donna des terres à cultiver, en se réservant une part du produit, mais ils possédèrent un asile et un champ.

Cette condition était dure, très dure, mais c'était un progrès ; tout ce qui lui manquait au vIII° siècle, le paysan l'a au xI°, patrie, famille, maison, terre, tout, excepté la liberté !

Au moyen âge, le sort du paysan s'améliore, le champ qu'il cultive devient sa chose, sauf les redevances ; il peut, moyennant paiement, obtenir sa liberté ; il le peut même en abandonnant la terre qui lui a été donnée.

Les paysans affranchis, qu'on appelait *francs*, étaient des serfs qui, moyennant une somme d'argent une fois payée, avaient racheté leur liberté, d'autres, moyennant un abonnement en argent ou en denrée, étaient exempts de toutes redevances vis-à-vis du seigneur, qui ne pouvait leur réclamer autre chose ; ils n'étaient plus soumis à l'arbitraire, ils restaient attachés à la terre, étaient toujours des vilains, mais des vilains privilégiés ; ils ont été évidemment la souche de la bourgeoisie.

La mainmorte (1) qui, au début du régime féodal, était la règle générale, est une exception ; peu à peu tous les serfs deviennent des francs, et en leur accordant ces droits, les seigneurs n'ont pas agi par humanité, mais plutôt par intérêt et par nécessité. Ils consentaient des franchises parce qu'ils avaient besoin d'argent, ou parce qu'ils craignaient de voir leurs hommes déserter la terre.

Donc, loin d'empirer leur condition, le régime féodal l'a améliorée ; mais il y avait encore beaucoup à faire pour qu'ils aient une place dans l'Etat et des droits politiques.

A cet état de choses succéda, aux xiii° et xiv° siècles, l'affranchissement des communes. On commença

---

(1) On appelait mainmorte le droit qu'avait le seigneur de s'emparer des biens meubles et immeubles d'un serf mort sans enfants, et encore fallait-il, pour que les enfants héritent, qu'ils habitent la maison du défunt.

par les villes (1), puis peu à peu les paroisses eurent leur tour.

L'affranchissement était un contrat qui intervenait entre le seigneur et ses hommes, qui réglait leurs droits réciproques, et réglementait les redevances féodales, dont on parlera plus longuement dans le cours de cette notice, droits qui ont été souvent modifiés, mais qui n'ont complètement disparu qu'à la Révolution.

Ils constituaient le côté sombre de l'ancien régime, car ils étaient souvent arbitraires, abusifs et vexatoires, quoique résultant d'un contrat que l'on nommait charte d'affranchissement ; malgré cela, la féodalité est un progrès sur le régime romain.

« Les mœurs féodales, dit encore M. Seignobos, loin d'empirer leur situation, l'ont rendue plus supportable. Leur tenure leur est acquise par une longue possession, leurs charges se sont réglées par la coutume

(1) Le mouvement commença à la fin du IXe siècle dans les villes du midi, le nord suivit ; Vézelay, Amiens, Laon, Beauvais, furent affranchies presque en même temps ; puis il s'étendit sur toute la France, si bien qu'à la fin du XIVe siècle il n'y eut plus guère de bourgs qui n'eurent leurs franchises.

Le petit village de Flacey, près Gemeaux, ne fut jamais affranchi, et ses habitants étaient encore des serfs au moment de la Révolution ; il est vrai de dire qu'ils ne s'en doutent même pas, et que, quand on leur en parle, ils en sont étonnés !

Chaignay fut affranchi en 1291, la charte d'affranchissement existe encore. Gemeaux le fut plus tard, la charte a été perdue

et par la charte, l'arbitraire de l'agent seigneurial laisse loin derrière lui celui de l'agent romain.

« Les tailles haut et bas, la mainmorte, les corvées sont restées associées à la féodalité et l'ont rendue odieuse, mais ce n'est pas elle qui les a créées, elle les a conservées comme un héritage des propriétaires romains. »

Les chartes d'affranchissement sont venues réglementer ces droits et associer les hommes au gouvernement de leurs intérêts.

Au moment de ces conventions, deux parties étaient en présence : le maître ou seigneur d'un côté ; les hommes, serfs ou francs, mais tous vilains, d'un autre.

Le seigneur possédait la terre et les hommes. Il dit à ceux-ci :

Vous vous plaignez de mon pouvoir absolu, de mes abus ; voulez-vous faire un contrat où nous réglerons nos droits ? Je vous donnerai des terres pour vous et les vôtres, mais vous me paierez chaque année et à perpétuité une somme d'argent fixe, c'est le cens, ou vous me donnerez une partie de la récolte, c'est la dîme inféodée. Je renoncerai à la mainmorte, mais vous la remplacerez par une taille en argent.

Je bâtirai un pont pour faciliter votre passage et celui de vos bestiaux, mais vous me paierez un droit de péage. Je construirai un four, mais alors vous vous engagerez à ne cuire que dans ce four et vous me paierez un abonnement. Je ferai édifier un moulin, mais

rière les murailles de mon fort, mais vous serez tenus de faire le guet chacun à votre tour, et vous me suivrez à la guerre.

Je ferai bâtir des halles pour abriter les marchandises qu'on amène aux foires et marchés, mais vous me paierez un droit de vente. Vous pourrez faire paître vos bestiaux dans mes bois, vous y pourrez prendre des paisseaux pour vos vignes, mais en échange, vous me ferez avec vos charrues quelques journées de travail, c'est la corvée.

Vous pourrez vous constituer en communauté, nommer vos échevins, voter des fonds pour réparer vos chemins, entretenir vos églises, vos édifices communaux, mais vous ne pourrez vous assembler que sous ma surveillance et avec ma permission. Vous aurez une justice, j'en nommerai les officiers, je les paierai, mais j'aurai droit aux amendes.

Voilà à peu près résumées les conditions principales des chartes d'affranchissement, intervenues entre les seigneurs et leurs serfs.

Il ne faut pas perdre de vue que le maître possédait tout, la terre et les hommes ; il renonce à ses privilèges, pose ses conditions, elles sont dures, léonines, néanmoins acceptées de part et d'autre ; et dans les rapports du seigneur et de ses paysans un contrat est formé, qui a duré jusqu'à la Révolution, mais avec des modifications, œuvre du temps, qui ont largement amélioré la liberté matérielle de l'homme.

En résumé, pendant la période de la conquête ro-

maine et de la conquête barbare, l'esclavage. Sous le
régime féodal d'abord le servage et ensuite l'affranchissement. Sous le régime monarchique, des hommes libres, quoique n'ayant encore qu'une faible partie des droits que possèdent aujourd'hui les citoyens,
mais prenant part déjà à l'administration des communes et même de l'Etat, et pouvant s'élever aux plus
hautes fonctions militaires, judiciaires et administra-
tives (1).

Sous la féodalité, le premier des seigneurs était le
Roi, qui avait pour vassaux les ducs, qui eux avaient
pour vassaux les comtes, barons, écuyers.

Exemple : le roi avait donné la Bourgogne au duc,
celui-ci la tenait donc en fief du roi. Le roi était suzerain, le duc le vassal. Le duc donnait à des nobles les
seigneuries du duché; il était leur suzerain, eux ses
vassaux.

Ainsi, Guillaume de Grancey avait reconnu tenir
la terre de Gemeaux du duc, il était son vassal : et
Guillaume de Grancey avait lui-même des vassaux.

(1) En 1650, il y avait à Mâlain un nommé Defferet de famille serve. Sa veuve demanda au président Brulart de l'affranchir. Elle eut deux fils, l'un grenetier du grenier-à-sel, l'autre avocat. Ce dernier eut lui-même un fils, qui en 1720
était colonel de hussards. Il avait le titre d'écuyer et signait :
de Ferel.

*Communication de M. J. Garnier, Mémoires de la com-
mission des antiquités de la Côte-d'Or, 1892.* Voir aussi
dans les mémoires de la Société Bourguignonne d'histoire et
de géographie : *Un homme de guerre Bourguignon au
XVIIIe siècle,* p. 199, t. VI.

Nous verrons qu'à Gemeaux, en effet, il y avait plusieurs fiefs qui relevaient du seigneur.

La Société, au moyen âge, se composait donc : 1° des seigneurs hommes nobles ayant à leur tête le Roi. A l'origine il n'y avait de nobles que ceux qui exerçaient la profession des armes, les chevaliers, écuyers ; puis peu à peu la noblesse s'acquit aussi par des charges de magistrature ; par dérision on appelait ces nobles de fraîche date, des *robins*. Enfin et souvent la noblesse s'acquérait à prix d'or, on disait de ceux qui achetaient des seigneuries, qu'ils avaient des *savonnettes à vilains*.

2° Du clergé, qui a joué sous l'ancien régime un rôle considérable. Dans les grandes villes l'évêque, dans les paroisses le curé, les vicaires, c'était le clergé séculier, puis les abbayes, dans lesquelles se trouvaient des moines, c'était le clergé régulier.

Les rois, les grands seigneurs, pour assurer le service du culte et pour le repos de leur âme, avaient donné aux évêques, aux curés, aux abbayes, des terres considérables, des villages entiers ; et le clergé avait fait avec ses hommes ce que les seigneurs avaient fait avec les leurs. Il leur avait dit :

« Je vous donne la terre, mais vous me paierez une redevance en argent ou en nature. »

En plus des droits seigneuriaux qu'il possédait comme propriétaire, le clergé séculier jouissait de la dîme à Dieu, créée à son profit par Charlemagne, sur la plupart des terres de son empire.

3° Enfin le peuple : paysans, serfs, vilains, bourgeois.

De là trois classes dans l'ancienne société :

Les nobles,

Le clergé,

Le peuple, qui est devenu plus tard le Tiers État.

Les nobles voulurent s'affranchir du pouvoir royal et se rendre indépendants.

Les rois se défendirent et cherchèrent, de complicité avec le peuple, à abaisser les grands.

La royauté française, malgré les vicissitudes d'une guerre longue et dévastatrice contre les Anglais, malgré les ravages de la peste noire qui dépeupla les deux tiers du royaume, malgré la situation financière plus qu'obérée, la royauté continua son œuvre d'incorporation féodale, et la suzeraineté attachée aux grands fiefs tomba pièce à pièce dans la juridiction souveraine du Roi.

Telle fut la politique de Louis XI, d'Henri IV, de Louis XIII, qui substituèrent au régime féodal le régime monarchique. Aussi Louis XIV put-il dire en arrivant : « *L'Etat c'est moi.* » Les nobles n'eurent plus de pouvoirs réels et ne tinrent plus les rois en échec !

Le pouvoir royal, soutenu par le peuple à l'origine, fut combattu par ce même peuple lorsqu'il se trouva seul face à face avec lui, et cette lutte amena la Révolution de 1789, où sombra en quelques heures une monarchie de vingt siècles.

Voilà en quelques mots ce qu'était l'ancien régime ;

disons qu'aux xvii° et xviii° siècles les intendants de province avaient singulièrement absorbé les privilèges des seigneurs qui se débattaient impuissants, pris qu'ils étaient entre le pouvoir royal d'une part et le tiers état de l'autre.

Au moment de la Révolution l'ancien régime avait fait son temps, il devait disparaître.

Les Etats généraux, on le sait, se transformèrent en assemblée constituante, le roi n'y fit aucune opposition, et d'accord ensemble ils abolirent tous les privilèges et les droits seigneuriaux, proclamèrent l'égalité des citoyens devant la loi et devant l'impôt, *l'admissibilité de tous les Français aux emplois publics* (1), la liberté individuelle *et religieuse*, la liberté de la presse, du travail, *l'inviolabilité de la propriété*, la séparation du pouvoir exécutif et du pouvoir législatif. Aussi, lorsque l'Assemblée constituante se sépara, la Révolution était faite, et la Convention, en 1793, ne fit que restreindre, violer ces libertés, en les remplaçant par la guillotine, la confiscation ; puis Napoléon Ier centralisa entre ses mains tous les pouvoirs, ses successeurs l'imitèrent, et cela est tellement vrai,

(1) Le 5 novembre 1892, un député interpelle à la Chambre le ministre des travaux publics et lui demande s'il est vrai que trois jeunes gens de 17 ans aient été écartés d'un concours de conducteurs de Ponts et Chaussées en raison de leurs opinions religieuses. Le ministre répond que ce n'est pas en raison de leurs opinions religieuses, mais à cause de l'opinion politique de leurs parents dont ils doivent être responsables !!!

que voici cent ans que les vrais libéraux luttent contre les gouvernements qui se succèdent, pour reconquérir la plupart de ces libertés qui ont disparu et que l'on ne reverra de longtemps !

L'ÉGLISE

Aux VIIe et VIIIe siècles, tant que les hommes de labeur furent esclaves, ils étaient dispersés sur les diverses parties du domaine, où le travail les appelait, comme, encore aujourd'hui, les bûcherons nomades de nos forêts.

Lorsqu'ils devinrent des colons, ils se rapprochèrent, se groupèrent dans une position favorable, près d'une fontaine, sur un cours d'eau, à l'embranchement de plusieurs routes et formèrent un hameau. Ils étaient toujours sous la garde brutale du maître, ou de son intendant, et leur condition ne s'améliorait pas ; mais le moine au *front tondu* veillait sur eux, les visitait et leur disait : *Devant Dieu vous êtes les égaux de vos maîtres. Heureux ceux qui souffrent car ils seront consolés.* Et ces pauvres déshérités ouvraient leur cœur à l'espérance et priaient !

L'évêque, le prêtre, avaient une puissante et heureuse influence sur les *chefs aux longs* cheveux, ils obtinrent d'eux le droit de faire bâtir des églises. Les hommes s'y prêtèrent avec enthousiasme, les pierres qu'ils portaient leur semblaient trop légères. En franchissant le seuil de la nouvelle église, le peuple entrait dans la voie sacrée de l'égalité et de la frater-

nité chrétiennes. La paroisse était fondée, la commune
et l'affranchissement allaient suivre.

Les habitants de Gemeaux, quoi qu'ils en disent,
aiment leur vieille église, et ils seraient bien attristés
s'ils n'apercevaient plus le clocher qui, lorsqu'ils
sont dans les champs, les regarde de loin avec ses
huit lucarnes. Ils se souviennent involontairement
que leurs pères, et les pères de leurs pères et eux-
mêmes y ont été baptisés, mariés ; que la cloche a
sonné pour leur naissance, qu'elle sonnera pour leur
mort, qu'elle les éveille le matin et les endort le soir.

« Au-dessus des humbles maisons du village et
des vergers qui les entourent, s'élève la flèche ou
la tour de l'Eglise. De loin elle apparaît comme la
marque distinctive de la localité. Fier ou modeste, selon l'importance de la paroisse, le clocher est un sujet d'orgueil pour les habitants, et l'on désigne encore
sous le nom d'amour du clocher, l'amour exclusif que
portent certains hommes aux lieux qui les ont vus
naître (1).

On dit à Volnay :

En dépit de Pommard, de Meursault,
C'est le clocher de Volnay qui est le plus haut.

L'église existait bien avant le fort qui l'entourait
de ses hautes murailles, elle remplaçait la chapelle
qui se trouvait dans tous les châteaux du moyen âge.
Le portail que l'on voit encore doit être de la fin du

(1) Albert Babeau, *le Village sous l'ancien régime.*

xii° siècle, peut-être la tour est moins ancienne, cependant les lucarnes sont de style roman. Elle était elle-même fortifiée et disposée pour être défendue. On l'appelait fort Moutier.

Dans ses études archéologiques sur les monuments religieux de la Côte-d'Or, M. J. Marion s'exprime ainsi sur l'église de Gemeaux :

« L'église de Thil-Châtel par ses belles proportions, par sa riche et originale ornementation, dut servir de type pour la construction de la plupart des églises, qu'on éleva dans les environs, pendant le cours du xii° et même du xiii° siècle.

« C'est là que les architectes de second ordre sont venus chercher les modèles dont ils avaient besoin, modèles qu'ils copièrent souvent d'une manière servile, et dont ils reproduisirent jusqu'aux défauts.

« L'église de Gemeaux, probablement par suite du voisinage de Thil-Châtel, subit plus que toutes les autres l'influence salutaire, il faut le dire, du monument type. Dans ses parties anciennes (le portail et le clocher) l'inspiration, l'imitation même se révèlent de la manière la plus évidente.

« Le portail se compose d'une arcade cintrée, dont les voussures, formées par de simples cordons de pierres, retombent de chaque côté sur trois colonnes à chapiteaux historiés, découpés avec une rare perfection. Entre la retombée des voussures et les chapiteaux des colonnes, règne un cordon orné de ces rubans tortillés que nous avons déjà signalés dans le portail et la nef de Thil-Châtel. Au-dessus de la porte et séparées d'elle par un cordon de pierre que soutiennent des têtes de bœufs formant modillons, s'ouvre une fenêtre semi-circulaire dont l'arc est porté par de jolies colonnes rondes à chapiteaux semblables à ceux qui figurent aux fenêtres de l'église de Saint-Florent. Le clocher est une grosse tour carrée percée sur chaque face de deux arcades cintrées, dont chacune est géminée, et portée par des colonnettes à chapiteaux carrés.

« Tout le reste de l'église appartient au XV° siècle et n'a de remarquable que la bizarrerie de sa construction. La nef, le chalcidique et le chœur sont placés chacun dans un axe différent, et accompagnés au côté gauche d'un transept qui servait autrefois de chapelle seigneuriale, et d'un collatéral qui n'a que la moitié de la longueur de la nef.

« A gauche de l'autel est appliquée au mur une belle crédence en pierre du XV° siècle. Son ouverture dessinée par un grand arc accoladé et flanqué de pinacles à crochets, est surmontée d'une arcature trilobée du milieu de laquelle s'élève un haut clocheton entièrement découpé à jour. Tous les détails de cette crédence sont traités avec une exquise délicatesse. »

Cette crédence existe encore, il est malheureux qu'un peintre maladroit l'ait barbouillée de toutes couleurs sous prétexte de l'embellir.

La chapelle seigneuriale était bien en effet dans le transept gauche. Au XVIII° siècle la famille Loppin a fait construire à droite du chœur une nouvelle chapelle, dans laquelle se trouve une plaque de marbre avec l'inscription suivante :

« Cy gît Madeleine Begon, née à Paris le 25 mars 1690, mariée en janvier 1714 à Jean-Claude Loppin de Gemeaux, Conseiller au Parlement de Bourgogne, qui mourut à Paris le 30 août 1737 laissant deux fils, le plus jeune Jean-Etienne Loppin de Neumaison, capitaine de cavalerie au régiment du prince Camille, fut tué à la fleur de l'âge à la bataille de Fontenoi, le 11 mai 1745, l'aîné Charles-Catherine Loppin de Gemeaux, avocat général au Parlement, a fait graver cette inscription comme un monument de ses regrets et de son amour pour une respectable mère dont les vertus furent consacrées par la religion. Elle mourut le 28 janvier 1761. »

Dans l'église, il n'y a pas de tombes intéressantes, cependant on y enterrait les notables moyennant 4 livres et 6 livres dans le chœur. On y voit quelques sépultures de bourgeois et de notaires, les Gauthier, les Chauvot. Le 20 mai 1680, a été inhumé dans cette église Jean, fils de Jean Rameau, bourgeois organiste demeurant à Dijon, âgé d'environ 6 semaines.

Une seule tombe d'un seigneur, Jean Mochot, et une autre portant les inscriptions qui suivent en caractères gothiques :

Cy gist honorable home Anthoine Juret de Gemeaux qui trepassa le XIII jo. de novembre l'an IIIIe IIII^{xx} Dieu ait son âme.

Cy gist ho^ble home Athone de Martinécourt qui trepassa le VII de février MVL^e. Dieu ay son ame

Il était originaire de Selongey.

Avant la Révolution il y avait quatre cloches dans la vieille tour romane de l'église. En 1792, on enleva les deux plus petites pour les fondre. La moyenne, célèbre par sa grande sonorité, car on l'entendait de fort loin, fut brisée à coups de marteaux.

La grosse fut laissée. Elle avait été baptisée en 1718. Elle eut pour parrain messire Philippe Berbis, chevalier, seigneur de Longecourt, Potangey, Tart-le-Haut, Tart-le-Bas, Tart-l'Abbaye, Thorey, Marliens et du clos de Gemeaux, et pour marraine Madeleine Bégon, épouse de Jean-Claude Loppin, conseiller au Parlement, seigneur des baronnies de Gemeaux et Preigney.

Elle fut bénie par Gaspard Camy, prêtre prieur, curé de Gemeaux. C'était un don de la famille Loppin de Gemeaux.

En 1833, une nouvelle cloche fut placée, il ne paraît pas qu'elle ait été baptisée.

Dans le commencement du xve siècle, l'église fut complètement réparée, on ne laissa subsister de l'ancienne que le portail et le clocher; on comprend qu'une nouvelle consécration s'imposait, elle fut faite par Charles de Poitiers, 81e évêque de Langres, le 16 octobre 1429, avec l'assistance de 10 prélats.

L'horloge qui existe encore fut aussi donnée à la communauté par Charles-Catherine Loppin de Gemeaux, le 16 mai 1751, dans les circonstances ci-après :

Il voulait à ses frais établir une nouvelle rue et avait déjà commencé les travaux ; certains habitants forment opposition, on les réunit tous pour prendre leur avis et savoir s'ils s'opposent à ce que les travaux continuent. 130 sont présents, 125 sont d'avis que M. de Gemeaux continue, 5 votent contre.

Ce dernier, pour témoigner sa satisfaction de ce vote presque unanime, fit don à la commune de l'horloge actuelle et s'engagea à faire réparer à ses frais toutes les fontaines du village.

Le cimetière existait déjà autour de l'église en 1583, et il n'a été transféré au lieu où il se trouve aujourd'hui qu'en 1888 !

De même que l'église de Thil-Châtel avec tous ses revenus, avait été donnée en 801, par Betto, évêque de Langres, aux religieux de Saint-Etienne de Dijon, de même l'église de Gemeaux fut donnée aux mêmes, par l'évêque de Langres Josserand, en 1120.

C'est en avril 1293, qu'Hugues d'Acey, abbé de Saint-Etienne, donna à ses chanoines le patronage utile et les émoluments casuels des églises de Gemeaux et Pichanges, pour servir de remplacement à vingt-quatre livres de rente assignées sur d'autres fonds et destinées à la fourniture des pitances. Les chanoines, pendant un certain temps, avaient administré la cure, ils étaient au nombre de trois, l'un d'eux prenait la qualité de prieur (prior) ; c'est pourquoi les curés de Gemeaux ont conservé ce titre jusqu'à la Révolution.

Les abbés de Saint-Etienne vendaient le titre et les droits attachés à la cure de Gemeaux et à la chapelle de Pichanges ; ainsi en 1258, la cure est vendue à Guy de Mirebeau pour tout le temps qu'il la desservira ; tous les curés ses successeurs payaient une certaine redevance à Saint-Etienne. Les abbés possédaient une maison à Gemeaux, située devant les halles et dont je parlerai plus loin. On trouve qu'en l'an 1300, elle était habitée par un sieur Jean de Lorraine. « En 1260, Amédée Henri de Brabant prit l'habit de chanoine régulier de Saint-Etienne et y fit profession après un an. En considération de cette profession, Jean, duc de Lorraine et de Brabant, son frère, constitua au profit de l'abbaye une rente importante. » Voici ce que j'ai trouvé, dans l'*Histoire de l'abbaye de Saint-Etienne*, par l'abbé Fyot. Est-ce ce Jean de Lorraine qui aurait habité cette maison, c'est peu probable ; en tout cas, il n'aurait fait qu'y séjourner. Il s'agit plutôt d'un Jean qui était de la Lorraine et qui avait joint à son prénom celui de sa province.

La maison des abbés fut vendue à une époque que je ne puis préciser, ils en rachetèrent une autre située Cour Rigogne, qu'ils vendirent en 1698 à Jean Mochot, marchand, moyennant un cens de cinq francs et à charge de loger le cheval des abbés lorsqu'ils viendraient à Gemeaux.

L'église était dédiée à l'Assomption de la Vierge et

la fête du village se célébrait autrefois le 15 août ; aujourd'hui la fête patronale est la Saint-Jean et elle se célèbre au mois de juin.

Sur le finage de Gemeaux se trouvait une chapelle érigée en bénéfice par les seigneurs de Grancey en 1361 sous le titre de Saint-Michel (1).

Il existe encore à l'église de Gemeaux une petite statuette de la vierge dite Notre-Dame de Bon-Espoir. Elle était placée autrefois dans la chapelle de Saint-Michel. Les habitants de Gemeaux, voyant que cette chapelle tombait en ruines, pensèrent qu'elle serait mieux dans leur église. Ils se rendirent donc en procession à la chapelle et ramenèrent triomphalement la vierge miraculeuse à Gemeaux et la déposèrent dans l'église ; mais quelle ne fut pas leur surprise, lorsque le lendemain on s'aperçut qu'elle avait disparu. On pensa à un vol sacrilège, mais on apprit que la vierge était retournée à la chapelle Saint-Michel où elle avait repris sa place. Pendant la Révolution la statuette de Notre-Dame de Bon-Espoir fut cachée et sauvée par une chrétienne dont il faut perpétuer le nom, elle se nommait Jeanne Brocard. Aujourd'hui N.-D. de Bon-Espoir est placée dans la crédence à gauche de l'autel principal.

L'église de Pichanges a toujours été dépendante de la mère église de Gemeaux, car bien qu'elle ait un cimetière et les autres marques ordinaires d'une pa-

____

(1) Voir mon étude sur *la Collégiale de Grancey et la chapelle Saint-Michel, de Gemeaux.*

roisse, elle n'a jamais été qu'une dépendance et c'était le vicaire du curé de Gemeaux qui en faisait la desserte.

La cure de Gemeaux devait payer annuellement une redevance de seize livres aux abbés de Saint-Etienne, elle fut réduite à 14 livres en 1453.

En 1348, le vicaire général de Langres avait fait saisir les revenus de la cure pour obtenir paiement de cette rente de 16 livres due à Saint-Etienne.

Outre cette rente les abbés de Saint-Etienne avaient acquis en 1255 de Milon de Beire, écuyer, le tiers de la grande dîme de Gemeaux dont les limites étaient : depuis la sortie du village du côté de la fontaine de *Meroux* en suivant le chemin des Combes et depuis les combes au pont de Gueux, puis sous la charme de Pichanges ; ils avaient achet. aussi en 1255 les dîmes de la vallée de Prénan.

Ces dîmes ont été vendues par les abbés, suivant acte reçu M° Béguillet, notaire à Dijon, le 12 mai 1751, moyennant 300 livres, à M. Charles-Catherine Loppin qui cherchait à éteindre à son profit toutes les redevances et charges foraines, et qui par ses nombreuses acquisitions, ainsi qu'on le verra, avait agrandi considérablement l'importance de ses domaines.

Autrefois, les curés avaient dans les paroisses une grande influence, ils présidaient à tous les actes de la vie : baptêmes, mariages, décès. Ils tenaient les actes de l'état civil, faisaient connaître en chaire les règlements de l'autorité, fulminaient les monitoires.

Longtemps le curés eurent le pouvoir d'excommunier ; ils pénétraient auprès des malades pour administrer les derniers sacrements, ils avaient le droit de recevoir leurs testaments, dans lesquels l'Eglise n'était pas oubliée.

Ils pouvaient assister aux assemblées des communautés où leur parole était souvent écoutée.

Leur vie privée était en général honnête et morale, il y avait comme aujourd'hui de malheureuses exceptions ; ils n'avaient pas de traitement de l'Etat, mais percevaient des dîmes, ils faisaient aussi des quêtes au moment de la moisson et de la vendange.

Quoique Vauban ait dit que la dîme était le moins onéreux des impôts, il était dur pour le paysan de donner une partie de sa récolte.

La dîme à Dieu, qui fut établie par Charlemagne en faveur du clergé, était rarement de la dixième partie de la récolte, elle en était, selon les pays, de la treizième, quinzième, vingtième et même plus ; à Gemeaux elle était de deux *gerbes par journal.*

Souvent la dîme ne suffisait pas à assurer le service du culte, elle était quelquefois perçue par un curé gros décimateur qui n'habitait pas la paroisse, un vicaire le remplaçait mais réduit à une portion congrue, il fallait alors que les habitants lui votent un traitement.

Dans une assemblée de 1718, les habitants, en nommant le vicaire et en lui votant son traitement, protestaient contre l'absence permanente du curé et faisaient des réserves pour lui intenter une action, afin qu'il soit condamné à payer son vicaire. Ce curé voyageur était Claude des Varennes.

Il était défendu aux curés de rien percevoir pour les enterrements, mais ils ne respectaient pas cette défense et se faisaient payer en sus de la dîme, les baptêmes, mariages, messes, plus les monitoires. Le traitement du curé en quêtes, dîmes, casuel, pouvait s'élever à 1800 livres.

Cependant la plupart des prêtres des campagnes étaient pauvres, car les cahiers de 1789 demandaient l'amélioration de leur sort ; aussi quand la Révolution éclata on en vit un grand nombre revendiquer hautement, non seulement l'amélioration du sort du clergé, mais la réforme des lois et de la société (1).

Je plains, disait Voltaire, le sort d'un curé de campagne obligé de disputer une gerbe de blé à son malheureux paroissien, d'exiger la dîme des pois, des lentilles, de consumer sa misérable vie en querelles continuelles.

A Gemeaux, le curé prieur n'avait pas à se plaindre, sa situation était bonne, mais il n'en était pas ainsi partout ; lorsque le curé était à portion congrue et que les moines étaient gros décimateurs de la commune, il recevait un piètre traitement et avait à peine de quoi vivre. Le clergé régulier et le clergé séculier s'entendaient mal.

(1) Albert Babeau, *le Village sous l'ancien régime.*

Le 23 janvier 1673, assemblée des habitants sous la halle pour délibérer sur l'état de l'église qui menace ruine du côté de la grosse tour jusqu'à l'endroit des fonts baptismaux.

En 1723, les habitants de Gemeaux réunis en assemblée générale votent la démolition d'un appentis qui était devant la porte de l'église et l'établissement d'une marche d'escalier, ils décident qu'on réparera le chœur et qu'on mettra une croix de saint André en fer dans le mur au midi pour soutenir le gouttereau. Cette croix se voit encore.

Ces réparations sont évaluées 1000 livres. Des réparations avaient déjà été faites en 1720.

A l'assemblée du 8 janvier 1745, les habitants remontrent à M. de Gemeaux : que pour la décoration de l'église, il convenait d'enlever en entier ou de réduire à hauteur, depuis le mur devant icelle joignant la maison du marguillier (aujourd'hui à la veuve Boisseau), l'ancien corps de garde servant à présent d'écurie à la maison curiale, construire une écurie dans la vieille tour qui est derrière l'église pour tenir lieu au curé de celle qui sera détruite, auquel cas ladite tour serait réduite à hauteur convenable, faire une place en forme d'esplanade devant l'église et niveler le terrain en pente douce, pour gagner l'escalier de la porte de l'église.

C'est donc en 1745 que les murs du fort qui étaient devant l'église ont été enlevés. La grosse tour ne fut démolie qu'en 1770.

En 1756, on constate que la toiture est dans un état déplorable, qu'il pleut dans les chapelles, que les bois pourrissent, que la sacristie menace ruine, les habitants ne veulent rien faire, cependant ils se décident l'année suivante à tout mettre en état.

Nous verrons plus loin quels étaient les droits perçus par le curé; à la fin du xviie siècle sa cure avait la réputation d'être une des meilleures du bailliage de Dijon.

Après les dîmes et redevances qui pouvaient produire en blé, orge, avoine, méteil, vin, environ 600 à 700 livres, venaient les offrandes et le casuel flottant entre 1000 et 1200 livres.

Les offrandes en nature étaient nombreuses, volailles, chanvre, pain, gâteaux, brioches, ce qui prouve que la dîme n'était pas aussi lourde qu'on se plaît à le dire; il y avait aussi des dons en argent qui produisaient beaucoup. A tous les enterrements, au service de l'obit, au quarantal, à l'anniversaire, on offrait le pain et le vin; toute l'assistance apportait son obole ou son sol. Aux messes de mariage, on donnait les deniers ou treize pièces de monnaie au célébrant, et toute l'assistance déposait son offrande en baisant la patène. Le casuel était plus élevé que de nos jours, ainsi l'honoraire du curé était de sept livres pour la levée du corps. Les fondations (1) rapportaient 80 à 100 livres.

(1) Voici les noms des principaux fondateurs : Jean Mugnier et Anne Duclos-Chauvot, 1741; Benjamin Lieutet, pour sa femme, Anne Gauthier, 1773; Arnoult, prêtre prieur, 1774;

Avant la révolution il existait une fabrique comme aujourd'hui, les membres en étaient nommés par les habitants réunis en assemblée générale.

Les trésoriers des fabriques rendaient leurs comptes au bureau, en présence des officiers du seigneur, la séance était publique et annoncée au prône. Toute la communauté pouvait y assister.

Les habitants nommaient aussi le marguillier. Le 19 novembre 1667, une convention est faite entre les gens de Gemeaux et un sieur Grand Compain pour l'exercice de la charge de marguillier ou *bedeau*. Il devait avoir le logement situé au fond de l'église, une quête de vin, et être exempt des tailles, capitation ; en outre il devait percevoir des droits sur les baptêmes, mariages, décès, etc.

Plus tard le marguillier habita une partie du vieux château (maison Boisseau), on l'appelait la marguillière. La fabrique possédait des cens sur sept journaux de bois aux Vesvres, trois soitures de prés, quinze journaux de terres, cinq maisons, plus cinq journaux de vignes, deux journaux de terres.

Ses revenus annuels dépassaient 1000 livres.

Elle avait donc un patrimoine assez considérable, qui lui provenait de nombreuses fondations et pouvait

François Brocard, 1775 ; Jean Logerot et Jeanne Mochot, 1779 ; Etienne Demartinécourt légua 1000 livres pour messes et libera, pour orner les reliques, et en outre il a légué 800 livres pour payer tous les ans l'instruction de huit enfants pauvres.

valoir 11,000 livres ; elle possédait en outre un mobilier important, armoires, glaces, ornements de tous genres, bénitiers, croix, bannières, linge très important, ostensoirs, ciboires, burettes ; le tout a été inventorié le 12 septembre 1790 par MM. Chaudron, maire, Clerc, Paté, Bézard, Juret, Lecuret, officiers municipaux.

Les immeubles ont été vendus aux enchères publiques pardevant le Directoire du district d'Is-sur-Tille, le 17 octobre 1791.

Les meubles ont été aussi vendus à l'encan, et ont produit 363 livres.

Avec une partie du prix des biens de la fabrique la municipalité acheta des blés pour nourrir les habitants.

L'église de Gemeaux possède des reliques, de saint Julien, saint Etienne, premier martyr, sainte Léonille, sainte Junille, saint Valentin, saint Barnabé, saint Laurent et d'Eleusippe, un des saints Gemeaux (1).

Il n'y avait pas à Gemeaux de communautés religieuses à demeure fixe, cependant quelques-unes d'entre elles y possédaient des redevances et des domaines.

Ce sont d'abord les Templiers ou Chevaliers de Saint-Jean de Jérusalem. En l'an 1212, messire Hugues d'Arc donne aux frères de l'hôpital toutes les

(1) Voir le récit de la translation d'une partie des reliques des saints Gemeaux, à Gemeaux, dans le *Bulletin d'archéologie religieuse du diocèse de Dijon*, année 1888, par l'abbé Choiset.

dîmes qu'il possédait à Gemeaux, *in decimis de Gemellis.*

En 1426, ils cèdent leurs droits au curé de Gemeaux, moyennant le paiement chaque an de trois émines par moitié froment et avoine, mesure de Gemeaux (environ 100 doubles-décalitres).

Les prêtres mépartistes de l'église Saint-Michel, à Dijon, possédaient à Gemeaux un domaine et une maison, rue Glapigny, appartenant aujourd'hui à M. Gacon ; au-dessus de la porte est une inscription ainsi conçue : *Depuis que le monde est né, jamais serviteur de la Vierge en enfer n'est entré.*

Les Carmes y avaient également des biens ruraux, et une maison rue de Mont-Meroux et non rue Glapigny, vendus le 3 février 1791.

Les Cordeliers avaient leur maison rue Glapigny ; leurs terres furent également confisquées et aliénées au profit de la nation.

Le mobilier des Carmes fut vendu, lors de la Révolution, 141 livres et celui des Cordeliers 803 livres.

Enfin les religieux qui avaient les intérêts les plus considérables à Gemeaux étaient les chanoines de l'église collégiale de Saint-Jean-l'Evangéliste de Grancey-le-Château. Ils y possédaient des terres, vignes, maison avec pressoir, et certaines redevances en poules et chapons (1).

_____

(1) Voir mon étude sur *le Chapitre de la Collégiale de Saint-Jean l'Evangéliste de Grancey.*

Il y avait encore la chapelle Saint-Georges et Saint-Denis fondée à l'église Saint-Jean, de Dijon, par les époux Billocart-Viot qui possédaient à Gemeaux un petit domaine. On verra que la veuve de Claude le Marlet, seigneur de Gemeaux, s'appelait Billocart ; c'est sans doute en son souvenir que cette donation avait été faite.

Aujourd'hui les habitants des campagnes rient volontiers des prêtres et des moines, ils ne se doutent pas que c'est au clergé que le peuple est redevable de l'amélioration de son sort pendant les premiers siècles de notre ère. Durant plus de 500 ans, il a lutté contre les chefs barbares pour sauver ce qui restait encore de civilisation.

« Devant l'évêque en chape dorée, devant le moine vêtu de peaux, maigre, hâve, le Germain converti a peur comme devant un sorcier ; au moment de violer le sanctuaire, il se demande s'il ne va pas tomber sur le seuil, frappé et le col tordu, alors il s'arrête, épargne le village, la terre, la cité, qui vit sous la sauvegarde du prêtre.

« Lorsqu'il a péché, il se repent et prodigue les donations et les immunités. D'autre part, parmi les chefs de guerre aux longs cheveux, l'évêque mitré et l'abbé au front tondu siègent aux assemblées, ils sont les seuls qui tiennent la plume et sachent discourir (1). »

Lorsque les barbares envahirent les Gaules et se

(1) H. Taine, l'*Ancien Régime*.

substituèrent à la domination romaine, l'Eglise seule arrêta leurs violences matérielles et morales.

Elle les força à supprimer l'esclavage, à autoriser leurs serfs à se marier ; elle les contraignit à se confesser, c'est-à-dire à s'humilier et à accepter d'être jugés.

« C'était un prodige que d'avoir mis la main sur ces hommes farouches qui ne connaissaient d'autres lois que l'épée et de les avoir réduits à se livrer et se mettre à la merci d'un tribunal. L'Eglise était sévère et les faisait passer par tous les degrés de la pénitence. Ces barbares si prompts à tuer, à violenter, apprirent, ce qu'ils savaient le moins, le prix de la vie et le respect de la personne d'autrui.

« Si l'Eglise n'avait pas été sévère et inflexible à la liberté des passions, l'esclavage souillerait peut-être encore la face de la terre.

« Dans le sein de la plus effroyable corruption qui fut jamais, c'est-à-dire aux iv° et v° siècles, elle a fondé la famille, du plus prodigieux chaos où soit tombée l'humanité, elle a fait l'ordre social chrétien.

« Pour alléger le pauvre peuple du fardeau des guerres, elle imposait aux puissants la trève de Dieu, elle faisait de l'église du village un lieu d'asile pour les hommes et pour les biens ; elle voulait que le laboureur fût sacré quand il touchait le manche de sa charrue (1). »

(1) Louis Veuillot, *le Droit du seigneur*.

Aujourd'hui encore, quoi qu'on en dise, elle défend les faibles contre les forts, elle ne cède rien des grands principes qui ont fait sa force et sa gloire. Un jour viendra, il faut bien l'espérer, où elle aura le dernier mot, non comme pouvoir politique, mais comme pouvoir moral. Nos utopistes modernes en sont si bien convaincus, qu'ils la frappent à coups redoublés, la jettent en pâture à la foule, pour détourner d'eux son attention, mais tôt ou tard la vérité éclatera, et le peuple saura bien reconnaître que ce n'est pas la religion qui est son ennemie. Si l'Eglise n'était pas de conception divine, on pourrait dire hardiment que c'est encore ce que les hommes ont créé de plus fort.

***

Noms de quelques curés de Gemeaux depuis 1170.

1170. Arnauld.
1208. Parisius.
1258. Guy de Mirebeau.
1307. Amédée Recbos.
1426. Jehan Hugon.
1453. Jehan de Moltron.
1469. Antoine Mugnier.
1516. Vincent Bourgeois.
1560. Jacques de Rouxel.
1569. Barthélemy Pioche.
1572. Bollet.
1575. Ferrand.
1596. Laverne.
1647. Gilbert.
1660. Guilleminot.

1683. Guillaume.
1697. Jérôme Desvarennes.
1710. Claude Desvarennes.
1731. Gaspard Camy.
1771. Jean Arnoult.
1791. Pierre Mochot.
1806. Laurent.
1810. Buys.
1816. Riboulet.
1817 à 1854. Anatole Gallix.
1854. Nortet.
1854 à 1874. Louis Duplus.
Et enfin l'abbé Rousseau, curé actuel.

Je dois un souvenir à l'abbé Gallix qui fut un des bons amis de ma famille, et qui exerça son ministère pendant de longues années avec amour et charité. Il mettait la morale au-dessus du culte, n'était rien moins qu'ultramontain. Adoré de la population, lorsqu'il quitta sa paroisse pour aller à Thoires où il mourut, ce fut un deuil général. M. l'abbé Nortet, qui lui succéda ne resta que quelques mois et fut remplacé par l'abbé Louis Duplus, qui mourut curé doyen de Pouilly-en-Auxois, le 18 mars 1892, à l'âge de 70 ans. Il demeura plus de vingt ans à Gemeaux. C'était un prêtre rempli de zèle pour l'accomplissement de son ministère, charitable, dévoué, il n'eut qu'un tort, ce fut de succéder à l'abbé Gallix ; de parti pris, on devait lui tenir rigueur du départ de son prédécesseur, mais, par son dévouement et son abnégation, il sut gagner l'affection des uns et l'estime de tous.

LE FORT ET LE CHATEAU

Vers le ɪᴠ⁰ ou le ᴠ⁰ siècle, lorsque les Romains commencèrent à reculer devant les barbares, ils avaient hérissé la Gaule de camps retranchés, peu compliqués du reste ; une hauteur défendue par un fossé, des remparts en terre ou en pierre, quelques maisons et une tour d'observation.

Tels ont été les premiers châteaux.

A Gemeaux, une défense de ce genre existait sans aucun doute, car les traces en sont vivantes. Elle se trouvait au lieu dit : *la Maladière* dans le clos *Petit* ; la voie romaine déviait en cet endroit de la ligne droite, passait devant les défenses du camp et rejoignait la route au coin du bois de la Charme. Il ne faut pas croire que les nombreuses pierres qui entourent les propriétés voisines ont été transportées là pour servir de clôture, elles sont les débris peut-être d'un oppidum gaulois utilisé par les Romains ; avec ses débris on construisit au xɪɪ⁰ siècle une maladrerie ou léproserie. Ce camp fut la première fortification de Gemeaux. Deux ou trois siècles après, une nouvelle défense fut établie de l'autre côté du village, le nom donné à l'éminence qui domine la gare l'indique suffisamment : *La Motte*.

Les castella romains n'avaient guère entravé la

marche des barbares ; ces remblais de terre et de pierre n'obtinrent que leur mépris, ils ne les réparèrent même pas, quelques-uns cependant furent entretenus par des propriétaires Gallo-Romains, qui les utilisèrent pour s'y abriter, ainsi que leurs colons.

Mais voici venir la féodalité, le château va s'élever.

C'est ici qu'il faut renoncer à toute idée d'élégance, il ne faut d'abord s'attendre à rien d'imposant. Les premiers châteaux n'ont été construits qu'avec de la boue et du bois, pas de pierres.

La première opération de cette bâtisse naïve, c'est presque partout la construction par élevation, d'une *motte* lorsqu'il n'y en avait pas de naturelle. Sur cette motte entourée d'un large fossé on construit une maison de bois.

Cette maison, considérez-la bien, perchée sur sa motte, comme un oiseau de proie dans la campagne, c'est le noyau de tous les châteaux du moyen âge, c'est le séjour du *Dominus, dominio*, donjon.

Au pied de cette motte quelques baraques pour loger les serviteurs, et une palissade de bois, servant à la fois de défense et de clôture. Peu à peu, une transformation rendue nécessaire par le perfectionnement des moyens d'attaque se produit : au bois succède la pierre, et les premiers seigneurs de Gemeaux qui l'étaient aussi de Trichastel avaient déjà construit en ce dernier lieu un château-fort.

Jean de Trichastel, en 1260, vient de marier sa fille Isabelle à Guillaume de Grancey. Il lui a donné en dot une partie de la terre de Gemeaux, le castellum romain n'existe plus, la Motte a été abandonnée. La situation de Gemeaux est bonne, le pays est grand, riche relativement, les habitants viennent d'y bâtir une église, le village mérite donc d'être défendu ; mais il est situé en Bourgogne et il faut, pour construire une forteresse, que le duc y consente. Guillaume n'hésite pas, il s'empresse de se reconnaître le vassal du duc Robert II pour toutes les terres que sa femme possédait à Gemeaux. Il existe aux archives de la Côte-d'Or une lettre de Guillaume de Grancey datée de janvier 1281, par laquelle, du consentement de sa femme Isabelle, il reconnaît avoir repris en fief du duc la ville (1), le finage et tout ce qu'il a audit lieu ; toutefois il se réserve de créer une chapellenie jusqu'à la valeur de vingt livrées de terre, et le droit de construire une forteresse, qui serait aussi du fief du duc. Celui-ci accepta, moyennant un paiement de 300 livres qu'il fit à Guillaume.

Ce contrat était fait dans l'intérêt des deux parties, du duc qui augmentait sa puissance et de Guillaume qui trouverait auprès de lui, le cas échéant, aide et appui.

Déjà en 1184, Guy de Thil-Châtel, qui devait être seigneur de Gemeaux, s'était reconnu le vassal du duc Hugues III pour son château de Thil, et s'était engagé

(1) À cette époque le plus modeste village s'appelait ville, *villa*.

à le secourir en armes contre tous ses ennemis, excepté l'évêque de Langres et le chapitre de cette ville. Pour garantie de cet engagement, les habitants du lieu, *manentes* et *casati*, ce qui peut se traduire par manants et vassaux, s'engagent à prendre parti contre leur seigneur s'il venait à violer sa promesse.

Le duc autorisa donc Guillaume à construire sa forteresse et l'accepta comme vassal.

Voilà les seigneurs de Gemeaux qui deviennent les vassaux du duc, qui lui, est leur suzerain, et, lorsque le duché, après la mort de Charles le Téméraire, fera retour à la couronne de France, c'est le roi qui sera le suzerain des seigneurs de Gemeaux : aussi disait-on que la seigneurie de Gemeaux était mouvante du roi, c'est-à-dire relevait directement de la couronne.

Guillaume de Grancey est le premier seigneur en titre de Gemeaux ; profitant de l'autorisation du duc, il se mit à l'œuvre pour la construction du château fort qui ne fut terminé qu'en 1305.

Il ne faut pas se représenter un château du xiiie siècle comme une demeure élégante et confortable, non ; il se composait d'une grande salle où l'on mangeait, où l'on veillait, une ou deux chambres à coucher par étages, quelques petites chambres secondaires, une petite salle où étaient les armes, une autre le linge et les provisions, et c'était tout. Pas d'antichambres, pas de boudoirs. Suivant que le château était plus ou moins grand, il y avait plus ou moins de chambres. Les hommes d'armes, les serviteurs couchaient où ils pouvaient, on ne s'occupait pas d'eux.

Le vieux château de Gemeaux était modeste ; n'étant pas habité par les seigneurs il n'avait pas les proportions d'une grande demeure féodale, c'était plutôt une forteresse. Il entourait l'église qui existait depuis le commencement du xii* siècle, elle se trouvait par conséquent au milieu de la forteresse et servait aussi de défense et de lieu de refuge aux habitants en temps de *doute*.

Le fort se composait d'une enceinte de pierre avec créneaux, flanquée de quatre tours et d'un donjon. Au sommet de chaque donjon, il y avait un guetteur de nuit qui, tout refroidi de la faction nocturne, s'en dédommageait le matin en saluant le jour à coups de cor. Ce qui frappait d'abord la vue dans le château fort, c'était le donjon juché sur le point le plus élevé, masse énorme, mais sans grâce. Les quatre tours étaient situées aux quatre angles du fort, deux de chaque côté de l'église, et deux derrière ; deux portes l'une donnant sur Gemeaux, l'autre sur Gemelot (1), cette dernière avec pont-levis. L'église au centre servait de chapelle ; à côté, allant du levant au couchant, la maison des hommes d'armes, puis le château sur l'emplacement de la maison habitée par M. *Delanne*, avec un fossé du côté du midi au pied des remparts qui se voient encore. Les habitants de Gemeaux en cas de

(1) La rue Gemelot était séparée du reste du village par de triples portes, et de hauts murs construits dans les temps de guerre et qui ne furent démolis qu'en 1740.

guerre se réfugiaient avec leur mobilier dans l'église et plaçaient leurs bestiaux dans l'enceinte de la forteresse, aussi ils devaient le guet, c'est-à-dire veiller sur les remparts de jour et de nuit. Henri III en 1588 leur confirma ce droit et aux seigneurs celui de nommer leurs officiers. Déjà le 2 avril 1583, les seigneurs avaient été maintenus dans le droit de nommer les lieutenants, enseignes, sergents de bandes, caporaux, ampesades et le tambour, contre les habitants qui le revendiquaient. En 1653, Mme la comtesse de Vitteaux, relicte d'Antoine Duprat, dame de Gemeaux, présenta à M. le duc d'Epernon, gouverneur de Bourgogne, pour être capitaine de Gemeaux, Honoré de Martinécourt déjà enseigne. Près du vieux château, dans la maison *Manel* se trouve un souterrain comblé en partie, qu'on appelle le trou aux fées. On prétend que ce souterrain communiquait autrefois avec Thil-Châtel. C'est là une pure légende, ce souterrain était celui qui existait dans tous les châteaux du moyen âge et qui conduisait à la porte de sortie donnant dans la campagne à quelque distance du fort (1).

Voici du reste une description du fort de Gemeaux faite en 1686, il était déjà en ruines à cette époque, mais ces ruines indiquaient suffisamment encore sa situation :

« Nous avons remarqué que la place nommée le fort de Gemeaux est entourée d'une haute muraille qui ren-

____

(1) On avait utilisé une grotte naturelle qu'on voit encore aujourd'hui.

ferme dans son enceinte l'Eglise paroissiale du village, le vieux château, une tour et la maison curiale et une partie du cimetière, qu'il y a deux portes pour entrer dans le fort, l'une proche le portail de l'Eglise, l'autre proche la maison curiale, à l'opposé l'une de l'autre.

« Que dans ce fort il n'y a aucun bâtiment si ce n'est une petite maison pour servir de retraite aux habitants en temps de guerre, qui retirent leurs meubles sous les voûtes de l'église.

« Que le village de Gemeaux est plus bas que le fort, sauf environ 20 maisons lesquelles sont au-dessus du fort du côté du soir (1) et comme la fontaine et le ruisseau sont au bas du fort, les habitants des maisons au-dessus d'icelui sont obligés de passer autour du fort pour aller au ruisseau et à la fontaine;

« Que pour aller à la fontaine, ils ont deux chemins, l'un qui règne le long du fort du côté du soir et par lequel on passe près la porte joignant l'église, mais les habitants qui occupent les maisons au-dessus nous ont dit, qu'à la réserve de quatre maisons, ils allaient tous à la fontaine par ce chemin comme étant le plus court.

« Que de l'autre côté du fort il y a un chemin par lequel on va à Pichanges, chemin qui commence autour du cimetière, que ce chemin est plus long mais aussi plus commode, que pour le raccourcir lesdits habitants ouvrent la porte du cimetière dont l'ouver-

(1) Couchant.

ture joint les murailles du fort et passent proché la muraille qui renferme la maison curiale et aboutissentau ruisseau et à la fontaine. »

En résumé le fort et le vieux château étaient construits comme tous les châteaux du xiii° siècle : une muraille avec créneaux, des tours aux angles, à l'intérieur le donjon, la chapelle, la maison des hommes d'armes et le château.

Rien de plus facile pour qui sait lire entre les pierres que de le reconstruire par la pensée ; du reste ses ruines parlent assez pour nous faire voir quelle situation il occupait.

Il va sans dire qu'il subit de nombreuses transformations. Il fut assiégé et en partie détruit en 1434, lors de la guerre des Vergy contre le sire de Châteauvillain qui en était le seigneur.

Jean de Vergy et Guillaume de Châteauvillain avaient longtemps bataillé ensemble dans les armées du duc, la jalousie les divisa.

Le chancelier Rollin et le maréchal de Toulongeon avaient essayé de les concilier, mais sans y parvenir.

Déjà en 1431, G. de Châteauvillain avait été fait prisonnier par J. de Vergy, il avait engagé sa terre de Pichanges pour payer sa rançon fixée à mille saluts d'or ; et pour l'acquitter Guy de Pontailler, chevalier, seigneur de Talmay, qui lui avait prêté une certaine somme, s'en était couvert par une rente de 100 saluts d'or sur les terres de Gemeaux et Pichanges ; c'est ce qui explique que, dans la recherche des feux de 1431, il est dit que les habitants de Gemeaux et de Pichanges sont moult grevés de la rançon du seigneur de Châteauvillain.

Le duc protégeait le sire de Vergy. G. de Châteauvillain, en février 1433, signe à Amboise un traité d'accommodement avec Charles VII, il renvoie fièrement au roi d'Angleterre Henri VI son ordre de la Jarretière ; il arme, tient la campagne, unit ses forces à celles de Demoisel de Commerci, va jusqu'à Langres et vient jusque près de Dijon. Il guerroyait, pillait, ravageait et se retirait dans ses forteresses de Grancey, Gemeaux, en défiant ses ennemis. Il envoya un cartel à Antoine de Vergy, seigneur de Champlitte, celui-ci releva le gant et la guerre s'ensuivit.

G. de Châteauvillain détacha Langres du gouvernement du duc et fut nommé gouverneur de cette place par Charles VII.

Le bon duc Philippe fut obligé de se défendre et envoya contre Châteauvillain, Jean et Antoine de Vergy, le comte de Fribourg, le sire de Créqui ; à ceux-ci se joignirent Charles de Vergy, seigneur d'Autrey, Guillaume de Beaufremont. Ils mirent le siège devant Grancey et Gemeaux dont ils s'emparèrent en peu de temps.

Le fort de Gemeaux fut en partie démantelé (1434), une paix s'ensuivit ; Châteauvillain quitta ses forteresses de Grancey et Gemeaux avec armes et bagages, elles furent confisquées par le duc et ne lui furent rendues qu'après le traité d'Arras, en 1435. Ceux qui souffrirent le plus, comme toujours, de ces luttes, ce furent les malheureux paysans.

Les écorcheurs, sous la conduite du bâtard Alexandre de Bourbon et de Demoisel de Commercy, s'emparèrent aussi du fort en décembre 1437, et s'y établirent. De là ils rayonnèrent dans les campagnes voisines, pillant, rançonnant les populations. On lit en effet dans l'ouvrage de M. de Fréminville, *les Ecorcheurs en Bourgogne :*

« La troupe divisée en deux colonnes se sépare ; 5000 à 6000 aventuriers, sous la conduite d'Alexandre de Bourbon, s'empare de Thil-Châtel, Gemeaux, Is-sur-Tille. Ainsi donc depuis le 14 décembre les écorcheurs ont pris leurs quartiers d'une part dans le Nuiton et le Beaunois, d'autre part au nord de Dijon à Is-sur-Tille, Gemeaux, Pichanges, Thil-Châtel, Bèze, Mont-saugeon. »

Ils y restèrent longtemps. Ces écorcheurs étaient des soldats licenciés après la guerre qui, pour vivre, commettaient toutes les atrocités possibles et elles furent telles que les documents du temps semblent ne pas avoir d'expressions assez énergiques pour les flétrir.

On les appelait *haussaires, routiers,* mais la dénomination qui prédomine est celle d'écorcheurs, nom sinistre et dont la raison est que tous ceux qu'ils rencontraient étaient dépouillés jusqu'à la chemise, d'où l'on disait qu'ils avaient été écorchés.

Ils disparurent un instant, puis ils revinrent en

1438. On résolut alors de les chasser. Jean de Fribourg convoqua aussitôt ses troupes. Le rendez-vous fut fixé à Is-sur-Tille, mais il n'aboutit pas ; ce n'est qu'en 1444 que les seigneurs bourguignons, parmi lesquels on trouve les sires de Charny, de Mirebel, de Trichatel, de Sombernon, etc., se décidèrent à entrer en campagne et parvinrent à les expulser définitivement.

On conserve encore à Gemeaux le souvenir de leurs excès, et l'invasion de Galas même n'a pu les faire oublier.

Tout ébranlé qu'il était, le vieux fort protégeait encore les habitants contre les incursions des Comtois, qui, pendant deux ans après Galas, ravagèrent le pays. Plusieurs fois, ils furent repoussés, mais en juillet 1637, ils s'emparèrent du village qui eut fort à souffrir.

Les Suédois, commandés par Bernard de Saxe Veimar et qui étaient à la solde de la France, avaient demandé à ce qu'on leur livrât la forteresse. Les habitants, qui savaient à quoi s'en tenir sur ces alliés (1), refusèrent de leur en ouvrir les portes et se défendirent énergiquement, mais le fort fut pris d'assaut, 25 maisons incendiées et un grand nombre d'habitants tués. Il va sans dire que le village fut pillé ; der-

(1) Le prince de Condé écrivait au cardinal de Richelieu : Prenez bien garde que M. de Veymar ne prenne ses quartiers d'hiver en France, surtout en ce pays lequel il brûle et déborde pis que les ennemis, dix lieues à la ronde de Dijon, tout est plus perdu par les Suédois que par les ennemis.

nier effort de cette vieille forteresse qui fut depuis abandonnée.

Le roi Charles IX et la reine Catherine de Médicis ont couché à Gemeaux le 18 mai 1564, ils se rendaient à Dijon pour de là aller visiter les provinces du midi de la France.

Voici en effet ce qu'on lit dans le Recueil du voyage du roy Charles IX en ses païs et province de Champagne et Bourgogne, ès années 1564-1565, faits et recueillis par Abel Jouan, serviteur de Sa Majesté (1).

« Le mercredy 17e jour du mois de mai 1564, le roi dina à Longeau, pauvre village et coucha à Montsaugeon, grand village et château, pour ce jour V lieues. Et le jeudi 18e jour dudict mois, le roi dina à Trichasteau, grand village et chasteau et coucha à Jeumeau *beau village,* pour ce jour VI lieues. Et le vendredy 19e jour dudict mois, disna au Mesnil (2), village et château et coucha aux Chartreux près de Dijon, qui est une fort belle et grande abbaye en laquelle sont sépulturés tous les ducs de Bourgogne fort richement. »

Le roi ne fit son entrée à Dijon que le 22 mai.

On doit penser combien dut être grande l'émotion du capitaine châtelain qui était à cette époque Simon de Martinécourt, le même qui fut blessé à Fontaine-Française, lorsqu'on vint lui annoncer que le roi de

(1) Bibliothèque nationale, Réservé L. b. ³³, nº 156.
(2) C'est sans doute Messigny dont le nom aura été tronqué.

France était devant le pont-levis du fort demandant l'hospitalité pour lui, la reine sa mère, et leur suite.

La chambre où le roi coucha existe encore, c'est tout ce qui reste du vieux château avec quelques pans de murs, des pierres effritées, les fondations du donjon. C'est assez pour rappeler le passé ; mais l'église qui était située au centre de la forteresse, quoique plus ancienne, est toujours debout et longtemps encore elle défiera les injures, et du temps et des hommes !

Le Château actuel

Vers la fin du dix-septième siècle, le pouvoir royal avait fini d'absorber la puissance des grands seigneurs féodaux, les guerres intérieures avaient disparu avec la Ligue et la Fronde. L'étranger était repoussé, les invasions étaient moins à craindre, aussi les vieux châteaux forts tombaient en ruines et faisaient place à des demeures plus élégantes et plus confortables.

A Gemeaux, Jean Mochot Ier bâtissait, dans une situation agréable, au pied d'une colline, une maison importante qui devint vers 1720 le château actuel. C'est Jean-Claude Loppin, acquéreur de la seigneurie sur Jacques Mochot qui, avec le concours de l'architecte Verniquet, modifia la première construction en y ajoutant des tourelles à balcons et une contre-façade d'un joli style.

Le jardin qui l'entoure fut bien distribué, malheureusement il est coupé par le chemin vicinal, ce qui lui enlève tout son prix.

Tel qu'il est aujourd'hui, le château, quoique de style bâtard, encadré dans ses vieux arbres, se présente bien et ne manque pas d'une certaine élégance ; il existe à l'intérieur une chapelle dédiée à la Vierge, qui était jadis de patronage laïc. En 1693, elle avait pour chapelain Eléonor Corneaux, clerc du diocèse de Langres.

____

LES SEIGNEURS

Il ne faut pas croire que tout était joie et plaisir dans la vie d'un haut seigneur féodal. A peine âgé de sept ans, le futur chevalier était enlevé aux femmes et une éducation sévère et rude commençait pour lui ; les jeux de paume, de balle et autres, assouplissaient ses membres. A dix ans, il montait à cheval, et s'il ne suivait pas encore son père à la guerre, il le suivait à la chasse, poursuivait avec lui loups, cerfs et sangliers.

Il n'oubliait pas ses devoirs religieux, car le chapelain était là pour les lui rappeler : chaque matin il entendait la messe, chaque soir il faisait sa prière.

Sa mère, douce et sainte femme, l'initiait aux belles manières, son père à la veillée, pendant les longues soirées d'hiver, lui parlait de ses ancêtres, de leurs hauts faits d'armes, de leurs guerres.

Le jeune baron n'avait pas un moment à lui, on essayait de lui apprendre à lire, à écrire, mais on n'y réussissait pas toujours : n'avait-il pas pour signer le pommeau de son épée, et pour écrire son chapelain.

Il faisait sa première communion, et après il était tout aux exercices du corps. On lui apprenait à dompter un cheval, à dresser un faucon.

Avant d'être fait chevalier, il quittait la maison pa-
ternelle et allait suivre des cours de chevalerie chez
des maîtres plus sévères que son père, où il apprenait
à manier les armes, l'épée, la lance, le pieu.

Il devenait d'abord écuyer, jusqu'à ce qu'enfin,
après de longues épreuves et une préparation austère
et religieuse, il était, après la veillée des armes, fait
chevalier.

Il avait vingt ans !

En pleine féodalité, le service militaire était l'apanage de la noblesse et de ses vassaux, les serfs et
vilains en étaient dispensés ; quelques-uns seulement
accompagnaient leurs maîtres à la guerre en qualité
de varlets, ils ne pouvaient porter l'épée. Certains
d'entre eux cependant finissaient par être enrôlés
parmi les gens d'armes et après un long service, par
être faits écuyers, c'est-à-dire nobles.

Les voyez-vous ces hommes d'armes, toujours en
campagne, le casque ou le heaume en tête, la cuirasse
sur la poitrine avec cuissards et brassards, tenant l'écu
d'une main et l'épée de l'autre, chevauchant de longs
jours sous un soleil de plomb pendant l'été, sous les
brumes glacées, pendant l'hiver.

Et cependant c'était leur vie, toujours en guerre
contre l'ennemi extérieur ou contre les voisins ; à
peine le seigneur revenait-il de temps en temps se re-
poser de ses dures fatigues. Sa joie était grande quand
tout à coup, au détour du chemin, lorsque le soleil
avait percé le brouillard (*ce soleil que Dieu fait bel*

et qui abat la rosée), il apercevait le vieux donjon du château dont le toit ardoisé étincelait comme un phare lumineux.

C'est qu'à son sommet, il avait vu une ombre blanche se dessiner sur la terrasse, c'était la châtelaine qui l'attendait depuis de longs jours, et qui le saluait de loin, agitant son grand voile blanc, en lui présentant ses enfants.

Le chevalier était profondément croyant ; il allait combattre les infidèles pour gagner la *Cour de paradis*, et il y allait de tout son cœur, donnant d'avance une grande partie de ses biens pour le repos de son âme.

En l'an 1190, Amé, seigneur de Trichâtel et de Gemeaux, partant, en compagnie du duc Hugues III, pour Jérusalem où il mourut, avait donné à Dieu et aux frères du Temple, pour le repos de son âme, Fontenottes et tout son territoire, tant en bois, qu'en eaux, pâturages, car, « disait-il, de même que l'*aigue* éteint le feu, l'aumône éteint le poichié ».

Jean de Trichâtel avait un frère, Etienne, qui était chevalier du Temple ; il fut enterré à Fontenottes dans la chapelle qui existe encore, et où l'on voit sa tombe qui porte l'inscription suivante :

« C'est la sépolture de monseignor Etienne de Tricastail, frère, qui décéda l'an de l'incarnation de notre Seigneur 1216, le 9 de feuvrier, que Dieu assiste. »

Le seigneur féodal vivait et mourait plein de foi, son fils à son chevet.

« Aucune terreur ne vient troubler ses derniers moments, il a vu si souvent la mort de près. Par instants il semble presque gai, fait venir sa femme, son cœur si solide enfin éclate :

« Embrassez-moi, lui dit-il, car plus jamais ne m'embrasserez, il se pencha sur elle et la baisa.

« Puis il fait venir ses filles.

« Chantez Mahaut, chantez Jeanne...

« Rien n'égale la sérénité de ce mourant, il a des visions, des légions d'anges s'abattent sur les tours du château et viennent le chercher ; ses lèvres pâles s'ouvrent, le prêtre approche, il communie puis il s'endort d'un sommeil paisible, les mains sur les têtes de ses enfants (1). »

Il avait bien, pendant sa vie, commis des exactions, s'était emparé souvent du bien d'autrui, avait pressuré le pauvre peuple, mais les mœurs étaient telles à cette époque que sa conscience n'en était pas chargée.

Tels étaient les seigneurs de Grancey, de Thil-Châtel, je ne parle que de ceux qui furent seigneurs de Gemeaux, car il y avait en Bourgogne des hauts barons plus puissants qu'eux, et qui étaient le type du grand seigneur féodal.

La seigneurie de Gemeaux était mouvante du duc, et le devint du roi après la mort de Charles le Téméraire, je l'ai déjà dit ; aussi son possesseur était-il tenu à toutes les obligations du vassal vis-à-vis du suzerain :

(1) Gauthier, *la Chevalerie.*

il lui devait l'*hommage*, c'est-à-dire qu'il se reconnaissait son homme ; la *foi*, c'est-à-dire la fidélité; l'*aveu*, c'est-à-dire qu'il avoue, reconnaît tenir le fief de son suzerain ; le *service*, c'était l'objet essentiel du contrat, car c'est pour l'avoir à sa disposition que son seigneur lui a donné un fief. Le vassal doit donc assister son seigneur par les armes, ou de toute autre manière, aussi doit-il l'accompagner dans ses expéditions. L'*aide*, c'est-à-dire le devoir pour le vassal d'aider son seigneur de ses deniers, soit pour contribuer aux frais de la guerre, de la rançon, soit de toute autre manière.

En échange de tous ces devoirs du vassal, le seigneur suzerain doit le conseiller, le protéger, le défendre, car en le défendant il se défend lui-même. Il lui doit aussi la justice. Donc les devoirs sont réciproques; mais peu à peu ils disparaissent de part et d'autre, ils deviennent inutiles, absorbés par l'autorité royale. Au commencement du xvi° siècle il n'en restait plus guère que la forme, que l'on conservait comme un souvenir honorifique, les seigneurs suzerains ou vassaux étaient devenus indépendants les uns des autres et chacun était maître chez soi, du moins en Bourgogne.

Au moyen âge, les seigneurs voulaient bien reconnaître la ligéité du roi ou du duc, mais ils entendaient être absolus sur leurs domaines, y rendre la justice selon leur plaisir; quelques-uns se disaient seigneurs *par la grâce de Dieu*, et si le duc

l'avisait de leur adresser des remontrances, ils en-
raient en lutte avec lui et souvent l'amenaient à composition.

On a vu, nous disent MM. H. Beaune et J. d'Arbaumont (1), un sire de Mont-Saint-Jean tenir en échec
vingt ans durant le duc Hugues V. On voyait aussi, au
xv⁰ siècle, les sires de Grancey résister au duc, et se
faire assiéger dans leur château en 1434 et 1472.

Du reste, les ducs, de leur côté, en agissaient de
même avec les rois de France, témoins : Jean sans
Peur et Charles le Téméraire, qui entrèrent en lutte
avec les rois Charles VI et Louis XI.

Gemeaux a été possédé par les plus grandes familles
de la Bourgogne; il changeait souvent de propriétaire,
car les charges de cette seigneurie étaient grandes. Il
fallait payer la redevance due au prieur de Larrey
pour les Bénédictins de Dijon, et, par les années de
disette, le produit des terres seigneuriales suffisait à
peine à l'acquitter. Les revenus du four banal manquaient aussi lorsque le grain était rare, et les Bénédictins ne plaisantaient pas lorsqu'il s'agissait du
paiement de leurs revenus; il fallait ou payer ou se
voir poursuivre.

Il est assez difficile d'établir une série bien exacte
des seigneurs qui se sont succédé à Gemeaux jusqu'en 1780, car à chaque instant les titres font
défaut ou sont incomplets; puis les seigneuries se di-

(1) *La Noblesse aux Etats de Bourgogne.*

visaient à l'infini. Au xiv⁰ siècle, Gemeaux a cinq seigneurs ; mais je n'ai considéré comme le seigneur en titre que celui qui possédait le fort, et qui était tenu de la redevance aux Bénédictins ; tous les autres, je les considère comme des vassaux ou propriétaires de fiefs relevant du seigneur principal. Disons en passant que les vassaux étaient des nobles, relevant d'un noble plus puissant qu'eux ; ils n'étaient ni des vilains, ni des bourgeois.

Les premiers seigneurs de Gemeaux ont été les évêques de Langres, qui possédaient toutes les terres situées entre Langres et Dijon, et même cette dernière ville, qui fut donnée par l'un d'eux, Lambert, évêque, à Robert, roi de France, qui en fit cession à son fils Robert, duc de Bourgogne (1028).

Ils possédaient donc Grancey, Thil-Châtel, Bèze, Lux, Gemeaux, et beaucoup d'autres domaines qu'ils avaient donnés à des nobles, à charge par eux de se reconnaître leurs vassaux ; mais ceux-ci s'affranchirent, même par la violence, de leurs engagements, et cherchèrent à devenir les vassaux des ducs de Bourgogne, ce qui eut lieu.

C'est Wileno, évêque de Langres qui, en 1033, donna les terres de Gemeaux et de Tréchâteau à Aimon ; il le fit peut-être un peu comme contraint et forcé, car celui-ci s'en étant emparé, il ne faisait que ratifier un fait accompli.

De 1033 à 1187, on ne trouve rien concernant les seigneurs de Gemeaux ; cette terre était cependant restée dans la maison de Thil-Châtel, car en 1157, Guillaume, seigneur de ce lieu, donne au prieuré de Saint-Florent des dîmes de sept gerbes l'une, sur sa terre de Gemeaux, et en 1265, Jean, sire de Tricastel, fait hommage à Thibaut, roy de Navarre et comte de Champagne et de Brie, pour sa terre de Gemeaux, sauf la légéité due à l'évêque de Langres, au duc de Bourgogne et au comte de Bourgogne, sire de Salins.

Jean avait une fille Isabelle qui, en 1280, épousa Guillaume de Grancey; il lui avait constitué en dot une partie de Gemeaux. C'est lui qui doit en être considéré comme le premier seigneur, car il se reconnut le vassal du duc Robert, et éleva un château-fort dont je parlerai plus loin.

Gemeaux entra donc, en 1280, dans la famille de Grancey, et nous retrouvons un de ses membres, Odon de Grancey, seigneur en 1333.

Eudes V de Grancey en est seigneur en 1361; c'est lui qui a fondé le chapitre de l'église collégiale de Saint-Jean-Baptiste de Grancey et lui a donné, pour assurer son existence, de nombreuses propriétés à Gemeaux et notamment le gaignage de Preigney.

Son fils Eudes VI lui succéda, et fonda, en 1368, au milieu des vignes et proche la route de Langres, la chapelle Saint-Michel archange, en lui faisant aussi une donation importante.

Avec Eudes VI finit la famille de Grancey; de son mariage avec Yolande de Bar, qui était de souche royale, il n'eut qu'une fille Jeanne, qui épousa, vers 1370,

Jean, sire de Thil-Châtel, de Rougemont et de Château-villain, en lui apportant en dot ses nombreux domaines, parmi lequels se trouvaient Grancey et Gemeaux. Il avait comme vassaux en ce dernier lieu, Guiart de Pontailler, Jean de Musigny, Etienne de Musigny, Girard de Vartes, Louis de Coussenay, Poignant du Tremblay, et à Is-sur-Tille Eudes de Savoisy, sire du Fossé.

Sur chaque terre il y avait, à cette époque, outre le seigneur suzerain, plusieurs nobles établis de père en fils, propriétaires, jouissant du revenu de leurs domaines, on les appelait *chasés*.

Ils ne demeuraient pas avec le seigneur dans son manoir, il ne les appelait qu'en cas de besoin.

Le chasé en somme n'est pas indépendant vis-à-vis de son seigneur, car son héritage est un morceau du domaine seigneurial. Il doit l'hommage et l'aveu, il tient ce qu'il a en fief du seigneur, il est son homme, lui doit fidélité, service et aide.

Il ne diffère pas beaucoup du vilain, car il est comme lui l'homme du seigneur ; mais il est soldat pour défendre la terre que le vilain cultive, et comme tel il est noble.

Chasés, vassaux, c'est tout un (1).

Les seigneurs de Thil-Châtel possédaient des chasés à Thil, à Gemeaux, Lux, Véronnes ; ce sont eux avec leurs varlets qui accompagnaient le maître, dans ses expéditions.

____

(1) Voir Seignobos, *Régime féodal.*

Jean de Thil, par son mariage avec Jeanne de Grancey, devint donc seigneur de Grancey et de Gemeaux. Il avait été fait prisonnier en 1361, et Garnier de Blaisy, chevalier, sire de Cressey et de Couches, s'était porté garant de sa rançon envers Simon Buguet, écuyer. Cette rançon avait été fixée à 400 francs d'or, trois coursiers de la valeur de 300 florins, trois courroies ferrées d'argent, pesant 18 marcs, 37 marcs d'argent fin en vaisselle et trois draps de soie.

Son fils, Guillaume de Châteauvillain, lui succéda et fut aussi fait prisonnier et rançonné (Voir le chapitre précédent). Il ne devait pas être seigneur de Thil-Châtel, car dans une cherche des feux de 1431, publiée par M. J. Garnier, archiviste de la Côte-d'Or, on lit ce qui suit : « Gemeaux, ville plate et fort moutier (1), les hommes taillables haut et bas, sont à Monseigneur de Châteauvillain, Monseigneur de Thil-Châtel, Messire Hue de Bourneville, Monseigneur de Bourlemont, Madame du Tremblay, M. Guiot Rigogne. »

Il y avait donc six seigneurs : le seigneur en titre était Guillaume de Châteauvillain, c'est lui qui possédait le fort, les autres n'étaient que des seigneurs de fief, relevant du duc ou du sire de Châteauvillain.

Il n'y a rien d'étonnant à ce qu'on voie les seigneurs de Thil-Châtel avoir des intérêts à Gemeaux, car le clos était toujours resté leur propriété ; c'était

(1) Eglise fortifiée.

et c'est encore une terre d'une fertilité exceptionnelle. Aussi lorsque Jean de Tricastel avait donné Gemeaux à sa fille Isabelle, il avait eu soin de se le réserver ; à cette époque déjà on connaissait les *terres à gendre*.

Quant à Guiot Rigogne, qui figure parmi les vassaux, il avait acheté ce qu'il possédait, en mars 1398, de Guillaume de Marey, écuyer, et de Marie de Fontaine, sa femme, fille de feu Richard de Fontaine (1). Cette vente, est-il dit dans l'acte, comprenait les hommes, les femmes, le cens, les dîmes, tailles, corvées, justice, et elle avait eu lieu moyennant 400 livres, sous le consentement du seigneur du fief. Guiot, son fils, lui succéda en 1413 ; il existe encore à Gemeaux une cour qui porte le nom de son ancien propriétaire Rigogne.

A Guillaume de Châteauvillain succéda en 1443 son fils Jean. Poursuivi par ses créanciers, il fut obligé de vendre ses terres de Grancey et de Gemeaux à Thibaud, seigneur de Neufchâtel, d'Epinal, de Châtel-sur-Moselle, Maréchal de Bourgogne, son beau-frère, par son mariage avec Bonne de Châteauvillain.

Thibaud eut sept fils ; l'un d'eux, Claude de Neufchâtel, devint seigneur de Gemeaux en 1400 ; il était chevalier de la Toison d'Or, gouverneur du duché de Luxembourg, cousin du roi Charles VIII. C'est lui qui obtint du roi la création de deux foires à

____

(1) Elle descendait par les femmes de saint Bernard.

Gemeaux et l'autorisation de construire les halles (1).
Le sire de Neufchâtel mourut sans postérité mascu-
line ; sa fille épousa Félix de Werdemberg, qui hérita
de la terre de Gemeaux et en fut le seigneur.

Courtépée, dans sa description des villages de la
Bourgogne, dit que Georges de la Trémouille fut seigneur de Gemeaux et de Grancey, én 1470. Il s'agi-
rait de Georges de la Trémouille, sire de Craon, serviteur du roi Louis XI, gouverneur de Bourgogne,
oncle du défenseur de Dijon (2).

Georges de la Trémouille a fait des alliances étran-
gères à la Bourgogne, et je ne vois pas à quel titre il
aurait pu posséder Gemeaux et Grancey.

Je suppose que, pendant un certain temps, les terres de Grancey et de Gemeaux ont dû être confisquées par Louis XI, sur leur seigneur qui avait
peut-être pris parti pour Marie de Bourgogne, et
données à Georges de la Trémouille. Le fait est
possible, car après avoir pris possession du duché,
le roi saisit tous les fiefs et il fallut obtenir une nouvelle investiture pour en demeurer propriétaire.

Beaucoup d'actes existent aux archives départementales, qui portent main-levée de la main-mise
royale, et nouveau don, fait par le roi, des fiefs sai-
sis en 1470. Il y a donc eu interruption au profit de

(1) Voir aux pièces justificatives la charte de 1401, II.
(2) Pendant qu'il était seigneur de Gemeaux, La Trémouille
reçoit l'hommage de Gérard de Changey pour plusieurs dîmes
que celui-ci y possédait (11 janvier 1470).

G. de la Trémouille, qui aurait été seigneur de Gemeaux et de Grancey, pendant quelques années, en attendant que la famille des anciens seigneurs de ces lieux, représentée par Claude de Neufchâtel, ait reçu une nouvelle investiture (1).

Après Claude de Neufchâtel, Félix de Werdemberg et La Trémouille, on trouve comme seigneur Jacques de Châteauvillain. Son acte de foi et hommage à Louis XII est daté de Blois le 23 janvier 1505 (2).

Jacques ne conserva pas longtemps la terre de Gemeaux, elle fut saisie sur lui, et adjugée par la cour souveraine de Bourgogne (sans date) à Jean de Baisséy, moyennant la somme de 1800 livres. Celui-ci, pour payer son acquisition, avait emprunté à son frère, le Révérend Père en Dieu Claude de Charmes, abbé de Saint-Bénigne et de Saint-Germain d'Auxerre, pareille somme qu'il ne pouvait lui rendre. Il ne payait pas davantage la redevance de trente émines due aux Bénédictins et dont ceux-ci ne le tenaient pas quitte, quoique leur abbé fût son frère. Il leur devait en effet 3015 livres pour plusieurs années de la redevance des 30 émines blé et avoine.

On le contraignit donc à revendre Gemeaux. A cet

(1) A la mort de Thibaut de Neufchâtel, père de Claude, arrivée en 1440, le roi Louis XI fait occuper le château de Grancey par une garnison (Archives de la Côte-d'Or, B. 11843).

(2) Archives nationales, p. 16, cote 5065.

effet il donna une procuration à M° Jehan de Saulx, seigneur d'Orain, et on lit dans cet acte :

« Jehan de Saulx (1), chevalier, seigneur d'Orain, procureur spécial de Jehan de Baissey, absent et dé- présent étant au delà des monts avec le roi, notre sire, à son service. »

Jehan de Baissey était en Italie avec le roi Louis XII.

En vertu de cette procuration, le sire de Saulx ven- dit la terre de Gemeaux à Didier de Recourt et à Charlotte Bourseault, sa femme, « moyennant pareille somme de 1800 livres tournois, savoir : 416 écus so- leil de bon or et de poids, pièces pour 22 gros, vail- lant 703 francs, et le résidu montant à 1037 livres en pièces de 12 deniers ». L'acquéreur était en outre chargé du paiement des trente émines de blé et avoine aux Bénédictins.

L'acte est passé à Dijon, aux Galeries, devant le grand orme de Saint-Bénigne, le 22 juin 1500, en présence du R. P. en Dieu, Claude de Charmes, abbé de Saint-Bénigne, auquel le paiement du prix fut fait, ce dont il se déclara *bien content*. L'acte porte que la vente comprend : la terre et seigneurie, hommes, femmes, rente, cens, gélines, prés, terres, vignes, bois, rivières, maisons, fours, étangs.

Didier de Recourt était greffier au Parlement. Il ne conserva pas longtemps sa nouvelle acquisition, car,

______

(1) C'était le père de Gaspard de Saulx, maréchal de France, en 1567.

en 1520, nous voyons un nouveau titulaire : c'est Marc de la Baume, comte de Montrevel, baron de Châteauvillain et de Grancey, dont la famille, qui avait toujours conservé des intérêts à Gemeaux, a dû racheter de Didier de Recourt la seigneurie. On ne trouve pas de reprise de fief de cette acquisition.

Marc de la Baume était devenu seigneur de Gemeaux et baron de Châteauvillain, par sa femme, Anne de Châteauvillain, veuve du sieur de Dinteville ; elle lui avait apporté en dot Grancey et Gemeaux.

Joachim de la Baulme, dit de Châtelvillain, devient après lui seigneur de Gemeaux, comme héritier de sa mère, Anne de Châteauvillain ; et le 4 mars 1530, Claude Lemarlet, licencié ès lois, seigneur de Puis, de Ternant, de Saulon-la-Rue, achète une partie de la seigneurie de Gemeaux ; à la même époque il se rend acquéreur, sur Henri de Mâlain, seigneur de Lux, d'un droit communément appelé la dîme d'Izeure, qui se lève au finage dudit Gemeaux sur divers héritages. On verra que ce droit, au xviiiᵉ siècle, était rentré en la possession des seigneurs de Lux.

Tenant à posséder toute la terre de Gemeaux, Claude Lemarlet achète encore, suivant acte reçu Mᵉ Besançenot, notaire, à Dijon, de Joachim de la Baulme, seigneur de Châteauvillain, et de demoiselle Jeanne de Moy, sa femme, le surplus de la seigneurie ; mais cette vente ne lui est consentie que sous condition de rachat, toutefois le *clos* de Gemeaux restait toujours en dehors de ces aliénations.

Claude Lemarlet mourut en 1538, et sa veuve reprit de fief la terre de Gemeaux, le dernier jour du mois de février de cette année. Or, son mari en avait acquis une partie en mai 1538, il semble tout d'abord qu'il doit y avoir une erreur ; il n'en est rien, et la contradiction n'est qu'apparente ; car, à cette époque, l'année commençait à Pâques. Ce n'est que sous le règne de Charles IX, qu'un édit de janvier 1563 fixa le commencement de l'année au 1er janvier.

Droine Billocart, veuve Le Marlet, fut obligée de revendre, en vertu de la clause de rachat, sa seigneurie à Joachim de la Baume Montrevel, comte de Châteauvillain, lieutenant général en Bourgogne, du duc de Guise.

« C'est Joachim de la Baume qui fit ériger en comté, par Henri II, la baronnie de Grancey, dit M. Garnier, archiviste de la Côte-d'Or, dans ses *Chartes des communes*, au mot Grancey. Il laissa une fille, Anne, qui épousa Jean de Hautemer, père de Guillaume de Fervaques, maréchal de France, et lui apporta en dot le comté de Grancey. »

Je crois que Joachim de la Baume laissa deux filles, Anne et Antoinette. Cette dernière épousa Jean, sire d'Annebaut, seigneur de Créancey, baron de Retz et de Saint-Pierre en Caux, tué à la bataille de Dreux ; il reprit de fief la terre de Gemeaux, le 15 juillet 1555, et est qualifié de comte de Châteauvillain, seigneur de Vernois, Selongey, Gemeaux. On ne parle pas de Grancey puisque Anne l'avait apporté en dot à Jean de Hautemer, père de Fervacques ; celui-ci n'est devenu que plus tard seigneur, mais en partie seulement de Gemeaux, puis seigneur de Châteauvillain comme on le verra plus loin ; en effet, le 18 décembre 1558, il reprit de fief le comté de Châtelvillain tenu en fief du roi, à cause de son chatel de Chaumont en Bassigny, puis la baronnie de Grancey, à cause de la grosse tour de Sens.

Le 26 février de la même année, on trouve encore une reprise de fief par François Lambert, écuyer, gentilhomme ordinaire de la maison du sire d'Annebaut en qualité de mandataire spécial de dame Antoinette de la Baulme, comtesse de Châteauvillain, femme de Jean, sire d'Annebaut. Antoinette de la Baulme mourut sans enfants. Son titre de comtesse de Châteauvillain échut à son neveu, Guillaume de Haultmer de Fervaques, fils de Jean et d'Anne de la Baulme.

Quant à la terre de Gemeaux, elle fut partagée entre les neveux et cousine d'Antoinette.

Fervaques en eut un tiers. Sa sœur, Barbe de Haultmer, épouse de Gabriel de la Béraudière, eut un autre tiers, et enfin les enfants de sa cousine, Catherine de la Baulme, mariée à Jacques Davaugour, sire de Courtalain, eurent le reste.

Dans les comptes de la contribution du ban et de l'arrière-ban du bailliage de la Montagne, en 1562, on voit : Davaugour, chevalier, sieur de Courtalain, et Guillaume de Haultmer, seigneur de Fervaques, figurer aux lieu et place de Joachim de la Baulme en son vivant seigneur et comte de Châteauvillain, Crenay et Busserottes. On trouve les reprises de fief de ces divers héritiers aux Archives de la Côte-d'Or, aux dates des années 1557, 1558, 1560.

Les seigneurs de Gemeaux étaient donc en 1569 :

Guillaume de Haultmer de Fervaques, Gabriel de la Béraudière, et Léonard, François et Jean Davaugour, fils de Jacques et de Catherine de la Baulme.

Guillaume de Haultmer était le fameux Fervaques, ligueur enragé, âme damnée du duc de Mayenne ; il avait épousé Renée de Marconnay qui, en l'absence de son mari, commandait virilement ses forteresses.

Fervaques pillait et rançonnait les populations ; les hommes d'armes de sa femme arrêtaient les voyageurs, qu'on enfermait à Saulx-le-Duc ou à Grancey, et qu'on ne mettait en liberté que contre paiement d'une forte somme. Voici le portrait que trace M. Garnier dans sa préface de la *Correspondance de la mairie de Dijon* de ce personnage :

« Guillaume de Haultmer, seigneur de Fervaques, normand d'origine et de nature, était un personnage considérable... S'il s'était acquis une certaine renommée dans les combats, en revanche celle que lui avait valu son long séjour dans cette cour détestable des Valois était loin d'être aussi honorable. Egoïste, corrompu, sans scrupules sur les moyens d'accroître sa richesse, l'intérêt personnel était devenu la seule règle de sa conduite. »

Ce qui n'empêchait le premier président du parlement de le haranguer un jour en ces termes :

« En ce temps de calamité et de misère, *les gens de bien et de vertu* et surtout ceux qui comme vous ont beaucoup de valeur et d'expérience, sont très utiles et nécessaires aux gouvernements. » On n'a pas encore malheureusement perdu l'habitude de ces sottes et intéressées flagorneries et longtemps encore les hommes crieront selon les temps et leur intérêt : Vive la ligue et vive le Roi !

L'indivision qui existait entre les trois seigneurs de Gemeaux ne dura pas longtemps, car Jean le Marlet, écuyer, seigneur de Saulon-la-Rue, Barges, Fénay, Chevanay, gouverneur de la chancellerie de Bourgogne, vicomte maïeur de Dijon, acheta les trois parties indivises les 18 juillet 1563 et 4 juin 1568. Dans les conclusions de l'avocat du Roi, données lors de la reprise de fief, il est dit : que l'acquéreur sera tenu de reconnaître le Roi comme seul seigneur féodal, et quant au droit de scel et de tabellionage que s'est réservé le vendeur, l'avocat maintient qu'il est au Roi seul. Jean le Marlet avait un fils François, qui était de la religion réformée, et c'est peut-être à son influence qu'un grand nombre d'habitants de Gemeaux abjurèrent la religion catholique.

Jean le Marlet et son fils François ont vendu leur terre de Gemeaux en février 1583, à Antoine de Vienne de Beaufremont, chevalier de l'ordre du Roi, seigneur de Listenois, marquis d'Arc-en-Barois, baron de Clairvaux, seigneur de Châteauneuf, suivant acte de Champenois, notaire à Dijon.

Dans la reprise de fief on voit que la seigneurie de Gemeaux est en toute justice, qu'il y a un château enclos de murailles *quasi ruiné*, dedans lequel est l'église paroissiale et portion du cimetière.

On disait jadis en Bourgogne :

Riches de Chalon,

Nobles de Vienne,

Preux de Vergy,

Les bons Barons de Beaufremont,

ce qui signifiait que les de Chalon étaient très riches, les de Vienne de la plus haute noblesse, les de Vergy braves, et les de Beaufremont bons.

Antoine de Vienne de Beaufremont n'a pas démenti sa race, car en ces temps troublés, où la guerre civile était permanente, Gemeaux était occupé par les soldats du baron de Vitteaux, lieutenant de Fervaques, tous deux ligueurs, combattant contre les troupes du roi.

Fervaques avait été seigneur de Gemeaux, et les héritiers du baron de Vitteaux devaient l'être plus tard.

Or les troupes du baron de Vitteaux étaient commandées à Gemeaux par un capitaine nommé Lafleur, espèce de condottiere sans foi ni loi, qui mettait son épée au service du plus offrant. Il ravageait le pays, pillait les habitants, qui le firent savoir à leur nouveau seigneur.

Antoine de Vienne n'habitait pas le château et aurait pu se montrer indifférent aux souffrances de ces pauvrés gens. Il écouta leurs doléances et écrivit à M. de Fervaques, le 26 janvier 1589, le priant d'intervenir pour faire cesser cet état de choses.

Fervaques lui répondit et donna des ordres à son lieutenant qui, bien entendu, n'en tint aucun compte.

De Vienne lui écrivit de nouveau le 15 février 1589 :

« J'ai vu la faveur qu'il vous a plu faire pour mon respect à mes pauvres sujets de Gemeaux, je vous en ferai service. Toutefois les troupes du baron de Vitteaux ont fait fort peu d'état de ce qu'on leur a montré. Je vous supplie de donner votre avis (vos ordres) à un qui y est logé nommé Lafleur.

« Faites état de moi qui suis votre serviteur,

« LISTENOIS. »

Ce Lafleur était un pillard éhonté, qui savait échapper à la justice, car en 1580, Chabot-Charny, lieutenant général en Bourgogne, avait écrit aux magistrats de Dijon une lettre par laquelle il leur enjoignait de faire arrêter le capitaine Lafleur qui mange le *bonhomme*. Il est, dit-il, aux environs de Dijon ; prenez des hommes sous la conduite d'un de vos échevins, et faites-moi tailller en pièces cette canaille. Si vous le prenez, mettez-le en un cul de basse fosse, afin que cela serve d'exemple aux rôdeurs et voleurs, qui ne sont rien moins que soldats (1).

Il faut croire que les échevins ne purent s'emparer

(1) *Correspondance de la Mairie de Dijon*, t. II, p. 74.

de Lafleur ; ils n'y essayèrent même pas probablement, puisque nous le retrouvons à Gemeaux en 1589.

On a conservé un triste souvenir des exactions des troupes du baron de Vitteaux, puisqu'on dit encore dans le pays :

> Dieu vous garde de tous les maux :
> Peste, rage, Baron de Vitteaux.

Le 13 janvier 1578, le Procureur général de Dijon présenta au Parlement un arrêt à lui envoyé par son collègue du Parlement de Paris, pour le faire publier contre Guillaume Duprat, baron de Vitteaux, auquel on interdisait l'eau et le feu, comme coupable de lèse majesté. Le baron de Vitteaux fut tué en duel à Paris, le 7 août 1583.

Fervaques, sa femme Renée de Marconnay, et le baron de Vitteaux ne valaient pas mieux que le capitaine Lafleur. Sous prétexte de défendre la Sainte Ligue, ils ont, pendant plusieurs années, mis la Bourgogne à feu et à sang (1).

Quand Fervaques vit que la cause du duc de Mayenne était perdue, il se rallia au roi Henri IV et se distingua à ses côtés au combat de Fontaine-Française. Sa bravoure ne faisait pas question.

A Antoine de Vienne de Listenois succéda, le 22 avril 1606, Joachim, son neveu. Il est dit notamment dans

---

(1) Le roi Louis XIII a érigé le comté de Grancey en Duché pairie au profit de Fervacques qui est devenu duc de Grancey et pair de France (décembre 1611). — Biblioth. nationale, français 4860, folio 33.

l'acte de reprise (1); qu'il y a une justice, mairie, gruerie et prévôté. Il y avait à cette époque un bailli, un greffier et un procureur d'office.

C'est à Joachim de Vienne que les habitants de Gemeaux firent un procès pour le contraindre à réparer les fours de Gemelot et le grand four. A la suite de cette instance intervint la transaction de 1612, dont je parlerai au chapitre des droits seigneuriaux.

Joachim de Vienne vendit sa terre de Gemeaux, suivant acte reçu M° Gelyot, notaire à Dijon, le 27 avril 1613, à Messire Jacques Chabot, chevalier des ordres du roi, conseiller, capitaine de cinquante hommes (2) des ordonnances de S. M., lieutenant général au gouvernement de Bourgogne, gouverneur de Flavigny et Saint-Jean-de-Losne, mestre de camp du régiment de Champagne, marquis de Mirebeau et seigneur de Tanlay, qui mourut à Dijon le 20 mars 1630. Il était le fils de François Chabot, le petit-fils de l'amiral Chabot, et le neveu d'Eléonore Chabot, qui s'est immortalisé en refusant d'exécuter les ordres du roi Charles IX, pour le massacre des protestants de son gouvernement, lors de la Saint-Barthélemy.

Le 20 décembre 1610, Jacques Chabot vend la terre et la seigneurie de Gemeaux à César-Auguste de Bellegarde, grand écuyer de France, seigneur de Mont-

(1) Voir aux pièces justificatives, III.
(2) Cinquante hommes d'armes représentaient un effectif de 250 hommes, car chaque homme d'armes noble avait avec lui quatre combattants.

bard, capitaine et gouverneur du château de Dijon, seigneur de Termes et Noyers, pour le payer en partie de la dot de Catherine Chabot, sa femme, fille dudit Jacques Chabot et de Anne de Coligny. Catherine, devenue veuve, convola en secondes noces avec Claude Viguier, conseiller au Parlement de Metz, ministre du roi Louis XIII, baron de Jully-Barbezieux, seigneur de Tanlay; elle lui apportait en dot le marquisat de Mirebeau et la seigneurie de Gemeaux.

C'est Catherine Chabot, alors qu'elle était veuve de César de Bellegarde, qui érigea en fief une partie de la seigneurie au profit d'Etienne Humbert (1).

Catherine Chabot et Claude Viguier, son mari, aliénèrent Gemeaux au profit de dame Chrétienne de Sayve, veuve d'Antoine Duprat, baron de Villeaux, de Formeries, de Thiers, neveu de Guillaume Duprat, le fameux ligueur; il avait hérité aussi de l'humeur belliqueuse de son oncle, continua en Bourgogne ses errements tapageurs et conserva au nom de Villeaux l'impression de terreur répandue par son prédécesseur.

L'acte d'acquisition a été reçu par le notaire Huissier de Dijon, le 21 août 1633.

Chrétienne de Sayve eut un fils René Duprat qui lui succéda. Il prit le titre de baron de Jumeaux et fut célèbre par ses relations avec Bussy-Rabutin et ses propres aventures galantes. Il servit du reste avec distinction sous les ordres du duc d'Enghien et du

(1) Voir, à la suite de ce chapitre, les Seigneurs de fief.

maréchal de Grammont dans les campagnes de 1645,
1646. Il mourut sans alliance en 1647, et voici comment le comte de Bussy-Rabutin déplore cet évène-
ment dans ses mémoires, tome I, page 76 :

« Avant de partir pour l'armée, j'avais reçu une
grande affliction de la mort de Jumeaux. Il était,
comme je l'ai déjà dit, un de mes meilleurs amis, et
comme dans les conversations que nous avions eues
ensemble sur l'autre vie, nous nous étions promis
mille fois que le premier de nous deux qui mourrait
viendrait, s'il le pouvait, dire à son compagnon des
nouvelles de l'autre monde, aussitôt que Jumeaux,
qui était à son gouvernement de Fleix, sut que j'é-
tais malade, il m'envoya faire compliment et me
prier de me souvenir de la promesse que nous nous
étions faite tant de fois : que comme j'étais sur le
chemin du pays dont il avait tant d'envie d'être
éclairé, il me conjurait de ne pas y manquer. Je lui
mandai que je n'y manquerais pas, si on voulait
m'en laisser revenir. Cependant un mois après, lui-
même mourut d'une grande débauche qu'il fit avec
des Suisses, qui étaient dans sa place, et moi croyant
qu'il me viendrait voir, je l'attendais sans frayeur
toutes les nuits. Mais enfin je vis bien qu'on ne faisait pas ce qu'on voulait, quand on était mort. » Son
neveu, Louis-Antoine Duprat, chevalier, marquis de
Vitteaux, comte de Tournay, Mancreuse, Fresne,
Saint-Mamès, baron de Gemeaux, Pichanges, Mont-
culot, devint seigneur de Gemeaux. Sa mère Claude

Desbarres, veuve d'Antoine Duprat, administra ses biens pendant sa minorité ; elle renouvela en 1653 le terrier de la seigneurie de Gemeaux en vertu d'une lettre du grand conseil. Son fils devenu majeur épousa haute et puissante dame, Anne Lenet de Larrey, fille de Pierre Lenet, procureur général au Parlement, et de Nicole Sonis. Ils étaient très aimés et ont souvent tenu à Gemeaux des enfants du village sur les fonts baptismaux, notamment des Clerc, Gautier, Pouteaux.

Louis Duprat revendit cette infortunée seigneurie, le 11 février 1682, suivant acte du notaire Artaut de Dijon, à Jean Mochot, trésorier de France, fils de Jean Mochot, seigneur de la Courtine, et de Claude Coppin. C'est Jean Mochot-Coppin qui a fait construire le nouveau château qui à l'origine n'était qu'une grosse maison carrée sans aucun style. Cette famille avait-elle des liens de parenté avec les Mochot qui habitaient Gemeaux depuis longtemps ? Je ne saurais l'affirmer, toutefois je constate que Jean Mochot, père du seigneur de Gemeaux, y possédait de nombreuses terres et habitait le village, puisqu'il y avait construit sa demeure. Sa noblesse était bien légère, car l'intendant Bouchu le fit rayer, en 1665, de la classe des privilégiés, et l'imposa à la taille comme roturier.

Il est probable que ses ancêtres étaient originaires de Gemeaux, et qu'ils avaient quitté le pays pour aller s'établir dans le bailliage de Semur, où je trouve, en 1627, un Antoine Mochot, conseiller du grenier à

sel de Mont-Saint-Vincent. Jean Mochot-Coppin, maître des comptes à Dijon, serait revenu au berceau de
sa famille à Gemeaux, dont son fils Jean II devint
seigneur.

Celui-ci eut un fils, Jacques, qui reprit de fief,
comme héritier de son père, la terre de Gemeaux, le
26 février 1702 ; il fut nommé député de la noblesse
aux Etats de Bourgogne de 1709 ; pour prouver la
noblesse de cent ans dont il fallait justifier pour prendre rang dans cette assemblée, il présenta les provisions de son père Jean II, notaire, secrétaire du roi,
trésorier de France, et de son aïeul Jean Ier, décédé
maître des comptes en 1652. C'était maigre pour figurer dans une réunion où l'on comptait des Vienne,
des Choiseul, et autres grands seigneurs.

Jacques poursuivi, dit-on, par ses créanciers, céda
sa terre de Gemeaux, le 29 novembre 1711, à Jean-
Claude Loppin, conseiller au Parlement, moyennant
la somme de 48.060 livres, suivant acte de Clerget,
notaire à Dijon. Cette somme représentait environ
125.000 francs de nos jours.

Jean-Claude avait épousé en premières noces
Jeanne Chartraire, dont il eut un fils qui fit la bran-
che des Loppin de Montmort ; et en secondes noces
Madeleine Bégon, de qui il eut deux enfants : Jean-
Etienne de Neufmaison, capitaine au régiment d'Au-
mont, tué à la bataille de Fontenoy, et Charles-Ca-
therine Loppin, avocat général au Parlement de
Bourgogne, qui vécut jusqu'en 1805.

La famille Loppin est originaire de Seurre, puis elle s'établit à Beaune où l'on trouve un Guillaume Loppin, échevin en 1526, Philibert Loppin, notable en 1557, Pierre Loppin, marchand et échevin en 1585.

Jean Loppin, avocat, épousa Jeanne Brunet (1), il en eut Pierre Loppin, bourgeois à Beaune, et Guillaume Loppin, conseiller à la cour des comptes, qui épousa Judith Joly, fille de Barthélemy Joly, greffier en chef du Parlement.

De ce mariage naquit Antoine Loppin, conseiller à la cour des comptes en 1624, qui épousa Françoise Ferrand et en eut Guillaume, seigneur de Marcelois, qui fut aussi maître des comptes, et épousa Michelle Févret. De ce mariage est né Jean-Claude Loppin, seigneur de Gemeaux ; son fils Charles-Catherine lui succéda, ce fut le dernier seigneur de Gemeaux.

Les Loppin possédaient, à l'insigne église collégiale de Beaune, une sépulture de famille, où ont été ensevelis notamment : Louis Loppin, prêtre chanoine à l'église collégiale, fils de messire Philippe Loppin, antique maire et contrôleur du grenier à sel ; Judith Tixier, veuve de Nicolas Loppin, conseiller du roi ; Jean Loppin, chanoine d'honneur de la cathédrale d'Autun, et plusieurs membres de la branche, des Loppin de Masse, des Loppin du Châtelain et des Loppin d'Azincourt.

(1) La sœur de Jeanne Brunet, Françoise Brunet, épousa Antide Bourée, seigneur de Tailly et de Chorey.

On trouve encore Loppin Philippe, bourgeois de la ville de Seurre, en 1627, Jean Loppin, écuyer ; tous portent d'azur à la croix ancrée d'or.

Jean-Claude et Charles-Catherine Loppin ont augmenté dans des proportions considérables la terre de Gemeaux qui n'était rien en 1711 ; ils ont acheté la seigneurie de Preigney, celle de Pichanges et de nombreux domaines soit à Gemeaux, soit à Pichanges, et ont transformé le château actuel en une élégante demeure. Leurs descendants habitent encore le pays.

Les Seigneurs de Preigney

On dit que Preigney était autrefois un village aujourd'hui disparu. C'est une erreur, Preigney n'a jamais été qu'une réunion de quelques villas séparées, ou si l'on préfère de quelques petites métairies cultivées pour le compte du propriétaire par des esclaves ou des serfs. On trouve, dans la *Chronique de l'abbaye de Bèze,* deux donations faites aux abbés vers le xe siècle où on parle de Preigney.

C'est d'abord un clerc du nom de Gibuin qui donne, pour la rémission de ses péchés et ceux de son frère Nerduin de Beaumont, une maison située *in villa quæ Priniacus dicitur, dans la villa de Preigney,* avec un esclave nommé Humbert et ses deux fils. Puis un sieur Milon qui donne, pour lui et son épouse, *unum mansum in vico Pinriaco, une maison dans* un lieu *appelé Preigney* avec ses dépendances et un esclave nommé Evrard et sa sœur.

Voilà les seuls documents anciens qui rappellent Preigney.

Le territoire de cette seigneurie occupait les climats des Montots, du Chaffaud, la ferme de la Cude, le pré du Breuil et le lieu dit en Marion la Rousse, avec droit de haute justice sur quelques habitants.

Elle dépendait autrefois, comme Gemeaux, de la seigneurie de *Grancey* ; puis elle fut divisée en plusieurs parties, et aux xvie et xviie siècles elle avait quatre seigneurs (C'était beaucoup pour rien).

En 1530, Jean Bouhier, conseiller au parlement ; en 1580, Bénigne Bouhier ; en 1655, Jean et Benoît Bouhier en ont été seigneurs en partie.

MM. Arvisenet, avocat à Dijon, Briois, marchand à Is-sur-Tille, Jean de Chauvirey, seigneur de Gratedos, Antoine Juret, bourgeois à Dijon, ont possédé Preigney.

Les quatre derniers seigneurs ont été :

François Millet, écuyer, seigneur en partie de Marcilly ; Petitjean de Marcilly, notaire à Mirebeau ; Louis Charpy, avocat et bailli d'Is-sur-Tille ; Demoiselle Nicole Baroin, bourgeoise à Langres.

François Millet a vendu son quart à Jean Mochot, seigneur de Gemeaux, le 22 décembre 1690, qui se rendit acquéreur d'un autre quart sur Louis Charpy, le 26 mars 1692. Les deux autres quarts furent achetés par Charles Catherine Loppin, qui s'est intitulé

alors seigneur de Gemeaux et Preigney. Il acquit
aussi, par contrat reçu Maître Mathieu, notaire à Messigny, le 17 août 1755, les terre et seigneurie de Pichanges de François Duprat, cousin de Louis-Antoine
Duprat, qui lui avait légué sa fortune ; il était baron
de Vitteaux, marquis de Barbançon, maréchal de
camp des armées du roi. Cette acquisition permit à
Charles Catherine Loppin de se dire seigneur de Gemeaux, Preigney et Pichanges.

Les Seigneurs de fief

J'ai dit que le roi de France était le suzerain du
duc de Bourgogne, et celui-ci le vassal du roi, que
le duc était suzerain du seigneur de Gemeaux, et celui-
ci son vassal. Le seigneur de Gemeaux était le suzerain des fiefs qui existaient à Gemeaux, sauf toutefois
du fief du Clos, qui n'ayant jamais été aliéné par les
seigneurs de Grancey et de Thil-Châtel, avait continué
à relever du duc, et ensuite du roi.

Lorsque le seigneur d'un fief relevant de la couronne venait à changer de propriétaire, l'ayant droit
devait demander une nouvelle investiture à la Chambre des Comptes de Bourgogne. Lorsque le fief relevait du seigneur de Gemeaux, l'investiture était
donnée par lui ou ses officiers. Ainsi le 27 juillet 1738,
le sieur Jacques Grisot, prêtre, qui avait acquis le
fief Humbert, se présenta par son mandataire dans

la cour du château de Gemeaux, chapeau bas, genou en terre, où il a reconnu que son fief était mouvant et relevant de la seigneurie de Gemeaux, et qu'il devait foi et hommage à M. Loppin de Gemeaux.

L'hommage fut reçu par le bailli, 1er officier du seigneur en son absence.

Il y avait encore à Gemeaux, en 1789, quatre fiefs :

Le premier, le pré du Clos ;

Le second, le Clos ;

Le troisième, le fief de la rue Basse ;

Le quatrième, le fief Humbert.

Le premier et le second n'en faisaient qu'un à l'origine, ils comprenaient le clos Berbis et le clos de Tavanes, sous le nom de clos de Gemeaux.

Les seigneurs de ce fief ont toujours été les seigneurs de Thil-Châtel, jusqu'en 1620, époque à laquelle le clos fut divisé, le pré du Clos seul resta à la maison de Thil-Châtel, l'autre partie avait été vendue à François de Nagu, seigneur de Varennes, chevalier d'honneur au parlement. Ce clos aussi a son histoire, mais ce sujet m'entraînerait trop loin, je me contenterai d'en rappeler quelques souvenirs.

François de Nagu laissa la partie qu'il possédait à Roger de Nagu, son fils, en 1644, puis elle fut vendue à Jacques Berbis, écuyer, seigneur de Longecourt, Potangey, Tart-le-Haut, le 18 octobre 1680. Jacques Berbis la transmit à son fils Philippe, sur qui elle fut confisquée et vendue par la nation à M. Loppin de Gemeaux.

6

Quant au clos Tavanes, anciennement appelé pré du clos, il était resté à la seigneurie de Thil-Châtel. Le 28 juillet 1660, Hérard du Châtelet reprit de son père Antoine le pré du Clos qui fut saisi avec le marquisat de Thil-Châtel et vendu aux enchères à Claude du Housset, puis saisi de nouveau sur ledit du Housset, racheté par sa femme née Daguesseau et donné par elle à sa nièce Marie Daguesseau, épouse de Charles-Marie de Saulx, marquis de Tavanes, seigneur de Lux.

Le pré du Clos fut aussi confisqué et vendu par la nation le 7 brumaire an IV, à Claude Tardiveau, propriétaire à Courtivron, moyennant 1,003,000 livres en assignats ; Claude Tardiveau le revendit en détail le 23 frimaire an IV, suivant acte de Perrenet, notaire à Is-sur-Tille. Les nouveaux acquéreurs firent borner et le géomètre Chaudron dressa un plan le 22 floréal an VIII, enregistré à Is-sur-Tille le 1er prairial même année, déposé en l'étude de Chauvot, notaire à Gemeaux. D'après ce plan il est reconnu que les propriétaires abandonnent 4 ouvrées et 19 perches pour trois chemins de desserte qui seront établis pour la commodité exclusive desdits propriétaires. Les chemins du clos sont donc la propriété des intéressés et la commune n'y a aucun droit.

Une transaction passée devant Marinet, juge de paix d'Is-sur-Tille, le 22 octobre 1809, dûment enregistrée entre les propriétaires du clos Tavanes et M. de Gemeaux, propriétaire du clos Berbis, constate que le ruisseau séparatif des deux héritages est mitoyen et doit être curé une année par le clos Berbis, une année par le clos Tavanes.

M. de Berbis avait vendu une partie de son clos en 1769 (1), à Nicolas Mochot, boulanger à Gemeaux, qui a bâti le logis appelé *hôtel de Berbis*, et a entouré de murs le terrain qui se trouvait derrière et contenait environ trois journaux.

Ces acquisition et construction ont bien coûté au boulanger Mochot 100.000 francs de notre monnaie ; ce qui prouve que sous l'ancien régime on faisait encore fortune, même en cuisant son pain au four seigneurial.

Voici quelques souvenirs du clos.

Mᵐᵉ de Rougemont, dame de Trichateau, avait, suivant acte de mars 1485, reçu Mᵉ Quiney, notaire, constitué sur le clos, au profit de Jean Desbarres, sommelier de l'échansonnerie du roi, une rente de 5 livres de cens. Il est dit dans l'acte que le clos comprend 36 journaux de vignes, plus 10 journaux de prés. Le 10 avril 1583, le clos est loué par Anne de Baissey, relicte d'Henri de Vienne, à la charge par les locataires de relever les murailles qui lui servent de clôture.

En 1585, le clos est loué par Anne de Baissey, moyennant 60 écus, à Blaise et Didier Chauvot, mais à la charge par eux de relever les murailles qui lui

(1) M. de Berbis avait également vendu une petite partie de terrain pour établir la mare où se déversent les eaux du ruisseau de la Fontaine.

servent de clôture ; et on stipulait que si le clos était endommagé par la gendarmerie (c'est-à-dire par les gens de guerre) qui viendrait au pays, les formiers seraient indemnisés par le propriétaire. C'est ce qui arriva, et une expertise régla l'indemnité à payer, qui fut fixée à 10 écus. La justice du clos appartenait à son propriétaire, et les audiences se tenaient dans le clos même, en une certaine place et petite éminence attenant audit pré, dans une ruelle du côté de septentrion. Le 27 février 1635, le juge Gauthier tient assises au clos, et condamne plusieurs habitants à des amendes variant de 3 sols à 7 sols. Vingt condamnations sont prononcées contre plusieurs délinquants nommés Clerc, Sordoillet, Brocard et autres.

Le fief de *la rue Basse* était situé près de la fontaine de la Roche ; il se composait de bâtiments d'habitation, exploitation, pressoir, verger, 45 journaux de terre, 3 scitures de pré, 13 journaux de vignes, une cense sur le moulin de Venarde avec droit de justice sur ledit moulin.

En 1673, il appartenait à François Folin, écuyer, prieur commendataire du prieuré de Moutier-en-Bresse; puis il passa à Jean-Philippe Danthès, seigneur de Villecomte, et enfin à François Danthès, seigneur de Villecomte et de Longepierre (Alsace).

Il fut confisqué et vendu également au profit de la nation.

Une partie en avait été louée et servait d'auberge à l'enseigne du *mouton*, tenue par Jean Tardivot.

Enfin le fief Humbert, créé par Catherine Chabot, duchesse de Bellegarde, et dame de Gemeaux en 1628, au profit de Etienne Humbert, deux fois vicomte mayeur de Dijon, passa à Jacques Grisot, écuyer, prêtre, qui le vendit à un M. Claude Lambert, qui le céda à M. Charles-Catherine Loppin, par acte reçu Pfafoin, notaire à Dijon, le 2 décembre 1736.

Le fief Humbert a été vendu et transformé en mairie et école communale de garçons (1).

Tout passe en ce monde, et les hommes et les choses, la noblesse a été bien décimée, la plupart des vieilles familles n'existent plus, et cependant que de gens revendiquent encore cette qualité ! C'est une rage aujourd'hui de vouloir passer pour noble ; chacun tourne et retourne ses vieux papiers pour y découvrir un ancêtre quelconque, conseiller au grenier à sel ou receveur des épices, qui, à prix d'argent, a fait jadis enregistrer ses armes par d'Hozier, ou qui a été forcé d'accepter un blason alors qu'il s'y refusait. MM. H. Beaune et d'Arbaumont racontent ce qui suit dans la *Noblesse aux États de Bourgogne :* « Un malheureux avocat de Mont-Saint-Jean, dont le nom devint plus tard célèbre dans la province, Bannelier, si chargé de famille qu'il ne pouvait payer sa taille, fut frappé de la taxe nobiliaire. Vainement il

____

(1) Il y a deux voûtes dans cette maison qui sont du xvᵉ siècle, ce devait être une maison forte ou une dépendance du vieux château ; j'ignore par qui elle fut habitée avant Etienne Humbert.

prétendit qu'il n'avait jamais eu d'armoiries, qu'il était pauvre, on le taxa d'office, c'était la noblesse forcée. »

Il n'y avait à Dijon en pleine féodalité, en 1465, nous disent encore MM. H. Beaune et d'Arbaumont, que vingt-trois nobles, et pour trouver ce nombre avait-on été obligé de compter le portier de la porte Guillaume et un apothicaire du nom de Nicolas de Saint-Léger. Les temps sont bien changés aujourd'hui.

Les uns achètent un ancien marquisat et s'intitulent marquis ; tel autre se rend à Rome pour y mendier un titre de comte romain, c'est une épidémie qui s'étend à toutes les classes sociales. On sollicite la croix de la Légion d'honneur, à défaut les palmes académiques, l'ordre du schah de Perse ou du bey de Tunis ; on choisit de préférence celui dont la couleur se rapproche le plus de la Légion d'honneur.

On change son nom patronymique, honoré et respecté, pour le nom d'une terre ou d'une bicoque, et on se croit noble parce qu'on le fait précéder d'une particule (1), et la foule idiote du public croira bien plus à la noblesse de M. *de Sottenville* qu'à celle d'un Brulard ou d'un Pasquier !

Le temps a dispersé la plupart des seigneuries, même celles que la Révolution avait respectées ; sou-

___

(1) M. Henri Beaune, dans son ouvrage sur *les Distinctions honorifiques et de la particule dite nobiliaire*, s'exprime ainsi : « Jamais ni le droit, ni les usages n'ont accepté la particule comme un signe nobiliaire. La vanité,

vent avec la fortune s'en vont, sinon la considération, du moins le prestige et l'influence.

Les anciennes classes privilégiées s'abstiennent de prendre part au mouvement social, en regardant mélancoliquement monter le flot populaire, qui peu à peu envahit tout ; l'aristocratie anglaise n'agit pas ainsi, elle se mêle avec activité aux affaires, aussi est-elle encore à la tête du pays.

Il faut être de son temps, à peine de se voir abandonné par les générations qui se succèdent, Qu'on respecte et qu'on honore le passé, c'est justice, car à côté de ses taches, il a de brillants reflets qui nous éclairent encore de leurs derniers rayons.

« Oui la noblesse a eu sa grandeur et son utilité, elle a versé son sang sur tous les champs de bataille, elle a immortalisé la valeur française et pesé durant huit siècles sur les destinées de la nation ; mais il n'en est pas moins vrai de dire qu'il n'y a pas de noblesse qui ne soit sortie du peuple, et qui tôt ou tard ne soit destinée à y rentrer (1).

a pu s'en emparer, l'ignorance a pu lui donner un certain crédit, jamais la loi ne l'a reconnue. Et l'auteur ajoute : *il n'y a pas de noblesse sans titre ;* les immortelles railleries de Molière ont-elles empêché quelqu'un d'ajouter à son nom celui d'un marécage ou d'une métairie :

> Je suis un paysan qu'on appelait Gros-Pierre,
> Qui, n'ayant pour tout bien qu'un seul quartier de terre,
> Y fit tout à l'entour faire un fossé bourbeux,
> Et de Monsieur de l'Isle en prit le nom pompeux. »
>
> (Ecole des femmes).

(1) H. Beaune et J. d'Arbaumont, *la Noblesse aux États de Bourgogne.*

Inclinons-nous donc devant elle, comme nous saluons en passant ces vieux monuments, débris d'un autre âge, qui furent jadis la gloire et l'honneur des cités, mais que l'on ne conserve plus qu'à l'état de souvenir.

DROITS SEIGNEURIAUX
ET ECCLÉSIASTIQUES

C'est dans la nuit du 4 août 1790 que la France a vu disparaître définitivement le régime féodal. Dans les autres pays de l'Europe, il a duré plus longtemps. En Prusse, il n'a disparu qu'en 1809, en Autriche, en 1811, en Saxe, en 1832, en Russie, il y a seulement quelques années.

En Angleterre, dans ce pays de liberté, le régime féodal existe encore, sinon à l'égard des personnes, du moins sur les terres mêmes de la noblesse. La terre paie encore la dîme ecclésiastique, le dixième strict ; mais les fermiers tenanciers du grand propriétaire foncier ne sont ni serfs, ni vassaux, ils sont libres.

Je n'ai pas l'intention de faire ici un traité sur les droits féodaux ; j'en ai indiqué très sommairement l'origine, je ne veux pas m'y étendre plus longuement ; je me bornerai seulement à parler des droits qui existaient sur la terre de Gemeaux, soit au profit du seigneur, soit au profit du curé et de l'Eglise.

Ces droits, quoique encore très lourds, étaient relativement modérés, comme du reste dans toute la province de Bourgogne, pays d'État.

Disons en passant qu'à cette époque, la loi ou la coutume présumaient que le droit féodal, établi de toute

ancienneté sur une terre, était le prix d'une conces-
sion que le seigneur avait faite jadis aux habitants
d'une partie de ses domaines. C'était à ceux qui con-
testaient à faire la preuve du contraire.

Il ne faut pas non plus perdre de vue que le seigneur
représentait l'Etat dans bien des circonstances, et qu'il
percevait des droits que celui-ci perçoit aujourd'hui.

Pour le seigneur, les droits étaient les suivants :

Le *cens,* c'est-à-dire la redevance perpétuelle, en
argent le plus souvent, due par certaines terres ; il
était indivisible et suivait les héritages en quelques
mains que ce soit.

A Gemeaux trente-deux journaux seulement, situés
au Buisson Borot, aux Creterolles, étaient soumis à
cette redevance, qui ne rapportait pas plus de 150
livres.

La *dîme.*

Il y avait deux sortes de dîmes, la dîme à Dieu due
au clergé (1), et la dîme inféodée appartenant au seigneur et qui ne s'exerçait que sur certains héritages.

La dîme inféodée n'était pas autre chose qu'un droit
de cens en nature, établi sur une terre concédée à
charge d'une partie de la récolte réservée par le dona-
teur, on l'appelait aussi droit de *champart* ou *terrage.*

Cette dîme était de onze gerbes l'une, sur les terres
appelées, près du bois de la Garenne (Bois de la

______

(1) La dîme à Dieu ou dîme ecclésiastique n'était pas très
forte, elle ne consistait le plus souvent qu'en une seule
gerbe par journal (*Hist. de Fontaine-Française,* par Gascon).

Charme) elle se partageait avec le seigneur de Thil-
Châtel, et produisait environ 57 livres.

Une autre dîme de une gerbe sur douze se percevait
sur les climats ci-après désignés : Champ aux Porcs,
Champ à la Chèvre, Champ au Cheval, les Anglées,
la Croix Jacob, etc., elle pouvait valoir 40 livres pour
le tout.

Une autre encore, d'une gerbe sur neuf, sur les
contrées des Montots, Replats de la Vesvre, hâtes de
Preigney ; cette dîme, autrefois partageable avec les
seigneurs de Preigney, était insigniflante. Le seigneur avait droit sur certains cantons de vignes à une
pinte de vin sur onze, on l'appelait la dîme des on-
zaines, elle était estimée 50 livres, soit une pièce et
demie en moyenne.

Il existait à Gemeaux une autre dîme, *dite d'Izeure*,
au profit du seigneur de Lux, sur certaines terres situées en Fontenotte et lieux voisins, et aussi en la
Fenotte, au Villey, Grandchamp, Saussy ; elle portait
sur 1600 journaux, et s'affermait moyennant 18 à 20
émines de deux grains ; comme il fallait que le fermier ait un bénéfice, elle pouvait rapporter 25
émines, soit 500 doubles-décalitres.

Qui avait établi cette redevance ? à quelle époque ?
pourquoi s'appelait-elle dîme d'Izeure ? C'est ce que
je n'ai pu savoir.

Ce qu'il y a de particulier à Gemeaux, c'est que le
seigneur qui, au xe ou au xie siècle, possédait à peu
près tout le territoire, n'avait plus, en 1606, que quel-

ques journaux de terre; il avait tout donné en franc
alleu ou à charge de redevance perpétuelle ou em-
phytéotique.

Ainsi, pour s'assurer le revenu de 20 émines blé et
froment, pouvant valoir 500 livres, il avait abandonné
1600 journaux de terre. C'était une bonne affaire pour
les preneurs, ce qui ne les empêchait pas de crier à
l'arbitraire, on voulait bien accepter la terre, mais
non payer la redevance.

En ce temps-là, on donnait des terres en toute propriété, moyennant le dixième, le vingtième, le cinquantième même de la récolte; aujourd'hui on donne
des vignes pour 99 ans à moitié fruit, et le métayer, à
l'expiration du bail, n'est pas propriétaire du sol. C'est
plus dur.

La dîme n'était pas une portion du revenu du propriétaire, c'était une part de la propriété du sol. Le
sol qui la supportait n'appartenait au propriétaire
que pour les 9/10e, si la dîme était du 10e, il n'avait
été donné et transmis qu'à la condition de prendre le
10e du revenu en nature.

Un républicain célèbre, *Sieyès*, a démontré, dans
une brochure bien connue, qu'en abolissant la dîme, la
Révolution faisait à tous les propriétaires un cadeau
équivalent au dixième de la propriété. «Il eût été du
plus simple bon sens de faire payer au propriétaire du champ un dixième de sa valeur, pour l'affranchir de toute redevance, soit au profit de celui
qui avait droit à ce revenu, soit au profit de l'Etat. »

Du reste en 1790 et en 1791, on ne contestait pas le droit du propriétaire de la dîme inféodée à une indemnité.

En vertu des lois des 28 mars 1790 et 10 avril 1791, le directoire du district d'Is-sur-Tille demanda à M. de Saulx-Tavanes d'évaluer le capital représentant, selon lui, le rachat de la dîme d'Izeure.

Il envoya un mémoire au district réclamant 23,047 livres ; le Directoire, après vérification, lui offrit 15,790 fr. Je ne sais s'il accepta, je ne le crois pas, car il émigra et la nation confisqua ses biens, de sorte qu'en supposant même qu'il ait accepté cette évaluation, il ne l'aurait pas touchée ; mais ce que je tenais à constater, c'est que le principe d'une indemnité était admis, ce qui prouve qu'à cette époque on reconnaissait que la propriété d'une *dîme inféodée* résultait de droits indiscutables et non arbitraires.

La dîme d'Izeure avait été probablement établie, par d'anciens seigneurs de Thil-Châtel (1), sur des terres par eux données alors qu'ils étaient seigneurs de Gemeaux ; elle était passée aux seigneurs de Lux et l'un d'eux, Henri de Mâlain, la vendit en 1530 à Jean le Marlet, seigneur de Gemeaux. Celui-ci la revendit à son tour et elle fit partie, en 1660, du patrimoine de Louis de Bourbon, prince de Condé, qui, le 11 juin 1668, la céda, avec la terre de Lux, à M. Claude du

______

(1) Sans doute par un de Baissey, seigneur de Thil-Châtel, qui avait été seigneur d'Izeure.

7

Housset, marquis de Tréchâteau. Elle devint la propriété des comtes et duc de Saulx-Tavanes, par suite d'une alliance avec la famille de Mme du Housset, née Daguesseau.

On s'étonnera peut-être de voir qu'il y avait si peu d'héritages frappés du cens et de la dîme, car on croit trop facilement que les seigneurs avaient des droits sur toutes les terres. C'est là une erreur. Il y avait à Gemeaux beaucoup de terres dites de franc-alleu.

Le franc-alleu était un héritage libre, exempt de toutes charges et qui n'était sujet à aucuns devoirs ou droits seigneuriaux utiles ou honorifiques. Il y avait des francs-alleux nobles ou roturiers.

Le roturier ayant des terres de franc-alleu ne devait rien à personne, mais on ne lui devait rien, il devait l'impôt royal et quelquefois la dîme à Dieu. Il était dans la situation des propriétaires d'aujourd'hui, ce qui est facile à expliquer.

Lors de la conquête romaine ou burgunde, il y avait des propriétaires laissés en possession de leurs terres, ils étaient restés libres et leurs propriétés aussi. Ces terres s'étaient vendues ; détaillées, morcelées, elles se trouvaient entre les mains des paysans ou des bourgeois, mais sans charges, ni redevances.

Je reviens aux droits féodaux ; le seigneur de Gemeaux percevait sur tous les habitants imposables une taille vulgairement appelée *clergie*.

Pourquoi ce nom de clergie ? On appelait autrefois clergie la prévôté de Paris. On appelait aussi clergie le privilège établi en faveur des criminels qui savaient lire ; ainsi un condamné à mort qui prouvait qu'il savait lire et écrire était de plein droit gracié, tant au moyen âge un homme instruit était utile et considéré. Je ne vois pas le rapport qui pouvait exister entre l'instruction et la taille seigneuriale de Gemeaux.

Pour moi je pense qu'on a voulu désigner par ce mot clergie les hommes soumis à la justice de la prévôté du seigneur.

Quoi qu'il en soit, voici en quoi consistait cette taille, due par chaque habitant non clerc (1), c'est-à-dire laïque : Un boisseau d'avoine, une poule et 2 sols 8 deniers en argent, ce qui faisait en 1742 où le rôle constate qu'il existait à Gemeaux 305 contribuables, 305 boisseaux estimés à 15 sous le boisseau, 228 livres 15 sols ; 305 poules estimées à 10 sols, 152 livres 10 sols, et les 2 sols 8 deniers, 40 livres 13 sols ; en tout pour cette taille, 421 livres 18 sols 4 deniers. Cette taille avait été créée lors de l'affranchissement des habitants, et pour tenir lieu au seigneur du droit de mainmorte auquel il avait renoncé.

Les fours banaux

Il y en avait deux, le grand, comprenant trois fours, dont un petit pour les pâtisseries, était situé derrière

---

(1) On voit que les gens d'Eglise étaient exempts de cette taille, est-ce pour cette raison qu'on lui aurait donné le nom de Clergie ?

les halles, en face la maison de Gauthier Sacquenay, et l'autre à Gemelot (1), dans le petit jardin qui est entre la rue de l'Eglise et le chemin de Lux.

Ces deux fours constituaient le revenu principal de la seigneurie. Le seigneur fournissait le bois, mais personne ne pouvait cuire ailleurs, pas même les boulangers, et ils étaient quatre en 1742.

On chauffait tous les jours deux fois, et même souvent trois; à chaque fournée on cuisait quarante mesures de grains, tant en pâtes bises que blanches, ce qui donnait quatre mesures de blé, conceau, orge, par jour, soit pour l'année, 1460 mesures à raison de 1,50 l'une, 2190 francs.

La banalité des fours existait déjà à Gemeaux en 1287, lorsqu'Isabelle de Tréchâteau s'engagea à payer aux Bénédictins 30 émines moitié blé, moitié avoine, puisque cette redevance était garantie par les revenus du four banal. Du reste cette banalité était de toute ancienneté. Au x⁰ siècle (2) le grand four banal situé près des halles était tombé en ruines; pendant qu'on le reconstruisait, les seigneurs en firent édifier un autre rue de Gemelot; ce dernier étant à son tour tombé en vétusté, les habitants assignèrent de Vienne

(1) On appelait Gemelot ou petit Gemeaux la partie du village qui se trouvait à l'est vers le nouveau château. Entre la route et le nouveau château, lieu dit aux Pillottes, il y avait plusieurs maisons qui ont disparu.

(2) Voir Bibliothèque de Dijon, fonds Savcrot, mémoire pour H. Petit, écuyer, contre Loppin de Gemeaux.

de Bauffremont, leur seigneur, pour qu'il ait à le reconstruire. Sur cette instance intervint une transaction pardevant Gauthier, notaire à Gemeaux, le 13 novembre 1612, aux termes de laquelle on réglait les droits de banalité du seigneur ; « les habitants s'engageaient à prendre à leur charge la reconstruction des fours, notamment celui de Gemelot ; le seigneur les entretiendrait et fournirait le bois nécessaire au chauffage, et il lui serait accordé une miche sur seize de pâtes blanches, et une sur 20 de pâtes bises.

« Personne ne pourrait cuire ailleurs, même pour des pâtisseries, flans, flamusses, gâteaux, salées ; le four de Gemelot serait chauffé une fois par semaine et en plus la veille des quatre grandes fêtes. »

En 1773, Joseph Petit, écuyer (1), capitaine d'infanterie demeurant à Dijon, mais ayant une maison à Gemeaux, possédait par tolérance un petit four à pâtisserie. S'étant vanté publiquement de cuire du pain dans ce four, M. de Gemeaux l'assigna devant sa justice pour en faire ordonner la démolition. Le bailli fit droit à la demande du seigneur et ordonna la démolition du petit four.

Petit appela de cette sentence au bailliage de Dijon ; il prétendit qu'il était noble et forain, que les droits de banalité ne lui étaient pas opposables, et il ajou-

____

(1) Il descendait d'Henri Petit, seigneur de Ruffey, en 1589 ; sa famille avait été anoblie en 1489, par Philippe le Bon, pour l'avoir aidé de son bras et de sa bourse.

tait, qu'en tout cas, l'on pouvait avoir, malgré le droit du seigneur, un petit four ainsi que cela existait à Gemeaux chez plusieurs habitants. Le bailliage fit droit à ses prétentions et réforma la sentence du juge de Gemeaux, le 30 avril 1774. Appel fut alors tranché par M. de Gemeaux et la cause portée devant le Parlement.

Plusieurs forains, propriétaires à Gemeaux, ayant aussi des fours à pâtisserie, intervinrent dans ce débat. C'était Antoine Menu, curé de Saint-Philibert, Antoine-Christophe Billard, Nicolas Brocard, Pierre Chauvot, Borel de la Rochette, tous avocats ; Frochot Chauvot, Laurent Billard, greffiers à la Cour ; Louis-Henri Gauvenet, conseiller à la Table de marbre ; Remi Léger, négociant.

Ils se joignirent à Petit et soutinrent qu'ils avaient le droit de conserver leurs fours à pâtisserie ; mais ils succombèrent dans leurs prétentions et la Cour, par son arrêt du 4 août 1778, infirma la sentence du bailliage et ordonna la démolition des fours.

Le seigneur avait en outre le droit de percevoir toutes les langues des bœufs et vaches que les bouchers tuaient, ce qui produisait environ 60 langues par an, à raison de 8 sols la langue, soit 24 livres.

Le greffe de Gemeaux rapportait 60 livres.

Le grand pressoir proche les halles rapportait aussi 60 livres, mais les habitants n'étaient pas obligés, comme pour les fours, de se servir de ce pressoir du seigneur qui n'était pas banal.

Il existait aussi un droit de foires et marchés, car il y avait à Gemeaux deux foires par an, l'une le 6 juin à la Saint-Claude, l'autre le 25 novembre à la Sainte-Catherine, et deux marchés par semaine, les mardis et vendredis.

Les foires et marchés se tenaient sous les halles, où toutes les marchandises et denrées devaient être exposées, et non ailleurs, à peine de confiscation. Chaque marchand devait pour le droit d'étalage les jours de foire, un sol, et pour les jours de marché, 6 deniers.

Il était dû en outre, pour chaque charge d'âne ou de cheval portant fruits, légumes, volailles, poisson et généralement toute denrée de bouche, 6 deniers (1); pour chaque cabas, bruchon, grand panier, 2 deniers ; pour les petits paniers, 1 denier. Les marchands de bétail payaient aussi, les jours de foire, 5 deniers par chaque troupeau de bœufs ou moutons.

Il y avait aussi un droit d'aunage, de poids et mesures, dû par chaque marchand forain en sus du droit d'étalage, 2 sols pour les jours de foire, et 6 deniers les autres jours. Tous ces droits, étalage, aunage, poids et mesures pouvaient rapporter 80 livres.

Il y avait encore un droit de criage de vin, qui consistait dans la perception, au profit du seigneur, d'une pinte de vin par les personnes vendant du vin ou autre

---

(1) Tout ceci prouve qu'on ne se nourrissait pas encore mal en 1742, il y avait à cette époque 1400 habitants, y compris femmes, enfants.

boisson, au pot renversé ; puis le droit de taverne qui était dû par tous les cafetiers et aubergistes, deux pintes le jour des foires.

Le droit de mariage, dû au seigneur par tous ceux qui se mariaient, savoir : un plat de viande et une poule ou 10 sols.

Le droit de mort, 20 sols payés par chaque apposition de scellés.

Le droit de rouage, consistant dans le paiement d'un sol par chaque charrette de marchandises amenée aux halles pour être vendue, et le double les jours de foire.

Le droit de mesurage et d'éminage, consistant dans le paiement par chaque émine de grains amenée pour être vendue aux halles, un boisseau de ce grain.

Le droit de tuerie, qui consistait à percevoir un blanc de tripes en valeur de 2 à 3 sols, de tous les bœufs et vaches que les bouchers de Gemeaux tuaient.

Le seigneur avait encore droit à certaines amendes prononcées contre les habitants, pour délits ou contraventions, elles pouvaient produire 60 à 80 livres.

Tous ces droits n'étaient pas exercés directement par le seigneur, mais affermés par lui à un habitant qui prenait le titre d'*admodiateur de la terre de Gemeaux*.

Il payait 3000 livres de fermage et pouvait s'en faire 4000, en pressurant beaucoup les pauvres gens.

Le seigneur avait autrefois droit à des corvées de

charrue, mais ce droit était tombé en désuétude et avait été remplacé, au xv° siècle, par le paiement de deux sous huit deniers par chaque laboureur.

Il possédait aussi un droit de lods et ventes, sur *certains héritages*. Ces droits étaient dus à chaque changement de propriétaire, ils étaient du treizième du prix. En somme ils produisaient à peine 100 livres, car ils ne frappaient que les terres à cens.

En 1788, les R. P. Cordeliers avaient acquis de divers des terres soumises à un cens au profit du seigneur. Comme ces propriétés devenaient biens de main-morte, le seigneur n'aurait plus touché le droit de lods.

Il assigna donc les R. P. Cordeliers : « à lui désigner un homme vivant et mourant, au décès duquel il toucherait à l'avenir les droits de lods des héritages censables, suivant le prix de l'estimation qui serait faite alors desdits fonds, et ainsi à toujours à chaque décès de l'homme vivant et mourant ».

Outre ces droits, le seigneur avait quelques privilèges et préséances : le droit de chasse sur toutes les terres du village, le droit de faire troupeau séparé ; il n'était pas obligé comme les autres habitants de confier ses vaches, bœufs, moutons, au pâtre communal, le fermier avait le même droit.

Il vendangeait avant les autres habitants, et nul ne pouvait vendanger sans sa permission (1).

(1) Voir aux pièces justificatives la Ban de Vendange.

7.

Il avait à l'Eglise une place d'honneur dans la chapelle seigneuriale, le curé lui offrait l'eau bénite, le marguillier le pain, avant tous.

Le fermier prenait place dans un banc spécial, à côté des officiers du seigneur.

Dans le terrier du seigneur il était inscrit :

« Que les habitants de Gemeaux ne pouvaient se réunir ni faire assemblées communes sans la licence du seigneur ou de ses principaux officiers. »

Le seigneur avait en outre des signes de justice, fourches et carcans, en Combe Poteau et devant les halles.

Il avait droit à tout le lait des chèvres et brebis (1).

Nul ne pouvait devenir habitant de Gemeaux sans payer au profit de la commune une somme de 5 livres pour droit d'habitantage.

Le moulin de Venarde était loué une émine et demie de blé par an, il n'était pas banal.

Le seigneur avait seul le droit d'avoir des girouettes. C'était un signe de noblesse, représentant la bannière du chevalier.

Le droit de fuie ou de colombier, c'est-à-dire d'avoir des pigeons fuyards, ne lui était pas exclusivement réservé ; tout propriétaire ayant une certaine étendue de terres pouvait posséder un colombier, le nombre des oiseaux étant en proportion de la quantité des héritages.

(1) Ce droit n'existait plus en 1700, et avait été remplacé par le paiement d'un demi-sou par tête de chèvre.

Sous l'ancien régime, nul ne pouvait, et notamment à Gemeaux, s'établir tisserand, boucher, charpentier, etc., sans la licence du seigneur et sans avoir fait *chef-d'œuvre*.

Aujourd'hui on paie une patente, mais on n'est plus tenu à prouver que l'on est capable, il n'en était pas ainsi autrefois. Nul ne pouvait alors devenir patron dans les villes, sans être accepté par ceux dont il allait devenir l'allié, il lui fallait prouver qu'il était homme de bien, qu'il avait fait un apprentissage sérieux et acquis une instruction spéciale complète, il fallait qu'il fasse *chef-d'œuvre*.

Dans les campagnes, où il n'y avait pas de corporation pouvant recevoir l'ouvrier dans la profession qu'il choisissait, c'était au seigneur qu'incombait le soin de s'assurer de sa probité et de sa capacité.

Jadis, les corporations de métiers étaient surveillées par leurs syndics, qui vérifiaient les marchandises mises en vente, pour s'assurer de leur qualité ; si elles paraissaient douteuses, elles étaient confisquées ; ces visites étaient gratuites. Aujourd'hui on vend ce qu'on veut, la qualité ne compte plus, c'est la liberté.

Les syndicats des corporations des ouvriers et gens de métiers, qui soutenaient et défendaient les intérêts des leurs, ont été supprimés brutalement en 1791 ; ils devaient cependant avoir leur utilité, car, depuis quelques années, ils ont été rétablis !

Je ne puis aussi m'empêcher de dire, puisque je suis

sur ce sujet, qu'au temps jadis, la fraternité la plus étroite était pratiquée entre les corporations de métiers.

« Quiconque est meusnier, dit le *Livre des Métiers*, soit maître, soit ouvrier, doit jurer qu'il gardera les bons usages et coutumes, que si aucun voisin a besoin de lui, soit de jour, soit de nuit, il l'aidera de tout son pouvoir, sinon il serait parjure. »

« Tout maître, dit le règlement des mégissiers, ayant trois ouvriers est obligé d'en prêter un à son confrère qui a besogne hâtive. »

Et il en était ainsi, entre les membres de toutes les corporations ; nous sommes loin de ce temps-là !

Si le seigneur avait de grands avantages, il avait aussi des charges importantes.

Il payait les officiers de la justice, bailli, lieutenant de juge, procureur d'office, substitut, greffier, gages peu lucratifs du reste, ainsi qu'on le verra.

En plus, la terre de Gemeaux était grevée d'une redevance de 30 émines, moitié blé et avoine, qu'on appelait la dîme de Larrey et qui avait été constituée au profit des Bénédictins de Dijon ou du prieuré de Larrey qui en dépendait, en 1287, par Isabelle de Tréchâteau, épouse de Guillaume de Grancey, dame de Gemeaux, et en échange, le prieur lui avait cédé les terres que les Bénédictins possédaient à Conclois, Bures et Menesbles, canton de Recey-sur-Ource.

Les seigneurs de Gemeaux payaient difficilement cette redevance qui était très lourde, et ils ont cherché plusieurs fois à s'en décharger, mais leurs prétenlions ont toujours été repoussées, notamment par un arrêt du 15 juin 1519. Le procès a été repris en 1750, par M. Charles-Catherine Loppin, mais sans succès.

Le 5 février 1791, le Directoire d'Is-sur-Tille mit en vente, au nom de la nation, la redevance ci-dessus et elle fut adjugée, moyennant 24.000 livres, à Charles-Catherine Loppin, ci-devant seigneur de Gemeaux, qui l'éteignit par confusion.

On raconte qu'en 1814, lors du retour des Bourbons, M. de Gemeaux contrariait un de ses vignerons en lui disant : Eh bien, voici les rois rentrés, la dîme va être rétablie, gare à toi.

A quoi ce brave homme répondit, en patois :

« Ah Monsieur, vo serein bé le pu éttraipai, et faudro que vo repayin lai dîme de Larrey. »

(Ah ! Monsieur vous seriez le plus attrapé, il faudrait que vous payiez la dîme de Larrey !)

J'ai constaté que les droits féodaux s'acquittaient très facilement, il n'y a pas trace dans les registres de la justice d'une seule poursuite contre des récalcitrants ; ce n'est qu'en 1790, que les censitaires et autres résistèrent, le juge les condamna et ils s'exécutèrent.

Arrivons aux droits et redevances ecclésiastiques.

Ils se composaient de la *Dîme à Dieu*, établie autrefois par Charlemagne, au profit du clergé, qui se percevait à raison de deux gerbes par journal et lorsqu'il y avait moins d'un journal, une gerbe seulement. Cette dîme produisait en grains 15 émines, soit environ 300 doubles-décalitres.

Le curé de Gemeaux avait droit, sur presque toutes les vignes, à une dîme, qui produisait environ vingt pièces de vin; elle était de deux pintes par pièce, et je trouve dans de vieux comptes que c'était toujours du vin de *Gaillard* (1) qu'on donnait au curé. La dîme de vin se payait au pressoir, c'est assez dire que le paysan déclarait à peu près ce qu'il voulait.

Le prieur de Thil-Châtel avait droit aussi, sur certains héritages de Gemeaux, à une dîme, qui pouvait lui produire, bon an mal an, 6 émines de blé, soit environ 120 doubles-décalitres.

Cette dîme était affermée en 1780, par François messire Choquin, prêtre prieur de Saint-Florent de Thil-Châtel, à Etienne Sordoillet, de Gemeaux, moyennant 200 livres et quatre bons chapons. On raconte que ce pauvre prieur ne recevait pas que de bons chapons, car furieux un jour contre son fermier il s'oublia jusqu'à lui dire : « Vous me dites toujours que vous me livrez des chapons, ils sont chapons tout comme moi ! »

Il faut croire que cette dîme à Dieu, qui servait de traitement au curé, n'effrayait pas beaucoup ses paroissiens, car ceux-ci lui donnaient encore du vin, du blé, des primeurs et sinon des chapons, fort souvent des poulets.

Jusqu'au xvi° siècle, il avait été défendu aux bou-

---

(1) Le Gaillard ou Gouais est un raisin qui produit du vin très vert.

chers de vendre de la viande pendant tout le carême, on ne faisait d'exception que pour les malades, encore leur fallait-il une autorisation spéciale.

Cette défense fut levée au xvi° siècle, mais les bouchers payèrent à l'Eglise une redevance de 9 livres.

En 1714, un boucher de Gemeaux qui avait vendu de la viande, sans avoir payé le droit, fut condamné à une amende de 3 livres.

L'Eglise avait aussi un droit sur les jeux, les danses et amusements de tous genres, le jour de la fête.

Ce droit rapportait 15 livres.

Une source de produits pour l'Eglise était le droit de bâton.

Il y avait sept bâtons : saint Eloi, saint Nicolas, saint Vincent, la sainte Vierge, le Saint-Sacrement, l'Assomption de Notre-Dame, saint Jean-Baptiste.

C'était à qui les posséderait dans sa maison où ils devenaient les protecteurs du foyer, les confidents des tristesses et des joies, les inspirateurs de pieux desseins et de bonnes pensées.

Chaque possesseur d'un bâton faisait un cadeau à l'Eglise, et le tout produisait par an 55 à 60 livres.

Toutes ces redevances seigneuriales, ecclésiastiques et autres pouvaient s'élever, selon les époques, de 3000 à 5,000 livres. C'était dur et surtout humiliant, je le reconnais, toutefois il faut bien considérer qu'une partie de ces droits n'était pas autre chose que des fermages perpétuels; tous ont disparu à la révolution, et aujourd'hui les baux perpétuels sont supprimés, toutefois on peut encore faire un bail pour 99 ans ; les fermages d'une location de cette nature ressemblent beaucoup, après 50 à 60 ans, surtout lorsqu'ils sont perçus en nature, à un cens ou à une dîme.

Ces droits n'ont pas été perdus, l'Etat a su les recueillir et en faire son profit, car je n'ose dire le profit de tous.

Ainsi, la censive est remplacée par l'impôt foncier, la taille par la cote personnelle, la dîme par les décimes, les doubles-décimes, les triples décimes, à ce point que les centimes additionnels ne sont plus du dixième, mais dépassent le principal.

Le droit des halles et marchés est perçu par la commune.

Le droit de mort ou apposition de scellés existe toujours au profit de l'Etat et du greffier du juge de paix.

Le droit de chasse se vend 28 fr. par an.

Les corvées sont remplacées par les prestations.

Les quelques pintes de vin payées par le cabaretier, par les impôts de la régie.

Le droit de poids et mesures est toujours perçu.

Les dîmes, on le voit, se sont déplacées mais non perdues.

Autrefois le laboureur conduisait son blé au moulin banal, il assistait à la mouture, remportait la farine et le son, sauf cinq litres de blé qu'il payait par cent.

Demandez donc à ce laboureur ce qu'il paie, en 1892, au meunier qui lui moud son blé, demandez-lui ce qu'on lui rend pour 100 kilogr. de blé ; il est vrai qu'il est libre de choisir le moulin qui lui plaît, mais plus il change, plus il est dîmé !

Encore la dîme

Sans vouloir me constituer le défenseur de la dîme, mais, dans l'intérêt de la vérité, je tiens à y revenir, pour bien faire comprendre que cette redevance, qui est restée le plus impopulaire des droits seigneuriaux, en était le plus légitime (1).

Je laisse de côté la dîme à Dieu établie au profit du clergé séculier ; je vais parler des dîmes inféodées perçues par les seigneurs de Thil-Châtel, Lux et Gemeaux, qui pouvaient leur produire bon an, mal an, une somme de 1600 livres, représentant environ 3000 francs de notre monnaie. Comment ces dîmes avaient-elles été établies ?

Les seigneurs de Thil-Châtel, je l'ai dit, à l'origine possédaient à tort ou à raison tout le territoire de Gemeaux. Comme ils n'habitaient pas le château, ils avaient donné une partie de leurs terres à des vassaux sans redevance aucune, c'étaient des terres de

(1) La dîme contre laquelle on a tant dit avait un immense avantage sur l'époque actuelle, elle ne prenait rien au laboureur quand il n'avait rien récolté, tandis qu'aujourd'hui il paie quand même l'impôt à l'Etat et la redevance au propriétaire. — *Histoire de Fontaine-Française*, par Gascon, page 94.

franc-alleu ; une autre partie avait été donnée aux habitants, à condition qu'ils paieraient chaque année, notamment pour la dîme d'Izeure qui reposait sur 1600 journaux de terre, deux gerbes par journal, et comme les conventions perpétuelles étaient admises à cette époque, le contrat était donc très valable.

J'ai trouvé de l'établissement de ces dîmes un exemple bien frappant, et que je vais rappeler ici quoiqu'il porte sur les terres de Thil-Châtel.

Le 28 octobre 1556, Jean de Baissey, seigneur de Tricastel, vend à Jacques Belin dit le Patoul, marchand à Gemeaux, cent journaux de bois à prendre dans sa forêt ; lesdits seront limités par la route, le bois de la Charme, le bois du seigneur et des friches du côté de Thil-Châtel.

Belin devra défricher le bois, puis bâtir une ferme et il paiera, lui ou ses successeurs à perpétuité, une gerbe sur douze au vendeur.

Voilà un contrat parfaitement valable (1).

Belin a défriché et vendu le bois, mais n'ayant pu bâtir la ferme, la convention a été résiliée.

Supposons que le contrat ait été exécuté, et que Belin soit resté propriétaire, il aurait payé une gerbe sur douze ; et lorsqu'il aurait vendu sa terre, il aurait imposé à l'acquéreur le paiement de cette redevance,

(1) Il s'agissait de la ferme de la petite forêt autrefois en bois.

mais celui-ci, avant d'acheter, aurait fait son compte et se serait dit :

Je n'aurai que le 11ᵉ de la récolte, je ne paierai que le 11ᵉ de la propriété ; donc la prétendue dîme n'aurait pas été une charge pour lui,

Eh bien, il en était de même pour toutes les dîmes, cens, redevances. Lorsqu'il achetait le sol, le paysan savait fort bien compter, et si la terre était grevée d'une dîme, même de la dîme à Dieu, il ne la payait qu'en conséquence. Supposons qu'autrefois les seigneurs, comme la chose a eu lieu dans beaucoup de pays, aient conservé toutes leurs terres et au lieu de les céder à condition de payer deux gerbes par journal, ou une gerbe sur douze, les aient affermées à raison de 5 ou 10 francs le journal ; c'eût été plus onéreux pour l'habitant qui aurait payé davantage, et n'aurait pas eu les terres en toute propriété à la révolution.

Cette coutume de donner des terres à condition d'une dîme a été très heureuse pour les paysans puisqu'elle leur a donné toute la terre. Le finage de Gemeaux, en effet, était possédé par les habitants, regnicoles ou forains, à l'exception des bois, de 45 journaux de terre, 25 journaux de vignes et 20 soitures de prés, c'est tout ce qui restait en 1606 au seigneur (1). Cette situation a fait que l'ancien régime n'a pas été aussi dur à Gemeaux que dans d'autres localités ; quand on a la terre, on est indépendant ; le seigneur, payé de

(1) Voir aux pièces justificatives le dénombrement de 1606.

sa dîme et de ses droits, ne pouvait rien sur les habitants, qui savaient fort bien lui résister à l'occasion.

Donc, la dîme était une redevance conventionnelle, qui n'était nullement contraire à la liberté de l'homme, comme les droits de banalité et autres.

Aujourd'hui, nous ne payons plus la dîme en nature, mais nous avons encore de gros décimateurs, et en tout pays on en trouve quelques-uns, qui, sans rien faire, pas même de bonnes lois, touchent plus à eux tous, en 1892, que les revenus de cent seigneuries du temps passé.

La plupart des redevances qui nous paraissent bizarres aujourd'hui, et dont se scandalisent surtout nos grands seigneurs féodaux politiques, n'étaient qu'une commutation d'un droit jadis plus onéreux, droit qu'on avait abandonné dans son produit, mais qu'on voulait conserver comme symbole du pouvoir. Ainsi autrefois, au temps de la mainmorte, le seigneur héritait des biens de ses hommes, ce droit dans certaines localités avait été remplacé par la remise au seigneur d'une vache, d'un mouton, même d'un bouquet, au décès du tenancier.

A Gemeaux, il avait été remplacé par le droit de clergie dont j'ai parlé. On a vu aussi que les habitants qui se mariaient devaient au seigneur un plat de viande ou dix sous; voici l'explication de cette redevance.

Avant l'affranchissement des communes, un homme ne pouvait se marier sans le consentement de son seigneur, comme à notre époque encore un soldat ne le peut sans l'avis de l'autorité militaire. Le seigneur abandonna ce droit, mais, pour en perpétuer le souvenir, il fut convenu qu'à chaque mariage on lui offrirait un plat de viande. Nous avons vu aussi que le seigneur avait droit aux langues et aux tripes des animaux tués par les bouchers. Autrefois le boucher ne pouvait tuer une bête sans qu'elle ait été visitée par le délégué du seigneur, comme encore aujourd'hui dans les villes par un vétérinaire, et c'était pour payer ce droit de visite qu'on lui donnait les langues et un blanc de tripes, A notre époque, les bouchers de campagne tuent ce qu'ils veulent, reste à savoir si cette liberté profite aux consommateurs.

Il en était de même à Lux. On lit dans un dénombrement : « Il n'est permis aux gens de Lux de tuer bœufs et vaches, qu'ils ne soient visités par les officiers du seigneur, qui ont droit aux langues desdits bœufs et vaches, »

« Tout odieux que nous paraissent ces droits, dit *Augustin Thierry,* ils eurent non seulement leur raison légale, mais encore leur utilité pour le progrès à venir ; c'est sous leur empire que l'isolement de la servitude cessa dans les campagnes, remplacé par l'esprit de famille et qu'à l'ombre et sous la protection du manoir seigneurial se fondèrent les communes, »

Oui, il y avait autrefois des droits bizarres ou qui paraissaient tels, mais qui sait si dans un siècle, nos arrière-neveux voudront croire qu'en 1892 on imposait l'air et le soleil, et qu'on était obligé de payer pour avoir une porte et une fenêtre ! qu'on ne pouvait sans mille formalités, acquits, cautions, visas, transporter une bouteille de vin !

C'est au moins aussi drôle, en tout cas c'est plus cher que le droit de mariage et de mort. Le fisc maintenant n'est pas si facile, ni si accommodant, tout le monde sait que lors du décès de l'un de nous, il ne se contente pas d'une poule, et on paie aujourd'hui plus de droits de mutation que sous l'ancien régime où l'on n'en payait pas. Au XVIIIe siècle, on établit le centième denier, qui, en vertu de la loi du progrès, s'est changé de nos jours en dixième denier, en attendant que l'Etat nous prenne tout, comme l'ont proposé certains réformateurs modernes (1) !

(1) Au XIIIe siècle, les seigneurs de Thil-Châtel avaient accordé aux habitants de Bourberain le droit de prendre des paisseaux dans la forêt de Velours, à condition que ceux-ci leur donneraient certaines redevances en nature. La Révolution a supprimé les redevances et on a maintenu le droit de paisselage au profit des gens de Bourberain. Les propriétaires de la forêt sont obligés chaque année de fournir 320,000 paisseaux, c'est là une *forte dîme* qu'ils paient à la commune et les habitants qui maudissent la dîme n'ont jamais songé à renoncer à celle-ci. Et ils seraient bien surpris si les propriétaires s'en plaignaient, et cependant elle est au moins aussi vexatoire et inique que celle qu'ils payaient jadis!

LA JUSTICE

J'affirme que je suis un homme de mon siècle, que je n'aime pas l'ancien régime, mais je ne puis pas dire de lui ce que je n'en pense pas.

J'ai parcouru avec la plus grande attention toutes les minutes de la justice de Gemeaux, de 1664 à 1790, et j'ai été surpris, étonné, de voir avec quel soin et quelles précautions les juges procédaient.

Il est vrai de dire que Gemeaux n'a eu pour baillis que des jurisconsultes, tous avocats ou procureurs au Parlement, se mettant au-dessus des coteries et des jalousies de clocher, et rendant la justice avec une grande impartialité. On peut d'autant plus facilement apprécier les faits des causes qu'ils jugeaient que, dans toutes les affaires, civiles ou criminelles, il y avait une enquête et une contre-enquête ; aussi en lisant les dépositions des témoins, on se fait une opinion du litige, et on voit que la solution qui intervient est toujours équitable.

Les juges de Gemeaux, j'ose le dire, s'inspiraient sans doute, autant que leur faible nature le leur permettait, de ces belles paroles, que Pierre de Fontaines, conseiller de saint Louis, adressait aux juges de son temps:

« En toutes affaires où tu devras juger, fais en

sorte de juger suivant le droit, ne prends pas garde aux larmes et aux pleurs des parties, ayes toujours quand tu jugeras, devant les yeux de ton cœur, celui qui rendra à chacun le prix de ses œuvres ; car à la mesure dont tu te serviras, pour autrui, à la même aussi on te mesurera.

« Boute arrière, quand tu jugeras, toute envie, toute haine, toute convoitise, toute crainte de mort, de danger, car avec de tels hôtes n'habitent jamais droiture et justice. »

Le seigneur lui-même, lorsqu'il plaidait devant sa propre justice, perdait quelquefois son procès ; il faut dire que les juges de Gemeaux se nommaient Ranfer, Grozelier, Berruchot, Volfius, Chevrot, Jacques Jourdier, qui tous ont laissé un nom honoré dans les annales de la Basoche.

La justice a été de tout temps l'apanage de la souveraineté, le roi était le grand justicier du royaume. A l'origine, il n'existait pas de tribunaux royaux dans toute la France, et force a bien été de laisser aux seigneurs le droit de justice qu'ils possédaient du reste, car il était inhérent à la terre ; il en faisait tellement partie, que les domaines étaient souvent désignés sous le nom de prévôté ou de justice.

Ainsi, dans une recherche des feux de 1375 (1), on voit qu'on désigne les propriétés sous le nom de ju-

(1) Joseph Garnier, *Recherches des feux en Bourgogne aux XIVe et XVe siècles.*

tice. On dit : la paroisse d'Arc-sur-Tille comprend la justice de Mlle Guiot d'Arc, la justice du Loup de Vantoux, la justice de messire Philippe de la Chaume. Et à cette époque, il n'y avait pas de justice dans le sens actuel du mot, la justice c'était encore la volonté du maître.

La justice, on le voit, n'était pas un droit féodal cédé par le suzerain à son vassal, mais un droit attaché à la terre elle-même.

« Jusqu'à la fin du xie siècle, dit M. Seignobos, les actes de propriété qui énumèrent les terres, les vilains et leurs redevances, les profits et les droits attachés aux grands domaines, ne mentionnent jamais la justice; depuis le xiie siècle ils en parlent presque toujours.

« Le premier acte où paraisse la justice est un alleu, et on cède cet alleu avec la justice et tous les revenus et redevances appartenant à cet alleu.

« Dans tous les actes relatifs à des alleux, le propriétaire est en possession de la justice, et il est dit souvent dans les actes, en énumérant les droits féodaux parmi lesquels figure la justice ; affirmant que les choses dessus dites sont de notre franc alleu. »

Donc on ne peut plus clairement dire que la justice appartient au seigneur, non comme vassal d'un souverain qui la lui aurait déléguée, mais comme propriétaire.

Ceci du reste n'a aucune importance, car le vassal, en se mettant sous la protection d'un suzerain puissant, reconnaissait tenir de lui en fief tous ses droits, parmi lesquels était la justice.

On comprend que, jusqu'au xi° siècle, il n'y ait pas eu de justice sur les terres, car elle eût été lettre morte. Le seigneur possédait tout, les hommes et le sol ; il ne pouvait donc y avoir ni difficulté réelle, ni difficulté personnelle.

Si un esclave en maltraitait un autre, le fouet en avait raison.

Si le seigneur avait des difficultés avec un seigneur du voisinage, les armes décidaient la question, ou on se mettait sous l'arbitrage du roi ou de l'évêque.

La justice a été la conséquence de l'affranchissement des communes ; les hommes ayant alors des droits réels, des droits personnels, une justice s'imposait : *qui terre a guerre a.* Elle a d'abord été créée dans l'intérêt des seigneurs, et pour leur procurer des ressources, les amendes étant toujours prononcées à leur profit, puis, peu à peu, elle s'étendit à toutes choses, et finit par se régulariser.

Dans les chartes d'affranchissement, on voit souvent le seigneur fixer les amendes qui seront dues par ses hommes en cas de contravention. Ainsi on lit dans celle de Saulx-le-Duc, 1371 : « Celui qui foulera et ravagera les blés, les vignes, les prés, paiera 3 sols d'amende au seigneur ; s'il est pris de nuit, il paiera 60 sols ; celui qui accusera son voisin d'être voleur ou meurtrier paiera 3 sols ; celui qui fera sang d'armes émoulues paiera 60 sols ; celui qui fera sang d'égratignures paiera 7 sols ; celui qui n'irait pas au cri de la terre au seigneur, paiera 5 sols (1), celui qui volera paiera 5 sols.

Dans la charte d'affranchissement, octroyée aux gens de Véronnes, par Guillaume de Thil-Châtel, frère d'Isabelle, dame de Gemeaux, en 1294, on lit ce qui suit :

« Et rendront amendes, c'est à savoir lou cou plain (coup de poing) 5 sols, lou sang, 15 sols, si c'est un jor de marchié (marché) 60 sols, qui fera sang d'armes émolues, meurtre ou mettra feu seront à notre volonté, etc.

Ainsi on voit que c'est d'abord dans son intérêt, puis pour maintenir le bon ordre, que le seigneur a établi la justice. Avant l'affranchissement on n'en parlait pas, parce qu'elle était sans intérêt et ne produisait rien. Le maître, à cette époque, prenait tout ; mais lorsqu'elle fut une source de profits, on la fit figurer parmi les avantages du domaine.

A l'origine, les seigneurs tenaient en personne les grands jours de leur justice sur la place publique, sur un grand chemin, dans un endroit bien exposé où se trouvaient les fourches patibulaires, simples ou doubles, potences où l'on pendait les criminels. C'est ainsi que le 3 avril 1618, Jacques Chabot, seigneur de Gemeaux, tint lui-même sous les halles un des grands

______

(1) Celui qui ne se rendra pas à la convocation pour suivre le Seigneur à la guerre (Joseph Garnier, *Chartes des Communes*).

jours de la justice. Les fourches, au nombre de cinq, étaient, à Gemeaux, situées en *Combe Poteau.* C'était le signe de la haute justice ; sur la place publique, il y avait aussi un carcan pour exposer les malfaiteurs, il existait encore en 1750, mais était sans usage.

Saint Louis jugeait les causes de ses vassaux sous le chêne de Vincennes ; mais peu à peu les hauts justiciers, en présence du nombre toujours croissant des litiges, créèrent des juges qui rendirent la justice en leur nom, comme aujourd'hui encore elle se rend au nom du roi, ou au nom du peuple, les juges n'étant que les délégués des rois ou du peuple.

Dans une reprise de fief de la terre de Gemeaux, en 1606, on voit que la justice est exercée par un bailli, « que le seigneur crée pour expédier les causes de sa justice, tant de la mairie, prévôté, gruerie et autres.

« Item, dit l'acte, le seigneur a le droit de créer un gruyer pour les causes qui proviennent des bois et des chasses, qui lui valent 2 écus.

« Item, il a la prévôté qui vaut par communes années 6 écus.

« Item, le seigneur a le droit de créer un maire pour lever les droictures qui en dépendent, qui peut valoir par communes années 6 écus.

« Item, il a la puissance de nommer un greffier pour exercer son greffe à Gemeaux, dont il ne tire aucun profit. »

Il n'y avait donc, à l'origine, qu'un bailli ou juge et un greffier ; plus tard il y eut un lieutenant de juge, un procureur d'office ou procureur fiscal, un substitut du procureur et un greffier.

Le lieutenant de juge remplaçait le bailli, qui habitait presque toujours la ville, étant habituellement avocat ou procureur.

Le procureur d'office remplissait près de la justice de Gemeaux des fonctions analogues à celles du procureur de la République. Il avait la police du lieu, saisissait le juge des délits et crimes, requérait la peine, faisait apposer les scellés après décès, protégeait les mineurs, etc., son substitut le remplaçait.

Le greffier rédigeait les jugements, procès-verbaux de scellés, inventaires après décès. Le bailli recevait 10 livres pour ses appointements, soit 30 fr. de notre monnaie ; le lieutenant 8 livres ou 24 fr. Le procureur d'office aussi 8 livres. En outre ils avaient droit à des vacations qui pouvaient porter leur traitement à 200 ou 300 francs au *maximum*. Tous ces officiers de justice étaient choisis et nommés par le seigneur qui avait la haute, la moyenne et la basse justice, mais depuis le XIIIe siècle il ne connaissait plus des causes emportant la peine de mort. Une des conséquences du droit de haute justice, c'est que les habitants étaient des gens de poété (1) qui ne pouvaient s'assembler, pour délibérer sur leurs affaires,

---

(1) Les gens de poété étaient des gens soumis à la puissance de quelqu'un, le mot poété venant du mot latin potestas (puissance).

sans la permission du seigneur ou de ses principaux officiers, droit qui était tombé en désuétude vers la fin du xviiiᵉ siècle (1).

Le *prévôt* était chargé de percevoir les amendes prononcées par le juge, les redevances, cens, dîmes ou autres, de faire exécuter les sentences rendues contre les délinquants.

Le *gruyer* était chargé de la surveillance des bois, et de la constatation des délits forestiers.

Vers 1630, le prévôt, le gruyer, le maire seigneurial disparaissent, et sont remplacés par le châtelain. Leurs droits se partagent entre le bailli, le procureur d'office et le châtelain.

L'administration de l'ancien régime se composait du reste d'une multitude de pouvoirs différents créés à diverses époques par les rois pour se procurer des ressources ; ces pouvoirs avaient souvent le même but, et le même champ d'action et s'enchevêtraient les uns dans les autres.

Il y avait donc à Gemeaux, en 1600, et même bien avant cette époque, un bailli ou juge et un greffier, puis un maire, un prévôt et un gruyer.

Le *maire* d'alors n'était pas le représentant des habitants, comme on pourrait le croire ; c'était un officier du seigneur, chargé du recouvrement de cer-

(1) Ce droit est exercé aujourd'hui par l'État, on ne peut s'assembler san. une déclaration ou une autorisation des pouvoirs publics et en présence d'un agent de l'autorité.

taines redevances, ayant avec le prévôt la police du lieu ; dans certaines localités il remplissait les fonctions de sergent ou huissier :

« A chacun village, il y a un maire servant de sergent sous le prévôt, lequel fait les exploits dont il est requis, ayant un blanc pour salaire. »

En 1693, il y eut à Gemeaux un maire héréditaire qui avait nom Gille Castelain, sieur de Riembourg.

Voici dans quelles circonstances :

A la fin du règne de Louis XIV, le trésor était vide, et il fallait le remplir ; on eut recours à d'étranges procédés ; entre autres, on pensa à créer des charges de maires héréditaires, de procureurs et de secrétaires du roi, dans les villes, bourgs et paroisses d'une certaine importance.

Gemeaux eut l'honneur, dont il se serait bien passé, d'être désigné pour une charge de maire héréditaire, une de procureur du roi et une de secrétaire. La commune fut imposée d'office à 2000 livres, et obligée d'emprunter cette somme au denier 18, pour payer les charges de procureur et de secrétaire ; elle devait en être remboursée par les titulaires, mais personne ne s'étant présenté pour les occuper, elle paya deux charges qui n'ont jamais existé !

Pareil fait arriva à Fontaine-Française, on força la commune à rembourser le prix de la charge de maire qui était éteinte et on l'imposa pour le remboursement d'une partie des autres charges qui n'avaient pas trouvé preneurs ; en vain les habitants disaient : mais nous n'avons pas les charges ; sans souci de ces doléances, on saisissait les meubles personnels des échevins pour les contraindre au paiement (1).

Pour la création des maires héréditaires, le roi avait fait précéder son édit des considérations qui suivent :

« Le soin que nous mettons toujours à choisir (2) les plus capables, parmi ceux qui nous sont présentés, pour remplir la charge de maire dans les principales villes de notre royame, n'a pas empêché que la cabale et les brigues n'aient eu le plus souvent beaucoup de part à l'élection de ces magistrats.

« D'où il est presque toujours arrivé que les officiers ainsi élus ont ménagé les particuliers auxquels ils étaient redevables de leurs emplois, en surchargeant ceux qui leur avaient refusé leurs suffrages, que d'autre part chacun veut s'attribuer les pouvoirs des autres, etc. A ces causes, nous avons jugé à propos de créer des maires héréditaires dans toutes les villes de notre royaume. »

Ces maires héréditaires pouvaient au bout de vingt ans d'exercice prétendre à la noblesse ; ils présidaient les assemblées des habitants ou des échevins, etc. Il n'y en eut pas à Dijon, qui racheta le droit de nommer son maire 400,000 livres, mais on en créa

---

(1) Il y avait eu à Fontaine-Française un maire perpétuel nommé Michel, mais sa charge lui avait été remboursée par la Province, qui en répétait le prix contre les habitants.

(2) Les maires dans les villes étaient bien nommés à l'élection, mais le Roi avait un droit de présentation.

à Châtillon, Is-sur-Tille, Gemeaux, Fontaine-Française, etc.

Le but royal était de remplir la caisse, aussi ces charges étaient vendues ; celle de Gemeaux fut payée avec les frais accessoires environ 1800 livres, elle produisait par an 80 livres au titulaire, somme payée par le trésor royal.

A Gemeaux, la charge fit double emploi avec celles des échevins et procureur d'office, aussi il n'apparaît pas que le sieur Castellain l'ait occupée, sinon à titre honorifique. Ce Gille Castellain était originaire des Flandres et s'était marié à Gemeaux avec une demoiselle Michelle Mochot (1). Après lui sa charge fut supprimée et remboursée seulement en 1731 à ses héritiers.

Si les habitants s'assemblaient quelquefois sans la permission du seigneur, leurs assemblées étaient toujours tenues sous la présidence et la direction de ses officiers, baillis, procureurs et greffiers.

Chaque année il y avait à Gemeaux une assemblée dite des grands jours. On y rappelait les habitants à l'exécution des ordonnances. Le procureur d'office faisait ses réquisitions et observations sur l'administration de la commune, et le bailli, au refus des échevins de faire certains actes utiles, les faisait exécuter d'office.

A ces assemblées, les habitants nommaient pour un an leurs échevins ou syndics ; ceux dont les pouvoirs

(1) Fille de Jean Mochot Coppin, père du seigneur Jean Mochot.

expiraient rendaient leurs comptes, que l'assemblée approuvait ou repoussait. On nommait aussi les assseurs et collecteurs pour la répartition et le recouvrement des impôts, ainsi que les messiers et les vigniers. Les messiers étaient des habitants qui, au nombre de six, remplissaient les fonctions de gardes-champêtres pour les céréales. Les vigniers étaient chargés de la surveillance des vignes.

Toutes ces fonctions étaient obligatoires pour les cultivateurs ou vignerons ; les marchands, notaires, procureurs, bourgeois, greffiers en étaient exempts, ces gardes étaient rétribués.

Les procès-verbaux constatant les délits étaient rédigés par le greffier, sur la déclaration faite par les gardes messiers ou vigniers au procureur d'office (1).

Il y avait en outre deux huissiers ou sergents nommés par le seigneur, ils portaient les exploits, faisaient les saisies, et gardaient les terres et bois de la seigneurie.

A l'audience des grands jours, on jugeait tous les délinquants de l'année, qui étaient condamnés à des amendes variant de 5 sols à 3 livres, au profit du seigneur ou de la commune.

Le nombre en était grand à Gemeaux, j'en ai compté jusqu'à 75 dans une année. Cela tenait à plus de

(1) En 1762, le juge de Gemeaux condamne un sergent messier en vingt livres d'amende pour avoir reçu de l'argent pour ne pas verbaliser.

sévérité et au nombre des gardes, car ils étaient 14 y compris ceux du seigneur.

Quant aux autres procès, ils étaient jugés dans le cours de l'année aux audiences ordinaires, qui se tenaient tantôt à Dijon lorsque le juge y habitait, tantôt à Gemeaux lorsqu'il s'y transportait ou qu'il déléguait son lieutenant. Lorsque les jugements étaient rendus à Dijon, on y insérait qu'ils étaient prononcés *à Dijon par emprunt de territoire*.

Les échevins représentaient la commune, qui avait souvent des intérêts opposés à ceux du seigneur, et qui savait les faire valoir en justice.

Les échevins, les asseurs, les messiers, les vigniers, le maître d'école, le marguillier, le pâtre communal, étaient nommés par le suffrage universel. Les habitants avaient tous le droit d'assister aux assemblées et de voter; les échevins ne faisaient qu'exécuter leurs décisions, il n'y avait pas de conseil municipal.

S'agissait-il d'acheter une cloche, un taureau banal, de construire un lavoir, de réparer l'église, de nommer le maître d'école, le marguillier, le pâtre communal, toujours le suffrage universel décidait.

Il faut ajouter que les habitants se désintéressaient facilement de toutes ces questions, car souvent il fallait les contraindre à assister aux assemblées; ainsi, en 1757, le bailli est obligé de rendre une ordonnance pour contraindre, sous peine d'amende, les habitants à se présenter aux réunions, pour délibérer sur les affaires de la communauté, car, depuis quelque temps, cinq ou six seulement paraissaient. Plusieurs demandèrent à ce qu'il leur soit permis de déléguer leurs pouvoirs à vingt ou trente d'entre eux, ce qui ne fut pas accepté par le juge, qui considéra cette proposition comme illégale. Déjà en 1726, les habitants avaient demandé à être représentés par douze d'entre eux, élus par l'assemblée ; l'intendant de la province, M. de la Brisse, avait approuvé cette demande qui n'eut pas de suite.

Les assemblées et les grands jours se tenaient sous les halles, le juge se plaçait sur la *pierre à faire acte de justice* (1).

Il y avait des praticiens ou défenseurs qui représentaient et assistaient les plaideurs ; leur présence augmentait les frais, mais leur connaissance des affaires rendait aux justiciables de vrais services, surtout à cette époque où les lois étaient à peine indiquées. Les praticiens pouvaient remplacer le juge ou le lieutenant en cas d'empêchement.

Lorsqu'un habitant voulait intenter une action, soit réelle, soit personnelle, il était tenu de présenter une requête au juge, dans laquelle il exposait ses griefs.

Le juge rendait une ordonnance, autorisant le plaignant à citer les témoins à un jour déterminé, la partie adverse était appelée à l'enquête ; elle avait droit à une

(1) En hiver on tenait les audiences dans la halle du grand four banal.

contre-enquête, et à vue de ces enquêtes et des pièces, le juge prononçait la sentence.

Pour les affaires criminelles, délits, crimes, la requête était présentée par le procureur d'office. L'enquête faite, si le juge n'était pas compétent, il renvoyait le dossier au lieutenant criminel à Dijon.

On appelait des jugements de la justice seigneuriale au bailliage à Dijon, et du bailliage on pouvait encore se pourvoir au Parlement.

Le juge pouvait autoriser des monitoires. C'était une publication faite par le curé en chaire pendant trois dimanches successifs, invitant les habitants, à peine d'encourir les foudres de l'église, à dénoncer les auteurs inconnus d'un délit ou d'un crime. Ce moyen d'instruction réussissait assez souvent.

« L'impunité, dit Renauldon, n'est nulle part plus grande que dans les justices seigneuriales; il ne s'y fait aucune recherche des crimes les plus atroces, car le seigneur craint de fournir aux frais d'un procès criminel, et les juges ou procureurs ont peur de ne pas être payés de leur procédure. Sur cent justices, il n'y en a pas une qui soit en règle du côté des prisons. »

Le 18 juin 1645, le Parlement rend un arrêt qui ordonne à Jacques Demartinécourt, procureur d'office, à Gemeaux, de poursuivre les auteurs de l'assassinat commis sur la personne d'un sieur Etienne Converset, à peine d'en répondre en son propre et privé nom; il faut croire que ce procureur ne s'en était pas occupé, car le 5 novembre 1663, Claude Converset, fils de la victime, interpellé par acte extra judiciaire la veuve de Jacques Demartinécourt pour qu'elle ait à lui justifier des diligences faites par son mari pour découvrir l'assassin de son père. Elle répond qu'elle ne sait rien de ce fait, et qu'elle n'a aucune pièce à produire.

Les prisons de Gemeaux étaient en très mauvais état ; elles furent réparées dans le courant de l'année 1722, pour y recevoir Jean Trousseau et ses fils, accusés de tentative d'assassinat sur la personne du sieur Noirot, garde du seigneur.

J'ai dit que le seigneur avait la haute, la moyenne et la basse justice.

La haute justice qui avait été bien diminuée, mais qui n'en était pas réduite, même au xviii° siècle, à un simple droit de propriété, donnait à son juge le droit de connaître de certains crimes, mais n'emportant pas peine capitale, et de tous délits commis dans la seigneurie (1).

Le seigneur haut justicier avait le droit de donner la marque des étalons, poids et mesures, et de s'en appliquer les amendes ; de faire défense aux habitants de hanter les cabarets, aux taverniers de les recevoir, de défendre de blasphémer. Il ne pouvait juger les cas royaux ou prévôtaux, c'est-à-dire les crimes de lèse-majesté, rébellion aux mandements du roi, force

(1) On m'a affirmé qu'à Talmay le juge au xviii° siècle avait condamné un criminel à mort et que l'exécution y avait eu lieu.

publique, fausse monnaie, sacrilège, hérésie, déser-
tion, assemblées illicites avec port d'armes.

La moyenne justice lui donnait connaissance de
toutes actions réelles ou personnelles entre habitants,
des délits entraînant une simple amende, des questions de bornage.

La basse justice lui donnait le droit de faire juger les
contraventions de vaine pâture, de délits aux champs,
les actions personnelles au-dessous de 3 livres, etc.

Ainsi, comme on l'a vu, à côté de l'autorité du seigneur, il y avait les droits de la commune qui pouvaient s'exercer sans lui et même contre lui. Les échevins n'avaient pas la police, qui était entre les mains
du procureur fiscal ; leurs pouvoirs étaient très res-
treints, ils représentaient la commune, comme aujourd'hui les maires, mais leurs attributions étaient
moins étendues, le seigneur en exerçant par lui ou
ses officiers une grande partie.

J'ai dit aussi que les juges de Gemeaux remplissaient leurs fonctions avec impartialité, j'ajoute et
avec modération, ainsi qu'on pourra en juger par les
exemples que je vais citer.

Ils retenaient bien des causes qui auraient dû être
renvoyées au lieutenant criminel, afin que la peine
fût moins forte, peut-être aussi pour faire profiter le
seigneur de l'amende ; c'est ce qui arrive encore aujourd'hui lorsqu'on juge en simple police des délits
qui auraient dû être soumis au Tribunal correctionnel.

On sait que les seigneurs avaient le droit exclusif

de chasse sur tout le territoire de la seigneurie ; ils s'en montraient jaloux et poursuivaient les délinquants ; mais les peines n'étaient pas plus sévères que de nos jours, moins peut-être.

Ainsi, en 1664, le 20 janvier, le comte de Tavanes chassait à courre un chevreuil qui, depuis la forêt de Velours, était venu jusque dans les vignes de la Fenotte, près Gemeaux. Il était sur ses fins, deux vignerons, Denis B... et Etienne G..., s'en emparèrent. Le piqueur arrive avec ses chiens qui tombent en défaut ; il aperçoit deux individus qui se sauvaient, il ne put les rejoindre. On fit une enquête et on trouva le chevreuil dans la cave de B... ; il avoua le fait et fut traduit avec G..., son complice, devant le bailli, qui les condamna chacun à 3 fr. d'amende. Aujourd'hui le fait eût été considéré comme un vol et la peine plus sévère.

Le curé Desvarennes fut condamné en 1710 à 3 fr. d'amende pour avoir tendu des collets (1).

En 1722, M. de Vierville, major du château de Dijon, avait un domaine à Gemeaux ; il se permit de chasser à travers bois, vignes, blés, etc., sans tenir compte des avis à lui donnés par les gardes de la seigneurie. Poursuivi, il fut condamné à 50 fr. d'amende. Enfin, pendant que M. Ch. Loppin, seigneur de Gemeaux, était en Italie avec le président de Brosses, certains habitants savoir : Etienne Chauvot et Dumay,

____

(1) Ce curé Desvarennes jouissait d'une petite considération, il fut curé de Fontaine-les-Dijon.

Arnoult, curé prieur, Montoy, lieutenant de la justice, Jacques Bergier, sergent, chassèrent sur les terres du seigneur.

Rentré après deux ans d'absence, M. de Gemeaux présenta requête au bailli, le 16 novembre 1744, pour être autorisé à les citer devant sa justice.

Les délinquants reconnurent le fait qui leur était reproché, mais contestèrent la compétence du bailli, qui passa outre, et les condamna chacun à 100 francs d'amende. Ils appelèrent de cette sentence devant la maîtrise des forêts, qui cassa le jugement pour cause d'incompétence. M. de Gemeaux se pourvut alors devant la Table de marbre, qui infirma la décision de la maîtrise et maintint le premier jugement.

En l'année 1672, une procession se faisait devant la croix des Halles, afin d'implorer Dieu en faveur du roi malade. Le procureur d'office remarqua que le sieur Guillaume Lecuret, pâtissier et boulanger (sans doute un protestant), avait laissé exposé un pain blanc de 12 livres et trois gâteaux qui furent confisqués, et déposés au greffe de la justice. Lecuret fut poursuivi, mais le juge l'acquitta et les pains lui furent rendus.

On plaidait souvent pour un intérêt bien médiocre; ainsi un sieur Augustin Degré, recteur d'école à Gemeaux, en 1743, eut une difficulté assez singulière avec Brocard, amodiateur des revenus de la seigneurie.

La femme Degré avait apporté cinq bruchons, remplis de pâte à cuire, au four banal. Brocard refuse de les recevoir, prétendant que Degré n'est ni abonné, ni né à Gemeaux. Elle laisse alors ses bruchons et sa pâte dans la halle du four, où la femme de Brocard, sans façon, en prend une partie pour faire ses gâteaux.

Degré saisit la justice et demande des dommages-intérêts, parce qu'on n'a pas voulu lui permettre de cuire et parce que sa pâte a été perdue. On nomme des experts et il intervint un jugement qui condamna Brocard, fermier du seigneur, à 5 fr. de dommages-intérêts et aux dépens, liquidés à 70 francs.

Les filles de Jean Mochot, bourgeois à Gemeaux et la dame Genret insultent le curé Desvarennes, elles s'introduisent dans le jardin de sa maison, rue Clapigny, et le dévastent.

Le 2 août 1705, le juge de Gemeaux fait une enquête, mais après avoir entendu les témoins, il est obligé de renvoyer la cause et les parties devant le lieutenant criminel, attendu que Mme Genret est la femme de Charles Genret, écuyer noble, capitaine au régiment de Guittau.

On a dit qu'au xviiie siècle les juges des seigneurs n'avaient plus que des droits et des pouvoirs honorifiques. C'est là une erreur, ainsi qu'on va le voir.

Un sieur Jean Trousseau et ses deux fils volaient des paisseaux au bois de la Charme; ils furent surpris par le garde Noirot qui voulut les arrêter. Ils lui résistèrent et l'assommèrent à coups de serpe et de maillet; ils le croyaient tué, mais le soir le garde revint à lui, put rentrer au village et dénoncer ses agresseurs qui furent condamnés à trois années de bannissement du territoire de Gemeaux, et à 100 fr. de dommages-intérêts, peine fort modérée, car lorsqu'on était banni du territoire d'une seigneurie, on pouvait aller demeurer dans le village voisin.

Autre jugement :

Un sieur Bouchard, qui avait volé du vin en s'introduisant la nuit dans la cave des Pères cordeliers, est condamné par le juge de Gemeaux, après avoir été mis en prison, à être promené par les rues du village avec un écriteau sur le dos où seraient écrits ces mots :

Voleur de vin,

et ensuite banni du territoire de la seigneurie pendant cinq ans, et puis à 20 livres d'amende.

Une dernière condamnation pour terminer cette énumération déjà longue.

Le 7 août 1739, le juge, assisté de deux gradués, condamne par défaut Jean Milon, pour vol domestique, à servir de forçat sur les galères de Sa Majesté pendant sept ans, et en outre à être flétri et marqué sur l'épaule droite par le bourreau, avec un fer rouge des lettres :

Gal.

Jean Milon se constitua prisonnier et l'affaire revint devant le bailli qui le condamna seulement à cinq ans de bannissement du territoire du bailliage de Dijon et à 150 fr. d'amende, peine modérée évidemment !

C'est le 17 février 1792 seulement que la justice seigneuriale a cessé de fonctionner.

Ce jour, on a procédé à l'inventaire des archives, qui ont été remises au greffe de la justice de paix de Gemeaux, qui venait d'être érigé en canton.

Ce canton comprenait dans son ressort : Gemeaux, Marsannay, Pichanges, Epagny, Savigny, Flacey.

Le premier juge de paix fut Jean Chauvot, avocat, ancien substitut du procureur général près la cour des comptes ; le deuxième, Marinet ; puis le canton ayant été supprimé, la justice de paix siégea à Is-sur-Tille.

Elles ont disparu ces modestes justices seigneuriales, la mairie à 6 écus, la prévôté à 4 écus et la gruerie à 2 écus ; elles ont disparu avec le régime féodal, mais les hauts justiciers et les grands feudataires sont encore debout et ne se contentent pas de fiefs ni de justices à 4 et 6 écus.

Autrefois, ils étaient nommés par le Roi en récompense de leurs luttes contre les Vandales, les Normands et les Sarrasins. Aujourd'hui, c'est le peuple qui les choisit en échange de promesses qu'ils ne tiennent jamais ; ils ont des vassaux et des vavassaux qu'ils paient en charges lucratives, pensions, honneurs, dignités, et le peuple content les acclame et leur bat des mains, comme autrefois on dit qu'il battait l'eau des fossés de l'abbé de Luxeuil, en chantant : *Pa, pa, Rainottes, pa, voici M. l'abbé que Dieu gâ !*

PROCÈS-VERBAL

D'UNE ASSEMBLÉE DES HABITANTS DE GEMEAUX AU DIX-HUITIÈME SIÈCLE

Tenue des grands jours de la Justice des Baronnies de Gemeaux et Preigney, expédiée sous la halle dudit Gemeaux, sur la pierre à faire acte de justice, le lundi 20 décembre 1762, heure de neuf du matin, pour messire Charles-Catherine Loppin de Gemeaux, chevalier, conseiller du Roy en ses conseils, avocat général honoraire au Parlement de Bourgogne, seigneur des baronnies de Gemeaux, Preigney, Pichanges et dépendances, par nous, François Chevrot, avocat au Parlement, bailli desdites baronnies, en conséquence de l'assignation donnée à tous les habitants de Gemeaux par Billet, publiée au bruit du tambour par toutes les rues dudit Gemeaux par Bierry, sergent de cette justice, le 15 du présent mois sur certificat dudit jour 15 du courant, représenté et dûment contrôlé par Chauvot. Et aussi par convocation desdits habitants au son de la cloche ce jourd'huy en la forme accoutumée et enfin par trois convocations verbales faites, ainsi qu'il est d'usage, au-devant des halles dudit Gemeaux par ledit Bierry, sergent, et le tout à la requête du procureur fiscal par le ministère de

son substitut (quelques années auparavant, les habitants étaient en outre convoqués par le curé, par
publications faites à la messe).

A laquelle tenue des grands jours il a été procédé
comme il suit, après que les habitants ont été appelés suivant qu'ils sont dénommés dans le rôle de la
capitation de ce lieu ainsi qu'il a été accoutumé, auxquels habitants nous avons fait défense, sur les réquisitions du procureur fiscal, de désemparer avant
l'expédition de la présente tenue de jours et nous leur
avons enjoint d'y rester avec la décence et la docilité
convenables, à peine de 3 livres d'amende.

Officiers de justice :

François Chevrot, avocat à la cour, bailli ;

M. Jacques Montoy, lieutenant ;

Jean-François Volfius, procureur d'office ;

Benjamin Lieutet, substitut ;

Jean Tardivot, greffier.

Edme Lechat, garde de bois et chasse de la baronnie
et premier sergent en cette justice ;

Pierre Bjerry, second sergent.

Sont nommés asseurs et collecteurs : Nicolas Clerc
et Pierre Chauvot.

Sont nommés sergents messiers :

Claude Mochot, Jean Crazot, Jean Toux, Jean Pitolet, Jean Grandcompain, Jean Fernet.

Sergents vigniers :

Jean Pouteaux, Jean Logerot, Denis Juret, Jean
Gros, François Fousset, Etienne Carrelet.

Sur les réquisitions du procureur nous avons reçu les serments des messiers et vigniers.

Règlements généraux et particuliers :

Sur les réquisitions du procureur fiscal, nous ordonnons que tous les règlements faits à nos tenues des années dernières seront lus par notre greffier aux habitants, notamment ceux concernant les bois, chasses, cabarets, nettoiement des cheminées, vagabonds, mendiants, gens inconnus et sans aveu auxquels on donne asile ; celui concernant les troupeaux, celui qui défend de laisser aller et venir des chevaux de l'abreuvoir sans être tenus en laisse, ceux concernant la répartition des taxes et capitation conformément à l'arrêt du Parlement de Dijon.

Le procureur fiscal nous remontre qu'à notre dernière tenue de jours, il a fait rendre, en conséquence de l'arrêt rendu par le conseil en 1731, des ordonnances qui défendent aux habitants de Gemeaux de faire de nouvelles plantations de vignes. Qu'au préjudice dudit arrêt, plusieurs habitants ont converti d'excellentes terres labourables en vignes, et que récemment Jean Pitolet, vigneron audit Gemeaux, vient de planter de la vigne dans une terre à chenevière, au climat de Tricoteige ; que pour faire cesser l'abus et en même temps punir les contrevenants, le procureur fiscal nous demande la permission de faire informer contre tous habitants et forains dudit Gemeaux qui ont converti des terres labourables en vignes.

« Le bailli ordonne que les contrevenants audit règlement seront assignés devant lui. »

Ledit procureur fiscal nous remontre : que depuis longtemps on n'a vu autant de nids de chenilles qu'actuellement sur les arbres fruitiers des vergers et jardins des habitants et forains de ce lieu, sur les haies sèches et vives de leurs clos, de vignes, terres et autres, et sur les buissons de la campagne qui avoisinent leurs héritages ; qu'il serait dangereux de laisser exister ces nids de chenilles parce que les œufs une fois éclos, il ne serait pas possible de détruire ces insectes, raison pourquoi le procureur nous requiert d'ordonner à tous les habitants de les enlever, brûler, détruire, à peine de 5 sols par chaque habitant.

Ordonnance conforme.

Le procureur fiscal nous fait observer qu'un pignon de la rue Moreau menace ruine et il demande pour qu'il n'écrase pas les habitants à être autorisé à le faire démolir.

Le juge accorde un délai au propriétaire.

Ensuite on parle de monter et régler l'horloge et ses deux cadrans, convenu à une pinte de vin par chaque habitant ou 5 sols, avec le sieur Carlet.

Nous remontre le procureur, que les boues des fontaines, ruisseaux séjournent sur place et qu'il y a lieu d'ordonner qu'elles seront enlevées aux frais des habitants.

Ordonnance conforme.

Nous remontre le procureur, que le boucher jette

ses vidanges sur son fumier près des halles, ce qui occasionne une puanteur, qu'il y a lieu de le défendre à l'avenir.

Ordonnance conforme.

Nous remontre le procureur, que le chemin sous la Roche est en très mauvais état.

Nous ordonnons qu'il sera visité par nous, les Echevins et notables.

Nous remontre que la terre de Gemeaux se trouve dépeuplée de gibier par le fait des chiens, tant gros que petits, que les laboureurs et vignerons mènent avec eux par les champs, sans avoir de bâtons au cou suivant l'ordonnance, et malgré les défenses faites, que les chiens battent la plaine, prennent des lièvres, perdreaux, cailles.

Que pour remédier à une pareille déprédation de gibier, le procureur nous requiert d'ordonner à tous habitants et forains qui possèdent des chiens de leur mettre des bâtons au cou de mesure suivant l'ordonnance, à peine de 10 livres d'amende contre les maîtres, et en cas de récidive permis aux gardes de la seigneurie de tirer et tuer lesdits chiens qu'ils trouveront chassant.

Ordonnance conforme.

Après les remontrances et réquisitions ci-dessus, on procédait à l'appel des contraventions de l'année et le juge condamnait les délinquants à l'amende, ces amendes variaient de 10 sols à 10 livres.

Les Monitoires

Au moyen âge, l'Eglise intervenait dans toutes les affaires de la société, et prêtait son autorité morale à la justice pour la découverte des crimes par le monitoire. C'était une invitation, faite aux fidèles, d'avoir à révéler et dénoncer le crime ou le délit commis, s'il était à leur connaissance, à peine d'encourir les foudres de l'Eglise.

Le prêtre annonçait en chaire le crime et ses circonstances, pendant trois dimanches successifs, et ordonnait à ceux qui pourraient renseigner la justice de le faire en les lui révélant. Si aucune révélation n'était faite, on réagravait et on fulminait le monitoire, c'est-à-dire qu'on lui donnait plus d'apparat et plus de solennité.

En 1696, deux marchands de Langres, dont l'un nommé Donet était très riche, et l'autre fort pauvre, se rendaient à cheval à Dijon pour leurs affaires. Donet fut assassiné, à 10 heures du soir, par son compagnon sur le territoire de Gemeaux, près de la Maladière. L'assassin vint à pied au village demander du secours en prétendant que des vignerons, chaussés de grands sabots, venaient de tuer son camarade. La chose paraissant invraisemblable, on le garda à vue et on crut devoir recourir au monitoire afin de découvrir les coupables s'ils existaient.

Le curé Jérôme Desvarennes accomplit cette mission pendant trois dimanches successifs et aucun révélant ne s'étant présenté, la fulmination du monitoire eut lieu le dimanche suivant. Le curé monta en chaire et dit : que celui qui aurait connaissance de quelques circonstances de l'assassinat se rappelle qu'il doit à sa conscience, à la victime, à Dieu, de nous les révéler, afin que la justice en soit informée. Nous vous sommons pour la dernière fois, à peine d'anathème et d'excommunication majeure, de faire connaître ce que vous savez du crime. Puis le curé prit d'une main un flambeau allumé, de l'autre une clochette, et, au milieu de la consternation générale, il continua en ces termes :

« Qu'ils tremblent ceux qui savent et se taisent, qu'ils entendent le son sinistre et lugubre des cloches, qu'ils pâlissent à la vue de ce flambeau, qu'ils soient damnés s'ils ne révèlent le coupable, etc. »

Personne ne fit de révélations ; le compagnon de Donet fut néanmoins reconnu coupable et condamné au supplice de la roue, qui eut lieu à l'endroit du crime qu'il avait du reste fini par avouer. Son cadavre attaché à un arbre y demeura longtemps exposé.

LE VILLAGE, LES FONTAINES
LES VIEILLES MAISONS, LES BOIS, LES LIEUX DITS,
LES HALLES, LA CHARME

Du village, je ne dirai rien ; il est encore debout sous les yeux de tous et n'a pas beaucoup changé. Les maisons sont plus propres, les rues mieux entretenues, Gemeaux n'est plus comme autrefois un bourbier.

Il y a quatre fontaines dans le village :

La fontaine de Saint-Pierre-sous-la-Roche,

La fontaine de Montmeroux,

La fontaine de Demeley ou Glapigny (1),

La fontaine du château.

La fontaine de Saint-Pierre est la plus abondante ; elle faisait autrefois mouvoir deux moulins ; l'un était situé dans la maison qui se trouve entre la fontaine et le lavoir ; l'autre dans la maison Boisseau. Ce dernier existait encore au commencement du siècle dernier.

Quant au premier, il en est parlé dans la donation faite par Eudes VI de Grancey, lors de la fondation de

---

(1) On vient de trouver près de cette fontaine, dans le champ de *Variot Gros*, les débris d'une ancienne construction gallo-romaine, et des médailles de cette époque.

la chapelle Saint-Michel, en 1368. On y lit, en effet,
qu'Eudes de Grancey donne « une maison dont les
appartenances sont devant le moulin de Gemeaux-
sous-la-Roche ».

Les eaux ont bien diminué depuis cette époque et aujourd'hui elles suffisent à peine aux besoins du pays.

Les trois autres fontaines sont connues, inutile
d'en parler ici.

Il existe à Gemeaux des maisons très anciennes,
trois ou quatre méritent qu'on s'y arrête.

La plus curieuse et peut-être la plus âgée, est la
maison qui fait l'angle de la rue de l'Eglise (autrefois rue de la Liberté) et de la rue sous la Roche, c'est
la maison Coudor.

Les fenêtres gothiques datent de la fin du XIII⁰ siècle, ou du commencement du XIV⁰; les croix sculptées
sur les fenêtres semblent indiquer que cette maison
appartenait à une communauté religieuse, on croit
généralement qu'elle était aux Templiers. Je ne partage pas cette opinion. D'abord ce n'est pas une croix
de Malte, mais cette raison pour moi n'est pas dé-
terminante.

Les Templiers ou chevaliers de Saint-Jean de Jérusalem n'avaient pas à Gemeaux d'intérêts assez importants pour y avoir construit une maison. On a vu
qu'Hugues d'Arc leur avait donné, en 1212, les dîmes
qu'il possédait; or, ces dîmes ont été affermées plus
tard au curé, moyennant le paiement de trois émines
de grains, c'est-à-dire environ 100 doubles-décalitres.

Il n'était donc pas besoin d'une maison pour recevoir et engranger une si petite redevance. On ne trouve rien dans les titres des communautés religieuses qui ont eu des intérêts à Gemeaux, Bénédictins, Carmes, Cordeliers, etc., qui indique que les uns ou les autres aient possédé cette maison.

Pour moi, je pense qu'elle était autrefois la demeure des religieux de Saint-Etienne, puis la maison curiale, c'est-à-dire la demeure des anciens curés de Gemeaux, avant que ceux-ci n'aillent habiter le vieux château, ce qu'ils n'ont fait qu'au commencement du XVIIe siècle.

Il y avait des curés à Gemeaux dès le XIIIe siècle : Arnauld, en 1208 ; Parisius, en 1258 ; Guy de Mirebeau, en 1307, etc. ; ils portaient le titre de prieur et étaient gros décimateurs ; ils devaient donc avoir une demeure en rapport avec leur situation.

On remarque encore à Gemeaux la maison Gauthier, vieille construction en bois et torchis du XVe siècle, puis dans la rue de l'Eglise, la maison Mairet, du XIVe siècle et beaucoup d'autres très anciennes, mais qui n'offrent qu'un médiocre intérêt archéologique. Je citerai toutefois la maison qui se trouve en face l'école des filles et qui appartenait à M. Maillard, conseiller à la Cour des Comptes, qui l'a vendue à M. Lieutet, le 24 mars 1752 (acte reçu Béguillet, notaire à Dijon) ; elle possède une petite tourelle avec une porte Renaissance très finement détaillée.

Les bois ont toujours appartenu aux seigneurs.

C'est d'abord la *Haute Gesine*, corruption de haute Chassagne, puis le bois de la Garenne, aujourd'hui bois de la Charme. L'allée qui conduit au bois de la Charme a été reconnue la propriété de M. de Gemeaux par un jugement du Tribunal civil de Dijon en date du 9 ventôse an VI (27 février 1798), huitième chef dudit jugement.

Et enfin le bois des Vesvres. De ce dernier les seigneurs ne possédaient qu'une partie; les Duprat de Vitteaux, les Mochot, les Loppin ont acquis successivement toutes les parcelles qui en ont été vendues.

Les habitants de Gemeaux avaient autrefois le droit de faire pâturer leurs bestiaux dans ces bois, c'est la Révolution qui l'a supprimé.

Vers 1720, il y avait à Gemeaux plusieurs hôtels ou logis :

L'hôtel Saint-Nicolas, rue Glapigny, ancienne maison Lecurot; l'hôtel du Lion d'or, maison Pouteaux, aussi rue Glapigny; l'hôtel Saint-Antoine, rue de l'Eglise, maison Ladrey; l'hôtel du Mouton tenu par Tardivot, rue sous la Roche, maison Joliet; l'hôtel de la Croix blanche tenu par Jean Lieutet en 1701; le logis de la fleur de Lys, rue de l'Eglise, maison Paillard, tenu par Jacques Demartinécourt, la fenêtre est ornée en effet d'une superbe fleur de lys; enfin l'hôtel Berbis tenu par Nicolas Mochot, fondateur du logis neuf en 1781.

Ces auberges regorgeaient de monde les jours de marché, de foires, de vendanges ; puis les habitants

des villages voisins venaient pendant l'année chercher du vin, amener des provisions, du bois. Gemeaux
avait à cette époque une importance relativement
considérable au point de vue des affaires, les habitants n'allaient pas s'approvisionner à Dijon, pas
même à Is-sur-Tille, tout s'achetait sur place.

Le territoire de Gemeaux est fort étendu, il a une
superficie de 1000 hectares soit 7,600 journaux.

Autrefois, il y avait plus de vignes que de terres
labourables, dit le procès-verbal dressé en 1666. C'est
peut-être exagéré, mais on pourrait dire, plus de vignes que de terres labourées. A cette époque on avait
déjà une grande tendance à développer la culture de
la vigne, et les pouvoirs publics, redoutant la famine,
avaient pris des mesures pour la restreindre.

Par arrêt du conseil du roi du 5 juin 1731 S. M. a
fait défense de planter de la vigne et a ordonné que
celles plantées depuis deux ans seront arrachées. Un
sieur Jean Crosot et le vigneron des révérends pères
Cordeliers avaient enfreint cet arrêté.

Procès-verbal fut dressé contre eux par le procureur d'office et les Echevins, ils sont condamnés à
arracher leurs vignes. Crosot s'exécuta, mais le vigneron des R. P. résista, le subdélégué intervint et le
contraignit.

On peut estimer facilement la récolte en vins en
1666, à une moyenne de 15 à 10,000 hectolitres, en
le mettant à 10 francs l'hectolitre, le produit s'élevait
à 100,000 francs. Nous sommes loin de ce temps-là.

Lieux dits

Les noms des climats sont très anciens et se sont plutôt altérés que modifiés. Ainsi en 1292 Joliet de Pierecourt vend à son seigneur Guion de Thil-Châtel tout ce qu'il possède à Gemeaux, notamment des terres situées en Bugnon, Venarde, Fontenis de Venarde, aux Essarts, aux Chèzeaux, en la voie de Conroy, aux creux de l'Aigue.

Ces climats ont conservé leurs noms.

Je vais faire connaître ici l'étymologie et l'origine de quelques appellations des climats.

En *Montmeroux,* vient de deux mots latins, *mons* qui veut dire mont et *merus* qui se prononçait merous, et veut dire vin, mont du vin.

La cour Rigogne. Un écuyer du nom de Rigogne, ainsi qu'on l'a vu, possédait cette cour et les bâtiments la joignant, en l'an 1308.

Pauleu vient de *Palus* qui veut dire marais.

En Jean Legrain. En 1434, Jean Legrain, écuyer, et dame Jeanne de Chasey, sa femme, demeurant à Saint-Sauveur, vendent trois pièces de vignes sises à Gemeaux. Le nom du climat de Jean Legrain vient donc de son ancien propriétaire.

Aux Essarts. Essarter veut dire défricher, les lieux

dits qui portent la dénomination d'*Essarts*, petits *Essarts*, indiquent un bois défriché.

En Saint-Michel, à cause de la chapelle de ce nom.

En Meix Geltin. Un meix était une propriété se composant d'une maison, d'un clos avec quelques dépendances.

Aux Onzains, à cause de la dîme de ce nom.

En la *Maladière* ou Laidros, maladrerie, ladrerie, léproserie. Il y avait autrefois dans ce climat un hospice très modeste où on parquait les lépreux ou autres malheureux atteints de maladies incurables.

Boudot (*Histoire du canton de Mirebeau*) dit à propos des maladreries :

« Le roi Louis VII, en 1224, légua 100 sols qui reviennent à 84 francs d'aujourd'hui à chacune des léproseries du royaume. On chassait les lépreux des villes, les campagnes alors se couvrirent d'hôpitaux, elles ne retentirent que du bruit des cliquettes, sortes de castagnettes que devaient porter ces infortunés pour avertir les gens sains qui venaient à leur rencontre de s'éloigner.

« Les lépreux devaient toujours se tenir au-dessous du vent quand quelqu'un leur parlait, sonner leur tartavelle ou crécelle quand ils demandaient l'aumône, ne pas boire dans les fontaines, avoir des gants. »

Telles étaient les précautions prises contre la contagion et malgré cela la lèpre fit des progrès tels qu'il y avait des paroisses de lépreux.

Aux Mouchottes ou *Mochottes*, climat possédé par la famille Mochot.

En Rougemont, du nom de la famille de Rougemont de Thil-Châtel.

Aux Violettes, climat dont le vin autrefois provenant de plants fins (pinaud) avait un bouquet rappelant le parfum de la violette.

En *Boulémont*, corruption de Bourlémont. Jean de Bourlémont avait épousé Jeanne de Grancey (1350).

La Fenotte, c'est-à-dire la fin.

En Maison Dieu, aux *Templiers*, deux noms qui ont la même signification.

Ces climats sont situés, l'un près de la voie du Château, ainsi nommée sans doute parce qu'elle passait non loin d'une villa gallo-romaine dont je vais parler; l'autre entre Spoy et Gemeaux.

Il y avait, à n'en pas douter, dans les premiers siècles de notre ère, une habitation gallo-romaine située au pied d'un petit côteau qui vient mourir en *Preigney;* on y trouve encore des tuiles, des pavés en pierre d'Asnières, des fûts de colonnes, des conduits en plomb. Cette villa abandonnée devint une ferme et fut donnée, en 1275, par Jean, sire de Tricastel, seigneur de Gemeaux, maréchal de Bourgogne, aux frères du Temple de Fontenottes.

Combien de temps conservèrent-ils ce domaine, c'est ce que j'ignore. Une légende dit qu'autrefois les Templiers possédaient en cet endroit un château important où ils cachaient les trésors du Temple gardés par la Vouivre aux yeux de diamant. Cette légende de la Vouivre existe partout, il est donc inutile de la reproduire ici.

L'autre climat, dit *aux Templiers*, se trouve situé à l'extrémité de la prairie et touche presque au finage de Spoy. Les frères du Temple de Thil-Châtel possédaient en ce lieu des prés qui leur avaient été donnés, en 1188, par Odo de Pichanges et par le roi Philippe-Auguste.

On voit que les frères de Trichâtel ou de Fontenottes possédaient autrefois les terres des climats appelés aujourd'hui Maison-Dieu et Templiers ; ils n'avaient donc pas besoin d'avoir une maison à Gemeaux, et ces faits viennent à l'appui de ce que j'ai soutenu en disant que la maison Coudor ne devait pas appartenir aux Templiers, qui n'avaient aucune raison de posséder une habitation à Gemeaux, puisqu'ils en avaient une à Fontenottes.

Je pourrais expliquer encore les dénominations de bien des climats, mais cette énumération serait peu intéressante et je m'en tiens à ces quelques noms.

J'ajoute seulement qu'en 1661, le Tronchois était en friche, il n'y avait pas de maison. Ce climat faisait partie de la seigneurie de Preigney et était possédé par Gabriel de la Berauldière, écuyer, qui consentit à Gabriel Saintpère, tabellion à Saulx-le-Duc, le 28 juin 1661, un bail à rente perpétuelle (1) moyen-

(1) Une rente perpétuelle établie sur une terre n'était pas

nant 3 sols par journal « d'une contrée dite le Tronchois, qui est actuellement en toppe et désert sans rapport et d'une contenance de cent journaux ».

Trois sols de journal représentaient environ et au plus 2 francs de notre monnaie. Cette rente se payait encore en 1780, et c'était justice ; elle fut abolie, mais la terre resta à M. de Gemeaux qui avait acquis la seigneurie de Preigney.

Les halles

On leur doit bien un souvenir, car elles sont de noble race et leur acte de naissance porte la signature d'un Roi.

Au commencement du xv⁰ siècle, Gemeaux était un beau, grand et riche village, sa population était nombreuse, mais la guerre de Cent ans, les luttes des sires de Vergy et de Châteauvillain, les Ecorcheurs l'avaient ruiné. Le seigneur Claude de Neuchâtel adressa, en avril 1401, une supplique au roi Charles VIII, afin d'être autorisé à créer deux foires et à bâtir des halles pour abriter les marchands et leurs produits.

autre chose qu'un cens, et pour les paysans toutes les redevances, cens, rentes perpétuelles, dîmes inféodées, tout cela représentait la *Dîme !*

10

Les lettres patentes du Roi existent encore aux Archives nationales, à Paris (1).

Le seigneur Claude de Neuchâtel exposait que le village de Gemeaux était, paravant les guerres, un bel et gros village, bien logié et habité, lequel durant icelles a été détruit et est à présent dépopulé, que pour sa réédification et restitution, il faudrait y créer et ériger deux foires l'an, et un marchié par chaque semaine.

Le Roi accueille favorablement la demande qui lui est présentée et crée deux foires par an, l'une le deuxième jour d'août, l'autre le deuxième jour d'avril, et le marché au jour du mardi, en permettant au seigneur, si bon lui semble, de construire, bâtir et édifier une halle pour tenir lesdites foires, etc.

La charte est donnée à Paris, l'an de grâce 1401, au mois d'avril.

Claude de Neufchâtel se mit à l'œuvre et les halles étaient édifiées à la fin du xv° siècle ; suivant leur destination, elles servaient à abriter les marchandises, denrées apportées aux foires et marchés ; l'hiver, elles garantissaient du froid, l'été, de la chaleur.

Peu à peu les voies de communication étant devenues plus faciles, les foires et marchés (2) perdirent de leur importance, et au commencement de notre siècle, les halles ne servaient plus qu'à abriter contre

(1) Voir aux pièces justificatives, II.
(2) Au xvii° siècle il y avait deux marchés par semaine.

l'orage les voitures de foin et de blé ; elles servaient de salle de danse les jours de fête et les enfants s'y amusaient pendant l'année.

Aux piliers des halles était le carcan surmonté des armes du seigneur (1). Devant, se trouvait une croix qui a été enlevée et transportée d'abord à la Maladière, puis au nouveau cimetière (2). Le vieux tilleul qui était devant les halles, sans doute un Sully, fut gelé pendant l'hiver de 1789 et vendu 1 livre 10 sols.

En 1818, M. Emilien Loppin de Gemeaux fit donation à la commune des halles qui lui étaient échues en partage ; aujourd'hui qu'il n'y a plus ni foires, ni marchés, elles sont sans grande utilité et devront être réparées ou enlevées.

(1) Voir le chapitre *Droits féodaux*.
(2) Il y a bien d'autres croix à Gemeaux, ex-voto de pieuses familles :
Croix Savetier devant l'église.
Croix sur la Charme, à la dévotion de Leclair.
Croix du vieux cimetière ou croix Gaspard.
Croix Gauthier à l'entrée de l'avenue du bois de la Charme.
Croix Gateau, au-dessus de Montmoroux.
Croix Vachet, chemin de Pichanges.
Croix Labet, au *Chat-Brulé*.
Croix Brocard, sur la Bégine.
Il y avait d'anciennes croix qui ont disparu : croix Claudine Giresse, croix Langard, croix à la Rose.

Les anciennes familles

Dans la recherche des feux de l'an 1375, on voit figurer un Nicolas Belin. Cette famille existe encore aujourd'hui à Gemeaux, ce doit être la même, car dans tous les états dressés pour l'établissement des cherches elle apparaît.

Une autre famille qui figure dans la recherche des feux de 1400 et qui est aussi très ancienne, c'est la famille Boillon.

Ces deux familles sont restées dans leur condition primitive, vignerons étaient leurs pères, vignerons ils sont encore et je les en félicite, car le travail des champs est le plus noble, le plus moral, le plus suivi de tous ceux que puissent embrasser les hommes, malheureusement il n'enrichit pas !

Une famille très ancienne aussi est celle des Gauthier ; elle a donné plusieurs notaires et officiers de justice à Gemeaux ; des curés à Etaules, au Val-de-Suzon, un ministre protestant à Is-sur-Tille, un chanoine à la chapelle aux Riches de Dijon, peut-être même un conseiller à la Cour des Comptes de Dijon.

Ce qui me fait croire que le conseiller Gauthier descendait de cette famille, c'est qu'il possédait un domaine important à Gemeaux ; du reste, il y avait une certaine analogie dans les armes. La maison de famille des Gauthier était située à Gemeaux, rue Glapigny ; dans une chambre, sur une cheminée, sont sculptées les armes d'Etienne Gauthier, prêtre curé d'Etaules et de Darois :

« D'azur à une croix alaisée d'or, le pied fiché dans un cœur de même et accompagnée en chef de deux étoiles d'argent, et en pointe d'un croissant de même. »

Les armes de Jean Gauthier, chanoine de la Sainte-Chapelle, sont :

« D'azur à un cœur d'or dans lequel est fichée une croix pattée de même, accostée en chef de deux étoiles d'argent, accompagnée en pointe d'un croissant de même. »

Et les armes de Jeanne Michéa, femme de Pierre Gauthier, conseiller auditeur à la Chambre des Comptes sont :

« D'azur à une tige de trois roses d'argent, mouvante d'un cœur de même, mis en abîme. »

La famille Chauvot.

Deux Chauvot paraissent dans la cherche des feux de 1475. On voit un Chauvot, notaire en 1587 : il reçut un acte par lequel Guillaume Carterot, drapier, demeurant à Villecomte, vend à Denis Demartincourt un demi-journal de terre sis en Quetenot, pour la somme de 9 écus soleil (environ 80 francs de notre monnaie), franc de toutes charges, fors les dîmes accoutumées.

10.

A la même époque, on voit Blaise et Didier Chauvot, amodiateurs du clos de Gemeaux.

François Chauvot, en 1650, régisseur de la seigneurie de Pichanges, appartenant au marquis de Vitteaux.

Jean Chauvot, Pierre Chauvot sont notaires de 1700 à 1780. Le petit-fils de Jean, Etienne Chauvot, épouse Marie Dumay, fille de Jean Dumay et de Remie Arnoult de Bèze, le 12 septembre 1741.

De ce mariage :

Pierre Chauvot, avocat au Parlement, puis, pendant la Révolution, président du Directoire du district d'Is-sur-Tille.

Jean Chauvot, substitut du Procureur général à la Cour des Comptes. Honoré Chauvot, notaire royal à Gemeaux, qui fut le premier conseiller général élu du canton d'Is-sur-Tille, sous le titre d'administrateur du département.

Ce dernier eut cinq fils, dont l'un d'eux, Claude François Chauvot, engagé volontaire en 1791, était, avec Bonaparte, au siège de Toulon, comme lieutenant d'artillerie et aide du camp du général Brulé (1). Il avait été blessé à Maubeuge en 1792, le fut en-

____

(1) Nicolas Brulé, général de brigade, né à Véronnes-les-Petites en 1758 ; il était parti en 1791 comme chef du 2me bataillon de la Côte-d'Or. Il avait été nommé général pour sa brillante conduite au siège de Toulon. Il fut tué le 20 août 1794 à la prise de la redoute du Col Ardente, dans le défilé Saorgio, en Piémont.

core au pied à Toulon, ce qui l'obligea à quitter le
service actif et à entrer dans l'administration. Il fut
nommé commissaire des guerres et organisa admi-
nistrativement la campagne d'Egypte. Il était chevalier de la Légion d'Honneur, se retira à Gemeaux où
il mourut en décembre 1833. On le connaissait sous
le nom de M. Chauvot, le commissaire.

La famille Chauvot s'est alliée aux Demartinécourt (1) de Selongey, aux Charpy d'Is-sur-Tille (2),
aux Baudenet d'Avallon, aux Arnoult et Dumay de
Bèze, aux Billard (3) aux Buvée et aux de Saint-Mars
de Mirebeau (4), aux Gauvenel, aux Rouget. Cette
dernière famille est originaire de Chaignay; un de
ses membres fut chirurgien à Gemeaux, et son fils
Jean-Baptiste y fut notaire.

(1) Les Demartinécourt de Selongey portaient d'azur aux
trois croissants d'argent, posés deux et un, poisson de gueules en cœur.

(2) Les Charpy portaient d'azur à trois épis d'or mouvant
et soutenus par un croissant d'argent, accompagné en chef
de deux étoiles d'or (d'Hozier, tome I, n° 272, édit. Darantière).

(3) Les Baudenet portaient de gueules, à un chevron d'or
accompagné en chef de deux croissants d'argent et en pointe
d'un lion passant de même.

(4) Les Billard, anoblis par lettres patentes du roi Louis XIV
en date de janvier 1682, portaient d'azur au chevron d'or
accompagné en chef de deux flammes d'or et en pointe d'une
rose d'argent feuillée d'or, timbré d'un casque taré de profil
surmonté de trois plumes d'argent.

(Alias) D'or, à un aigle de sable et un chef de gueules,
chargé de trois étoiles d'or, l'écu avec une bordure d'azur
chargée de huit besans d'argent (D'Hozier, tome I, n° 304).

On peut citer, parmi les anciennes familles du village, les Clerc, Demartinécourt, Brocard, Pouteaux, Sordoillet, Mochot, Mestanier, Gaspard.

La famille Clerc tenait une grande place dans le village. Au xviii° siècle, un de ses membres a été avocat au Parlement, un autre, procureur d'office.

On trouve, en 1597, un Denis Demartinécourt, receveur à Gemeaux ; Jacques Demartinécourt, notaire et procureur d'office, un Demartinécourt, avocat à Paris ; tous de la famille de Gemeaux ; puis un Nicolas Brocard, avocat au Parlement en 1775.

Les Forains

Sous l'ancien régime, on ne connaissait d'autre mode de placer son argent que de l'employer en achats de terre ; parfois on prêtait sur gages ; les valeurs mobilières qui nous débordent aujourd'hui n'existaient pas, et les essais tentés par Law pour organiser le crédit public, n'ayant pas réussi, on achetait donc des domaines. Presque tous les bourgeois des villes, notaires, avocats, procureurs, marchands avaient une maison à la campagne avec des terres qu'ils affermaient et des vignes qu'ils récoltaient. On comptait à Gemeaux avec les forains, aux xvii° et xviii° siècles, plus de vingt bourgeois.

Voici d'abord la famille Rameau, illustrée par Jean-

Philippe, le créateur de l'harmonie, dont la statue orne une des places publiques de la ville de Dijon. Il était fils de Jean Rameau, organiste à Notre-Dame, et de Claudine Demartinécourt, de Gemeaux. Par sa femme, Jean Rameau possédait terres, vignes, maisons à Gemeaux et à Pichanges, où il venait souvent, notamment au temps de la vendange. Il habitait une maison rue Glapigny, aujourd'hui maison Quillery.

Voici les actes que j'ai rencontrés concernant les Rameau qui conservèrent des intérêts dans le pays jusqu'à la fin du xviii° siècle. Le 4 juillet 1712, Jean Rameau, organiste à Dijon, vend à Jacques Graillard une maison sise à Gemeaux, proche les halles, venant de Thevenin, notaire. Cette maison joint de levant et de couchant la veuve Guillaume Lecuret, de midi, la même ; de nord, la veuve Guillemette Ferrand (Acte reçu Vaudremont, notaire à Dijon). Par acte reçu Gauthier, notaire à Gemeaux, le 10 juillet 1688, Jean Rameau acquiert de Jacques Forcay une pièce de vigne sous la Charme de Pichanges. Par un autre acte reçu Chauvot, notaire, du 17 avril 1743, un sieur Monot reconnaît devoir à Jean Rameau 108 livres de rente (1). *M. de Vierville*, d'autres disent de *Virville*, capitaine commandant le château de Dijon,

---

(1) Voir, sur les familles Rameau et Billard, les *Mémoires de la Société bourguignonne de géographie et d'histoire*, année 1890, au titre : *un Homme de guerre bourguignon*.

possédait la maison occupée aujourd'hui par l'école des sœurs.

Il passait pour avoir des relations avec l'esprit malin, on croyait même qu'il allait au sabbat non sur un manche à balai, mais sur un cheval noir.

On raconte que, souvent la nuit, un cavalier mystérieux venait frapper à sa porte, qu'il s'habillait à la hâte, sellait son cheval noir et que tous deux, à francs étriers, s'enfonçaient dans la campagne. L'explication de ces courses nocturnes était cependant bien simple: de Vierville venait souvent sans congé à sa campagne, lorsque des dépêches de service arrivaient au château de Dijon, son estafette les lui apportait même la nuit, si la chose était urgente, ils partaient ensemble; mais les habitants des campagnes voyaient autrefois le diable partout et pour eux l'estafette n'était autre que Satan.

La légende ajoute qu'une nuit le cavalier mystérieux vint chercher de Vierville, qu'il l'emmena et que, depuis cette époque, on ne l'a plus revu; c'était sans doute parce qu'il avait vendu sa maison à M. Joseph Petit, écuyer, capitaine d'infanterie, qui possédait aussi la propriété appelée encore aujourd'hui clos Petit. C'est lui qui avec d'autres forains dont j'ai déjà parlé, soutinrent un procès contre M. de Cemeaux à propos de la banalité des fours.

Etienne Maillard, conseiller à la cour des comptes possédait un domaine et une maison à Gemeaux, je l'ai déjà dit.

M. Girard de Propiac (1) y avait aussi des terres importantes qui furent confisqués et vendues au profit de la nation.

M. André Ruelle, originaire de Marsannay-le-Bois, avait épousé Claudine-Antoinette Chauvot, fille de Pierre Chauvot, notaire royal ; il commença par être Procureur au siège présidial de Dijon, devint juge, puis conseiller à la Cour d'appel ; il était chevalier de la Légion d'honneur et venait souvent à Gemeaux où il possédait maison et domaine.

Beaucoup d'autres familles avaient des intérêts à Gemeaux, mais elles n'y habitaient pas, il est inutile d'en parler ici, puisqu'elles n'y ont laissé aucun souvenir. On peut toutefois citer les Fremyot, Genret, Husson, Chaudron, Pâté, qui habitaient le plus souvent le village. Et aussi les familles Caillard, Léger, Laurent.

Vers 1680, Gabriel Carnot, de la famille du président de la République, possédait à Gemeaux un domaine qui lui venait de sa femme née Clerc ; une sœur de celle-ci avait épousé, vers 1650, M. Antoine Billard ; elles étaient filles de Nicolas Clerc, premier huissier au Parlement.

Bien que dans mon intention ce travail ait dû s'arrêter à la Révolution, je ne puis passer sous silence le nom du général de division Tixier, qui repose

(1) Antoine-Benoît Girard de Propiac, écuyer, seigneur de Propiac en Dauphiné, en partie de Pichanges, receveur de la ferme des domaines à Dijon, émigra en 1793.

dans le cimetière de la commune. Je rappellerai, en quelques mots, ses brillants états de service.

Bénigne-Prosper Michel était fils de Michel Tixier, lieutenant de hussards, chevalier de la Légion d'honneur, et de Jeanne-Marie Gaspard. Son père avait lui-même fourni une carrière militaire bien remplie.

Prosper était né à Gemeaux, le 6 juillet 1813 ; il entra à l'Ecole militaire en 1830, âgé de 17 ans. Il sortit, avec le n° 25, sous-lieutenant au 43° régiment de ligne. Lieutenant au 24° régiment d'infanterie légère en 1840, capitaine au 8° bataillon de chasseurs à pied, campagnes en Afrique en 1846, 1847, 1848, 1850, chevalier de la Légion d'honneur, le 10 décembre 1840.

Capitaine adjudant-major au 9° bataillon de chasseurs, fit la guerre d'Orient, assista aux batailles de l'Alma, d'Inkermann, Mamelon-Vert où il sauta avec une poudrière ; Officier de la Légion d'honneur, 27 janvier 1855 ; lieutenant-colonel au 95° de ligne, le 11 juillet 1855 ; blessé au pont de Traktir ; colonel au 2° zouaves, le 24 décembre 1858. Italie, Magenta, Commandeur de la Légion d'Honneur, 1859 ; général de brigade, le 12 août 1861 ; général de division, le 14 juillet 1870 ; commande la 1re division de l'armée du Rhin, assiste aux batailles de Borny, Gravelotte, Saint-Privat ; prisonnier de guerre.

Après sa rentrée de captivité, commande à Lyon la 1re division du 6° corps. Passe dans le cadre de réserve en 1878. Grand officier de la Légion d'honneur en 1873. Meurt à Lyon, le 20 mai 1879, est enterré à Gemeaux quelques jours après.

Enfin, je parlerai encore de Charles Bonbonnel, le tueur de panthères, colonel de francs-tireurs, chevalier de la Légion d'honneur, qui s'était allié à la famille Guelaud, de Gemeaux, où il venait souvent en villégiature. Il est mort à Dijon, en 1890. Dieu ait son âme !

La Charme

C'est surtout un joli nom ! La Charme est, je l'ai dit, une des deux collines au pied desquelles s'étage Gemeaux. Une charme, en langage rustique, est une friche gazonnée.

Que de fois à Gemeaux ce mot est prononcé dans un jour. La Charme en est inséparable, c'est là que les enfants essaient leurs premiers pas et leurs premières sottises, c'est là que les vieillards viennent saluer une dernière fois l'horizon qui les a vus naître.

Du haut de cette éminence la vue s'étend au loin, l'air y est frais, pur et vivifiant.

Que de souvenirs sont attachés à la Charme.

On raconte que des soldats de Gemeaux, qui assistaient au siège de Besançon, croyaient du haut de la Citadelle apercevoir la Charme. Ils en pleuraient de joie !

Sur cette colline et au milieu d'un cadre de feuillage s'élevait autrefois une statue de saint Aignan qui a été remplacée, en 1858, par une statue de la Vierge Marie. Sur le socle est cette inscription : « Ils m'ont établie leur gardienne (1). »

Par un bref du 10 mai 1859, S. S. Pie IX a accordé 60 jours d'indulgence à tous ceux qui réciteront devant Notre-Dame de la Charme l'oraison dominicale, la salutation angélique et le gloria patri. La vierge immaculée reçoit les prières, et les dépose aux pieds de son fils, en demandant grâce pour nous tous pauvres pécheurs : elle doit avoir bien à faire !

(1) L'érection de cette statue est due à Mme Loppin de Gemeaux, née de Saint-Julien, pour honorer la mémoire de sa fille Valentine qui mourut quelques jours après avoir épousé M. Léopold de Gigord. Elle a aussi fondé l'École des Sœurs.

LES IMPOTS

La Bourgogne, on le sait, était un pays d'Etat.
Qu'entendait-on par pays d'Etat? C'était un pays
qui avait le droit de s'administrer par ses représentants, et de voter les impôts royaux et provinciaux.
Aucun aide, aucun subside, ne pouvaient être levés
en Bourgogne sans le consentement de la province,
représentée par ses députés. Ils étaient composés
des trois ordres de la société d'alors, le clergé, la noblesse, le tiers Etat.

Le tiers Etat, dit M. Rossignol dans son ouvrage
sur les *Libertés de la Bourgogne d'après les jetons
de ses Etats*, était absorbé par l'industrie, le commerce, l'agriculture; la noblesse ne connaissait guère
que le pommeau de son épée; le protecteur né du
peuple était donc le clergé; aussi on voyait l'évêque
d'Autun, président des Etats, dire à Louis XIV en
1660 :

« Je suis l'ambassadeur né des pauvres auprès des
rois, j'ai ordre spécial de la province de Bourgogne
de vous représenter, sire, que vous avez violé ses
libertés. »

Je n'ai pas trouvé qu'on lui ait supprimé son temporel (1).

Les Etats étaient nommés tous les trois ans; ils siégaient pendant un mois, puis déléguaient plusieurs d'entre eux qui, sous le nom de chambre des Elus, administraient la province, répartissaient les impôts. Cette chambre avait à peu près les pouvoirs du Conseil général actuel.

Pendant leur session, les Etats de Bourgogne, après avoir statué sur les impôts et les questions à l'ordre du jour, émettaient des vœux qui, sous forme de remontrances, étaient présentés au roi par une délégation.

En 1781, les Etats votaient un crédit pour les haras, pour les pépinières, pour l'extension de certaines manufactures, pour l'Académie de Dijon, l'école de dessin, le cours d'anatomie, d'accouchement, de botanique, de chimie, de médecine, d'astronomie.

Ils émettaient le vœu de voir diminuer les frais de justice, notamment ceux des ventes judiciaires. Ils demandaient qu'on régularisât le mode d'inscription des hypothèques.

Ils nommaient des commissions pour procurer du travail aux mendiants, afin d'arriver à ne plus voter les 50,000 livres qui, chaque année, étaient mises à

______

(1) Ceci n'est pas une critique de ce qui se passe de nos jours; sous l'ancien régime on procédait contre les évêques par la saisie de leur temporel (Voir aux pièces justificatives).

la disposition des bureaux de secours. On voit que, depuis un siècle, les questions ci-dessus n'ont pas fait grand progrès.

La chambre des Élus se composait de trois délégués, l'un de la noblesse, un autre du clergé, et le troisième du tiers état, et en outre de deux députés de la Chambre des comptes, de l'élu du roi, du maire de Dijon, de deux secrétaires et du trésorier général des États.

Les Élus faisaient la répartition des impôts, et envoyaient des mandements aux paroisses, qui étaient tenues d'assembler les habitants trois jours après leur réception, pour nommer les asseurs et collecteurs, à l'effet de procéder au rôle de répartition et au recouvrement.

La répartition des impôts se faisait par feux, et non par sommes, en sorte que la valeur de chaque feu ne pouvait être connue que lorsque le nombre en était arrêté par l'imposition de toutes les communautés.

«On ne doit pas entendre par feu, une maison, un ménage, une famille : c'est un mot numérique indicatif d'une certaine quantité de livres tournois.

Ainsi, on suppose que le nombre de feux soit en Bourgogne de 25,000, et que la valeur du feu soit de 72 livres, les 25,000 feux monteront à 1,800,000 livres. Une communauté de 100 habitants imposée à 30 feux paiera 2,160 livres, et les asseurs auront cette somme à répartir entre les 100 habitants.

On distinguait les impôts en impôts royaux, provinciaux, communaux. Il y avait aussi les redevances féodales, mais, je l'ai déjà dit, ce n'était pas à proprement parler un impôt.

Le chiffre des impôts royaux était fixé par le roi, examiné et voté par les États, qui souvent diminuaient le chiffre de la demande. On les appelait taille royale, capitation, vingtièmes.

La taille était donc un impôt, que le roi levait chaque année sur ses sujets. Certaines personnes en étaient exemptes : les nobles, certains magistrats, les septuagénaires, etc....

Pour bien comprendre le sens de la taille, il faut remonter au temps de la domination barbare, où tous les hommes étaient réduits à la servitude ; tout serf était taillable à la volonté du seigneur, il en était cependant qui, par suite de conventions, ne devaient qu'une taille fixe ou abonnée. Ainsi à Gemeaux, les Ciresse devaient chaque an au seigneur 33 sols de taille abonnée et les Florys une livre de cire abonnée. La cire était en général une redevance noble, c'est-à-dire due par une famille hors du vulgaire.

La taille fut régularisée par les rois et constitua l'impôt principal. Elle était personnelle et réelle. La taille personnelle était celle qui frappait sur la personne en raison de ses facultés, revenus, industrie ; elle comprenait aussi une taille dite d'exploitation, qui frappait le contribuable en raison des biens qu'il faisait valoir.

La taille réelle était ainsi nommée, parce que la répartition s'en faisait par territoire, pour être ensuite divisée par personne. L'une ne valait guère mieux que l'autre ; en Bourgogne la taille était personnelle.

La *capitation* était un impôt établi en 1695 à l'occasion de la guerre. Cet impôt se percevait par feux et famille, personne n'en était exempt. Il fut supprimé après la guerre qui se termina par le traité de Ryswick, mais il fut bientôt rétabli en 1701, pour finir avec la guerre, puis il devint permanent.

C'est comme le décime d'enregistrement établi de nos jours après la guerre, il devait disparaître, mais il se porte bien, et loin de le supprimer, on l'a doublé.

Le clergé était abonné à cet impôt, et payait 4,000,000 par an.

En 1710, outre la capitation, on établit l'impôt du dixième, qui fut supprimé en 1717.

En 1725 on établit l'impôt du cinquantième, qui fut supprimé en 1727, puis rétabli en 1741, et définitivement supprimé lors de l'établissement de l'impôt du vingtième.

L'impôt du vingtième s'entendait du vingtième du revenu, il n'était créé que provisoirement, mais le roi eut toujours de bonnes raisons à donner pour le maintenir ; les nobles n'en étaient pas exempts.

Les impôts se composaient donc, aux xvii⁰ et xviii⁰ siècles, de la taille, de la capitation, des dixièmes ou vingtièmes.

« Mais, à toute époque, a dit M. H. Taine, le fisc a deux mains, l'une apparente qui directement fouille le coffre des contribuables, l'autre qui se dissimule et emploie la main d'un intermédiaire pour ne pas se donner l'odieux d'une nouvelle extorsion. »

Donc, il y avait comme de nos jours, outre ces droits, des impôts indirects : sur le tabac, le sel, les vins, l'alcool, des droits de contrôle et d'insinuation des actes, le papier timbré, droit de succession appelé le centième denier, droit de franc-fief, de nouvel acquêt, aides, et traites ; mais droits relativement très modérés, comparativement à ce qu'ils sont de nos jours ; j'en excepte toutefois le sel.

Les tabacs s'affermaient, ainsi que la gabelle qui s'entendait de l'impôt sur le sel, impôt très lourd et très impopulaire. Longtemps les Etats s'étaient refusés à l'admettre en Bourgogne ; ils avaient répondu au roi Robert, qui voulait l'établir :

« Notre épée est au service du royaume, mais la gabelle est une innovation que nous n'acceptons pas. »

Plus tard cependant, les Etats consentirent, un peu contraints et forcés, à l'établissement d'une gabelle, qui fut indépendante et régie par eux. Ce privilège cessa sous Henri IV, mais alors même la Bourgogne ne se trouva pas aussi malheureuse que les pays d'élection ; le monopole ne s'y transforma pas comme ailleurs en impôt forcé. Dans d'autres provinces, en effet, non seulement le gouvernement vendait le sel exclusivement, mais obligeait les acheteurs à prendre du sel périodiquement dans ses greniers, qu'ils en aient besoin ou non. La Bourgogne, elle, avait le droit d'acheter le sel au gouvernement et de le vendre à son gré, elle réalisait sur cette vente un bénéfice, sans obliger ses administrés à prendre du sel quand même.

Il y avait des greniers à sel dans certaines localités, à Saulx-le-Duc, Mirebeau, etc. Gemeaux relevait de Saulx-le-Duc ; là étaient les magasins du sel qu'on vendait au public. Il y avait un grenetier et un contrôleur ; trois clefs du grenier, l'une au grenetier, la seconde au contrôleur, la troisième au marchand, c'est-à-dire au fournisseur du sel.

On vendait le sel au fur et à mesure de son entrée au grenier, et à mesure des ventes on payait le marchand ; le prix de la pinte, c'est-à-dire environ un litre et demi, était de 1 fr. 50 centimes. *C'était raide.*

Outre le grenetier et le contrôleur, il y avait les regrattiers et les détailleurs. Il y avait aussi des conseillers au grenier à sel, chargés de juger et punir les fraudes et les délits relatifs à la vente du sel.

Lorsque de faux sauniers, c'est-à-dire des contrebandiers, étaient signalés dans un village ou les environs, on devait sonner le tocsin pour les faire arrêter ; mais les paysans s'en gardaient bien, ils les auraient plutôt protégés contre les *loups et les rats ;* les soldats envoyés pour les arrêter s'entendaient avec eux et faisaient aussi la contrebande.

« Le samedi, veille des Bordes 1387, les habitants

11.

de Boussenois, Foncegrive, Selongey, Gemeaux et Pichanges, ont reconnu, en présence du seigneur de Grancey Eudes V, avoir encouru l'amende pour usage de sel non gabellé. »

Un sieur Nicolas Villemin, de Gemeaux, et sa femme, avaient été surpris faisant la contrebande du tabac, ils sont condamnés, le 12 avril 1736, à 1000 fr. d'amende. Ne pouvant payer, ils sont traduits devant la Cour de la Table de marbre, qui condamna le mari à servir comme forçat pendant trois ans sur les galères du roi ; mais sa majesté, en considération de ce qu'il s'agissait d'une *première faute,* a fait grâce pleine et entière au condamné (1).

Le *franc-fief* était un droit que le roturier payait au Trésor royal, lors de la prise de possession par lui, d'un fief qu'il avait acheté ; ce droit était d'une année du revenu du fief.

Les aides s'entendaient de toutes sortes de subsides iimposés sur le peuple, pour aider le roi dans les différents besoins de l'Etat. Par la suite, on a appelé aides, certains impôts indirects. Ainsi tout tavernier, hôtelier, marchand de vin, payait annuellement, dans les villes, 6 livres ; dans les villages et bourgs, 4 livres, plus 45 sous par chaque tonneau de vin débité.

Tout propriétaire pouvait vendre en gros et en détail, sans payer de droit, les produits de ses récoltes ;

______

(1) Voir aux pièces justificatives les lettres de grâce, IV.

mais il devait les droits du vin enlevé de sa cave, s'il n'indiquait pas l'acheteur, car des visites étaient faites après les vendanges pour constater l'état de la récolte.

Quant à l'eau-de-vie, le propriétaire ne pouvait en retenir pour sa consommation qu'un demi-tonneau, pour le reste l'acquéreur payait 5 livres par chaque tonneau, pour droits de circulation ; aujourd'hui un tonneau paierait 500 fr. de droits au lieu de 15 fr. !

Dans la régie des aides étaient compris : les droits de péage, les droits sur les huiles, le contrôle de l'or ; et les difficultés qui naissaient à l'occasion de ces divers impôts étaient jugées par la Cour des aides.

On appelait droit de *traites* un impôt qui se levait sur toutes les marchandises qui entraient en France ou en sortaient ; on les appelait aussi droits de douane.

Voilà quelles étaient les ressources du Trésor sous la période monarchique.

Il y avait en outre les impôts provinciaux, pour l'administration de la province, routes, canaux, secours, etc. ; puis les impôts communaux ; on voit que le système se rapproche beaucoup de ce qui se pratique de nos jours.

Ceci dit, voyons quels impôts étaient à la charge des habitants de Gemeaux.

Disons que les impôts ont toujours été en augmentant. Sous Louis XIV ils sont plus élevés que sous Louis XIII, sous Louis XV que sous Louis XIV, sous

Louis XVI que sous Louis XV, et cette progression ne s'est pas encore arrêtée !

En 1680, la communauté de Gemeaux est taxée à 3,680 livres, il y avait alors 260 feux représentant 1300 habitants.

Voici quelques noms pris dans l'état de répartition :

Jean Gauthier, taxé à	31 livres
Abraham Lecuret	20 »
Étienne Brocard	21 »
Louis Mochot	28 »
Antoine Sordoillet	24 »
Claude Juret	19 »
Claude Chauvot	20 »
Vincent Chauvot.	14 »
Claude Belin	10 »
André Boillon.	7 »
Jean Pouteaux	6 »
Pierre Demartinécourt	7 »

Etc.

En 1701, en sus des impôts royaux, les marchands et gens de métiers sont taxés à . . . . 400 livres

En 1711, la cote s'élève à . . . . 4,747 »

En 1758, elle monte à . . . . . . 5,093 » il y a 1450 habitants.

Le plus imposé est un sieur Etienne Demartinécourt, marchand ; il est taxé à 100 livres, puis viennent Antoine Sordoillet, Jean Chauvot, etc.

En 1760, la taille, la capitation, les vingtièmes s'élèvent à . . . . 7,698 livres

En 1781 les impôts s'élèvent à. .   5,099 livres
ils avaient un peu diminué, il n'y avait plus que
1250 habitants.

Même chiffre d'impôts en 1787 ; le nombre des habitants n'est plus que de 1,200.

Aux impôts royaux, il fallait ajouter environ 600
livres pour les charges provinciales et communales,
de sorte qu'en prenant une moyenne de 6,000 livres
d'impôts royaux et communaux, on voit que Gemeaux
vers 1750 payait environ 12,000 francs de notre monnaie. Ajoutez à cette somme la dîme à Dieu et quelques autres droits pouvant être considérés comme
des charges arbitraires évalués 2,000 livres, on arrive à 8,000 livres, ou 16,000 francs de nos jours.

« Je ne compte pas ici les droits de cens, de dîmes
inféodées et autres, car, parmi les redevances seigneuriales, dit M. *Albert Babeau* (1), il y en avait
de légitimes, qui dérivaient de la possession primitive du sol ; à une époque souvent immémoriale le
seigneur avait donné des terres à ses hommes, à la
condition qu'une redevance annuelle en espèces,
ou en nature, lui serait payée à perpétuité ; l'argent
ayant diminué de valeur, au xviiie siècle ces droits
étaient devenus insignifiants (2). »

Donc, la moyenne des impôts aux xvie, xviie et

(1) *Le Village sous l'ancien régime.*
(2) Un denier, qui valait trois francs de notre monnaie au
xiiie siècle, ne valait pas un sou en 1787.

xviii° siècles à Gemeaux a été de 16,000 francs ; en
1892 le rôle des quatre contributions s'élève à
20,500 francs, chiffre supérieur, mais il faut dire
que les revenus sont peut-être plus importants de
nos jours, toutefois ce point n'est pas prouvé ; les céréales donnent davantage, mais la vigne n'existe plus.
Autrefois les marchands vendaient beaucoup, les artisans travaillaient davantage, car tout se faisait à
la main, le village était plus peuplé et au moins
aussi riche qu'en 1892, le nombre des habitants, le
chiffre des bourgeois, artisans, industriels, vignerons et autres en témoigne suffisamment (1).

Etablir une comparaison entre les impôts de l'ancien régime et ceux d'aujourd'hui n'est pas chose
facile. Les éléments manquent, on ne connaît pas au
juste la proportion des produits ni de la valeur de
l'argent, les statistiques sont inexactes, car le paysan
avait le plus grand intérêt à ne pas dire la vérité lorsqu'il était consulté ; mais ce qu'on peut affirmer, c'est
que les gouvernants ont, à toute époque, pressuré le
plus qu'ils ont pu les contribuables. Les impôts n'é-
taient peut-être pas plus lourds qu'à notre époque mais
à coup sûr ils étaient souvent arbitraires et vexatoires.

Les impôts communaux étaient votés, non par un
conseil municipal, qui n'existait pas, mais, ainsi que
je l'ai dit, par tous les habitants réunis en assemblée
générale.

(1) Voir le chapitre *État moral et matériel des paysans.*

Les impôts royaux, provinciaux, communaux, ainsi qu'on l'a déjà expliqué, étaient répartis par des habitants nommés par le suffrage de leurs concitoyens, on les appelait *asseurs*, puis recouvrés par d'autres habitants appelés *collecteurs*. Le plus souvent la perception de l'impôt se mettait en adjudication, et c'est celui qui demandait le moins qui était désigné comme collecteur.

Ces fonctions étaient loin d'être recherchées, car elles vous conduisaient souvent en prison, lorsque les rentrées se faisaient mal ; et elles vous exposaient aux haines et rancunes des contribuables, qui se plaignaient non sans raison de l'inégalité de la répartition.

« Certains particuliers, s'érigeant en coqs de paroisse, se font imposer à leur gré, parce qu'ils ont plus de crédit et de bien que le reste des habitants, qui les craignent, et appréhendent de succomber dans les procès dont ils sont menacés, s'ils les imposent suivant leur faculté ; les Élus devront les imposer d'office. »

Décret de 1700.

Un autre décret de 1703 disait :

« Les inégalités de la taille procèdent de l'autorité qu'exercent sur les paysans la plupart des seigneurs *non nobles* qui habitent la campagne, les fermiers des terres seigneuriales et les officiers de justice des lieux, les menaçant des amendes et exécutions judiciaires que l'on ne multiplie que trop souvent sur ces pauvres malheureux. Les seigneurs non nobles ne paient pas la taille, ou sont moins imposés dans les rôles que les manouvriers, les Élus devront les imposer d'office. »

L'Intendant de Bourgogne, en 1680, avait imposé d'office, à Gemeaux, Jean Mochot, conseiller maître à la Cour des Comptes, en le déclarant roturier. Ce Jean Mochot était le père de Jean Mochot qui acheta la seigneurie de Gemeaux en 1682, et dont le fils Jacques, malgré l'opinion de l'Intendant, fut l'élu de la noblesse aux Etats de Bourgogne en 1709 (1).

Il est certain qu'il y avait des privilèges et des abus dans des répartitions faites par des gens sans aucun caractère officiel, il est certain aussi que les seigneurs et leurs officiers avaient une certaine influence sur les *asseurs*, il ne pouvait en être autrement, cela a été, cela est, cela sera toujours, malheureusement.

Si un citoyen trouvait sa cote trop élevée, il pouvait réclamer en s'adressant à la Chambre des Elus, mais les demandes aboutissaient rarement.

Le 24 mai 1749, les habitants de Gemeaux, assemblés sous les halles en la forme accoutumée, délèguent deux d'entre eux pour faire une démarche auprès de MM. les Elus, à l'effet d'obtenir décharge des impôts en raison d'une gelée complète de leurs vignes dans la nuit du 15 au 16 mai 1749.

En 1776, le roi avait envoyé 1300 livres, soit envi-

(1) Voir le chapitre : *les Seigneurs*.

ron 3000 fr. de notre monnaie, pour indemniser les habitants nécessiteux de Gemeaux *d'une grêle qui avait détruit les récoltes* (1).

J'ai dit qu'il était très difficile d'établir une comparaison entre les impôts d'autrefois et ceux d'aujourd'hui ; toutefois je constate qu'en 1789, lors de la réunion des Etats Généraux, la France comptait 27,190,000 habitants.

D'après le célèbre compte rendu de *Necker*, le montant des contributions imposées à ces 27 millions de Français était de 585 millions, et en y ajoutant les frais de perception de 683 millions, soit 24 fr. par tête, et en y comprenant certains droits féodaux, de 36 francs.

Aujourd'hui, d'après le compte définitif de 1889, les recettes ordinaires de l'Etat se sont élevées à 3 milliards 244 millions, ou avec le budget spécial des chemins de fer, à 4 milliards 61 millions, à répartir sur 31,219,000 habitants, ce qui donne 106 fr. par tête. Autrefois 36 fr., aujourd'hui 106 fr.

En admettant que l'argent ait trois fois moins de valeur (ce qui n'est pas, car en 1789, la valeur de l'argent était à peu près la même), le taux de l'impôt n'aurait pas changé, c'est, je crois, la vérité ; nous payons davantage, mais il est juste de dire que les gains et profits ont doublé.

(1) De nos jours on ne donne rien. Ainsi en 1890 pour une perte par la grêle de 20 pièces de vin, on a donné 2 fr. 50.

En résumé, répétons que les gouvernements, qu'ils s'appellent Royauté, Empire, ou République, font payer le plus qu'ils peuvent aux malheureux citoyens ; l'Etat est insatiable, véritable tonneau des Danaïdes, il prend beaucoup et donne le moins possible, à peine peut-il nous garantir contre les attentats visant nos personnes et nos propriétés.

Le soleil continue à faire mûrir les moissons dans les champs, qui ont changé de maîtres, le percepteur remplace le collecteur, le gouvernement du peuple remplace le gouvernement des rois, mais, il faut toujours payer. L'impôt de quotité, arbitraire et vexatoire, dont Turgot n'avait pas voulu, vient d'être rétabli sur les maisons, en attendant le reste.

Le fisc perçoit des impôts sur les quatre contributions, sur l'air que nous respirons, sur nos personnes, nos maisons, sur l'alcool, le sucre, le café, le tabac, les droits de succession, d'enregistrement, sur les chiens, les voitures, les billards, les vélocipèdes, les chevaux, les poids et mesures, les cercles, les cartes à jouer, les raisins secs, les prestations, les allumettes, la bougie, le pétrole, les quittances, les frais de justice, le timbre, etc. Nous ne pouvons pas respirer, boire, manger, nous marier, vivre, mourir, sans que la griffe de l'Etat nous étreigne.

Que fait-il donc de cet argent ?

C'est le Président de Brosses qui va répondre au nom du Parlement, dans les remontrances qu'il adressait au roi le 19 janvier 1761, et qui sont encore de circonstance.

« Tôt ou tard, Sire, le peuple apprendra que les débris de nos finances continuent d'être prodigués *en dons si souvent peu mérités, en pensions excessives et multipliées sur les mêmes têtes en place et en appointements inutiles.*

« Tôt ou tard il repoussera ces mains avides qui toujours s'ouvrent et ne se croient jamais pleines, ces gens insatiables qui ne semblent nés que pour tout prendre et ne rien avoir, gens sans pitié, comme sans pudeur. »

. . . .
. . . .

Etat des impôts et redevances féodales
et ecclésiastiques à Gemeaux en 1689.

Impôts royaux.	3680 livres	
Impôts communaux	500 »	
Intérêts des dettes communales.	400 »	
	4580 »	4580

Redevances féodales

Le seigneur de Gemeaux pour ses droits divers, banalité, clergie et autres.	2500	
A Reporter. .	2500	4580

Report.	2500	4580
Les seigneurs de Lux, pour la dîme d'Izeure	450	
Le curé de Gemeaux.	750	
Le curé de Tréchateau . . .	250	
Le seigneur de Tréchateau. .	50	
	4000	
Mais il faut déduire les cens et dîmes inféodés, qui n'étaient que des fermages perpétuels.	1000	
	3000	3000
Total.		7580

représentant environ 15,000 fr. de nos jours. Plus tard cette somme a augmenté, la moyenne était de 16,000 à 17,000 francs (1).

(1) Une livre en 1689 pouvait représenter 3 francs d'aujourd'hui, au XVIIIe siècle, elle ne représentait guère que deux francs, je prends donc une large moyenne en doublant les valeurs de la livre, du reste rien n'est plus incertain que ces calculs.

UNE VISITE A GEMEAUX
en 1666

Je vais donner ici la copie d'un procès-verbal dressé sous l'administration de l'Intendant Bouchu, en 1666, par ordre du roi, comme cela a eu lieu du reste dans toutes les autres paroisses du Duché de Bourgogne. Cette pièce authentique offre un grand intérêt, ainsi qu'on va en juger. La voici dans son entier.

« La paroisse se nomme Gemeaux, c'est un village composé de *trois cents* maisons.

« La maison seigneuriale est une maison basse, enfoncée dans un fort entouré de murailles qui sert de retraite aux habitants, et dans lequel est l'église qui a pour patronne Notre Dame.

« Il y a plusieurs fiefs, l'un le Pré du Clos (1), au marquis de Thil-Châtel ; un autre clos (2) de murailles au sieur de Nagu, marquis de Varennes, seigneur de Longecourt ; un autre en vignes et terres au sieur Folin, seigneur de Villecomte (3), et un autre

(1) Clos Tavanes.
(2) Clos Berbis.
(3) Fief près de la fontaine, maison Petitot-Joliet.

aussi en terres et vignes appartenant au sieur Gue-
nebaut (1).

« Il y a encore d'autres fiefs nommés Gratedos (2)
possédés par le sieur Millet, seigneur en partie de Marcilly, et par Gharpy, bailli d'Is-sur-Tille. Il y a une
métairie dépendante nommée Preignère appartenant
aux chanoines de Grancey qui est en ruines et dont
les terres sont amodiées cinq émines, les prés à part.
Le seigneur est Louis-Antoine Duprat, marquis de
Vitteaux, estimé riche à 30,000 livres (3). Les habitants ne se plaignent pas de lui.

« Gemeaux relève du roi. Le seigneur a la justice
haute, moyenne et basse.

« Le revenu de la seigneurie est de 1500 livres,
déduction faite de la redevance de trente émines moitié
froment et avoine, au Prieur de Larroy. Ce revenu
consiste en terres, cens, vignes, herbes de prés, fours
banaux et autres droits.

« Le clos du seigneur de Varennes est amodié 400
livres; le pré du Clos le même prix (4). Il y a sur la
montagne un moulin à vent.

« Le finage a une lieue de large, et plus de quatre
lieues de tour, y compris les bois du seigneur. Le

(1) Fief Humbert.
(2) Seigneurie de Preigney.
(3) On comptait toute la fortune du marquis de Vitteaux,
ce n'était pas à beaucoup près Gemeaux qui lui rapportait
cette somme, mais ses autres terres et fiefs.
(4) 400 livres pouvaient représenter environ 1.000 francs
de notre monnaie.

commerce consiste dans une grande quantité de vins.

« Il n'y a ni grands bois, ni taillis, mais seulement quelques garennes qui sont au seigneur.

« La plaine est fort étendue, il y croît le quart de froment, le quart de conceau, et autant d'orge et d'avoine.

« Il y a plus de vignes que de terres labourables, de très grand rapport, mais de gros vin.

« Il n'y a pas de prés, que ceux appartenant au seigneur de Thil-Châtel et quelque peu au seigneur de Cemeaux dont la soiture peut valoir 150 livres à cause de la rareté (1).

« Les bonnes terres valent 100 livres le journal, elles donnent 150 gerbes. Les médiocres valent 30 livres, elles donnent 50 gerbes, les mauvaises valent 20 livres et donnent 30 gerbes.

« Il y a 289 feux y compris 45 femmes (il faut, pour avoir le chiffre des habitants, diminuer les 45 femmes de 289 et multiplier par 5, ce qui donne 1220 habitants). La plupart sont pauvres, *mais les autres fort à l'aise.*

« En 1665, ils ont été imposés à 2247 livres d'impôts par les Elus, en outre ils s'imposent à 500 livres par an pour subvenir aux charges de la communauté.

« Leurs charges ordinaires sont l'entretien et la

(1) La livre au XVIIIᵉ siècle représentait environ de 2 à 3 francs de notre monnaie, ainsi 2.247 livres d'impôts auraient représenté 6.731 francs ou à peu près.

réparation de l'église entourée de murailles qui leur sert de fort, de la cure et maison du marguillier.

Budget des dépenses communales.

Réparation de l'église, cure, maison du marguillier . . . . 160 livres
Au sieur Charpy d'Is-sur-Tille pour avoir droit de passer le troupeau communal dans son pré. . . . . 12 »
Au chirurgien. . . . . 12 »
Aux Pères Capucins pour prédication. . 30 »
Entretien de l'horloge et des cloches. . 47 »
Au marguillier. . . . . 40 »
Au recteur d'école. . . . . 40 »
Entretien des fours. . . . . 30 »
Curages de fontaines. . . . . 30 »
Traitement de 6 messiers et 6 vigniers . 60 »
Aux sonneurs . . . . 15 »
Au greffier (secrétaire). . . . . . . 15 »
Entretien du taureau banal. . . . . 20 »

Total. . . . . 501 livres

« Les habitants ont 8000 livres de dettes. Ils ont pour communaux un paquier de trois à quatre soitures servant de pâturage pour les bestiaux; ils ont le droit de champoy dans la Petite Vesvre appartenant à plusieurs particuliers, qui les tiennent des précédents seigneurs, à titre de cens.

« Les sieurs Denis Gauthier, de Gemeaux, et François Guindey, de Lux, y possèdent par moitié cinq ouvrées qui doivent un cens à la fabrique de Gemeaux.

« Le revenu de la cure, toutes charges déduites, y compris la dîme, peut valoir 600 livres, l'abbé de Saint-Etienne en est le collateur. »

« Le curé fait son devoir.

« La dîme à Dieu appartient entièrement au curé, elle se lève sur les grains ensemencés, à raison de deux gerbes *par journal*, à condition que lorsqu'il y aura moins d'un journal en chaque pièce, les habitants ne devront qu'une gerbe, laquelle dîme peut valoir par commune année quinze à seize émines (environ 350 doubles-décalitres), un quart blé, un quart avoine, un quart conceau, un quart orge, elle peut valoir en argent 250 livres (environ 700 francs). Le froment vaut 25 sous la mesure, le conceau 20 sous, l'orge 12 sous, l'avoine 8 sous (ce qui porterait de nos jours le blé à 3 fr. 75; le conceau à 3 fr., l'orge à 1 fr. 80 et l'avoine à 1 fr. 20.

« Il y a à Gemeaux une ancienne dîme en grains appartenant au seigneur de Lux appelée dîme d'Izeure, qui se lève à la forme de la dîme à Dieu cy-dessus déclarée et qui peut rendre pareille quantité de grains, aussi par quart, estimée en argent 242 livres. Une autre dîme qui se lève de douze gerbes l'une, sur plusieurs terres du finage, et qui appartient aux seigneurs de Gemeaux et de Thil-Châtel, après néanmoins que celui de Gemeaux a prélevé sur la totalité douze boisseaux de grains par moitié blé et avoine, laquelle dîme peut aussi rendre deux ou trois émines par quart blé, conceau, avoine, orge. (Environ 70 doubles-décalitres).

« Il existe aussi une dîme sur *quelques cantons* de vignes, qui se lève à raison de onze pintes de vin par journal estimée en argent 49 livres. Une autre dîme de neuf gerbes l'une sur certains héritages, due au prieur de Thil-Châtel qui peut aussi rendre trois émines, plus quelques dîmes sur certaines vignes de quatre pintes par journal, qui peut valoir 50 livres.

« Il y a encore une autre dîme de vin qui appartient au curé de Gemeaux à l'exception du canton ci-dessus; elle se lève sur toutes les vignes et se prend au pressoir, à raison de 4 pintes par journal et peut rendre 12 queues de vin estimées en argent 50 livres la queue.

« Toute la dîme de grain peut être estimée 650 livres.

« Il y a dans l'étendue de la paroisse une chapelle dédiée à Saint-Michel que l'on appelle du même nom, située au milieu des vignes, et dont le revenu peut être de 150 livres, elle est possédée par le curé de Thil-Châtel qui n'y fait aucun service et qui est accusé d'avoir enlevé les matériaux pour les porter à Thil-Châtel et réparer sa maison. Il est homme de bien, de bonnes mœurs, valide, se porte très bien (1). »

Tel est le procès-verbal qui a été conservé et qui

(1) Archives de la Côte-d'Or.

nous donne des renseignements quasi officiels sur Gemeaux en 1666. On y trouve le prix du blé, du conceau, de l'orge et de l'avoine, du vin ; ces prix sont à peu de chose près les mêmes qu'aujourd'hui. Les terres n'avaient pas une bien grande valeur à cette époque. Un journal de pré ne coûtait que 150 livres ou 450 fr., les bonnes terres 100 livres ou 300 fr. le journal, cela tenait à ce que l'argent était plus rare et qu'il y avait peu d'acheteurs.

On y voit aussi qu'il y avait à Gemeaux 300 maisons, plus de 1200 habitants, plus de vignes que de terres labourables, que la plupart des paysans étaient pauvres, mais les autres fort à l'aise, sur ce point la situation s'est peu modifiée.

On y voit aussi quels impôts étaient dus à l'Etat, les sommes votées par la communauté pour son budget, sommes évidemment inférieures, et de beaucoup même, en y comprenant les droits féodaux, à ce que nous payons actuellement (1).

Enfin, on y voit que le pouvoir royal exerçait une surveillance particulière sur les seigneurs et le curé ; puisqu'on constate pour l'un que les habitants ne s'en plaignent pas, et pour l'autre qu'il fait son devoir.

(1) Voir le chapitre : *Les impôts.*

L'ÉCOLE

Dans un grand nombre d'anciennes provinces de France, notamment dans le Berry, l'Auvergne, la Marche, le Limousin et la Bretagne, l'instruction était complètement négligée. De vingt villages dans le Puy-de-Dôme, un seul possédait un maître. Il en était de même dans le Berry. En Bretagne même, en 1790, les communautés n'avaient pas de maîtres d'écoles, il n'y avait que des maîtres ambulants (1).

Les provinces les plus favorisées étaient : la Lorraine, la Champagne, la Normandie, la Franche-Comté. En Bourgogne, il y avait des écoles dans la majorité des communes rurales, et le clergé, loin d'être hostile, comme on l'a dit, au développement de l'instruction, insistait dans des circulaires pour que les curés aient à veiller à ce que les communautés ne restent pas sans recteurs d'écoles, et qu'à leur défaut ils chargent un citoyen instruit de les remplacer (2).

(1) Albert Babeau, *l'École.*
(2) Ordonnance de l'évêque Jean Bouhier, 1744.

Sous Louis XV, une ordonnance enjoignait aux procureurs fiscaux de signaler à l'Intendant les parents qui n'envoyaient pas leurs enfants à l'école, afin de les faire poursuivre pour les y contraindre.

Aux xii⁰ et xiii⁰ siècles, l'instruction était entre les mains du clergé, par une bonne raison, c'est que ses membres seuls étant instruits, seuls ils pouvaient enseigner (1).

A partir du xvi⁰ siècle, l'Etat comprit qu'il avait intérêt à seconder le clergé, peut-être même à le remplacer, et il commença à s'occuper de réglementer l'instruction, mais bien imparfaitement ; ce n'est que sous Louis XIV que le pouvoir s'en occupa sérieusement. A Gemeaux il y avait déjà un recteur d'école en 1614, il se nommait Arbois ; je ne pense pas qu'il ait été le premier, car, bien avant cette époque, ainsi que le constatent les minutes des notaires de la localité, beaucoup d'habitants signaient très couramment leurs noms, ce qui prouve qu'ils savaient lire et écrire. J'ai été étonné, et agréablement surpris de voir qu'à la suite des contrats de mariage, presque tous les parents et amis signaient aussi facilement qu'aujourd'hui.

En 1614, au contrat de mariage d'Etienne Gauthier

_____

(1) M. Paul Boiteau, qui n'est cependant pas tendre pour l'Ancien Régime, dit : « avant l'expulsion des jésuites sous Louis XV, on donnait l'instruction gratuitement dans 612 collèges tenus par eux et les Oratoriens, Bénédictins, Minimes, etc. (*Etat de la France avant* 1789, page 488, 1889).

avec Jeanne Gauthier, on voit vingt-huit signatures ; dans un autre à la même époque, entre Odot Sordoillet et Louise Pitolet, on trouve vingt-quatre signatures. Il en était de même dans les délibérations des assemblées des habitants, et d'après un calcul fait par moi à vue de pièces comparées et probantes, j'estime qu'à Gemeaux, vers 1700, plus de la moitié des habitants savaient lire et écrire.

À cette époque, et longtemps après, les filles et garçons étaient instruits ensemble ; on avait bien cherché à remédier à cet inconvénient, mais les ressources manquaient et ce n'est qu'en 1830 que les villages les plus importants eurent à peu près tous deux écoles.

En 1692, la maison d'école à Gemeaux se trouvait située près du nouveau château. On lit dans l'acte de vente de la seigneurie en 1711 : « La maison dite aujourd'hui le château tient d'un côté à la fontaine de Gemelot, de l'autre à la maison d'école, d'un autre encore au pré du Clos. »

Le recteur d'école en 1670 est Claude Vaucher ; en 1685, Cinqfonds ; en 1692 c'est Vincent Ballan ; en 1743, Augustin Degré ; en 1755, Strophe.

On sait que les maîtres d'écoles étaient nommés par les habitants réunis en assemblée générale. Un conflit assez sérieux éclata à Gemeaux entre le seigneur et ceux qu'il appelait encore ses sujets, à l'occasion du remplacement de Strophe, dont le bail avait pris fin.

J'ai raconté assez longuement cet incident dans un modeste travail que la *Société bourguignonne de géographie et d'histoire a bien voulu publier* ; je crois néanmoins utile de le résumer ici, pour montrer comment on procédait alors à la nomination d'un recteur d'école, et pour faire voir aussi que l'autorité seigneuriale allait chaque jour s'affaiblissant, et que les paysans entraient ouvertement en lutte avec elle.

En 1755, la communauté de Gemeaux voyait arriver le moment où le bail consenti par elle à son recteur d'école, Joseph Strophe, allait prendre fin. Contracté en 1750 pour cinq années, sauf renouvellement, il expirait le 31 décembre 1755.

Les échevins, désirant consulter les habitants sur l'opportunité du maintien ou du remplacement de Strophe, adressent requête à M. l'intendant de Bourgogne et Bresse, Joly de Fleury, afin d'être autorisés à s'assembler pour en délibérer. L'autorisation accordée, les habitants sont convoqués le 12 octobre, après vêpres, au son de la cloche, sous la vieille halle qui existe encore et ils décident, à une grande majorité, que Strophe sera remercié.

On charge le curé-prieur, Jean Arnoult, de traiter provisoirement avec un autre recteur.

Mais le seigneur honorait Joseph Strophe de sa bienveillance, et l'avait assuré de sa protection ; aussi, en apprenant son renvoi, forme-t-il opposition entre les mains de l'intendant à la délibération des habitants, et assigne-t-il les échevins à comparaître devant sa justice pour la faire annuler.

Dans un mémoire signé par Mes Ranfer et Béruchot, avocats, il prétend qu'il est haut justicier, que les hommes de Gemeaux sont gens de POÉTÉ, et ne peuvent s'assembler sans sa licence ou permission ; que telle est la coutume de Bourgogne, et que ce droit est inscrit dans son terrier. Il ne méconnaît pas, dit-il, les prérogatives de M. l'intendant, mais dans les affaires de ses habitants, il est le seul maître de les autoriser ou non à se réunir.

La communauté était décidée à résister énergiquement aux prétentions du seigneur ; c'était pour elle une question vitale, et comme aujourd'hui elle ne pouvait plaider sans autorisation. Elle la sollicita donc de M. l'intendant qui, après examen, trouva la prétention du seigneur tellement exorbitante, qu'avant d'en décider, il crut devoir en référer au contrôleur-général des finances, pour le prier de faire évoquer l'affaire par le roi lui-même en son conseil.

Dans sa requête il dit :

« La prétention du seigneur m'a paru tellement singulière et si contraire aux règles ordinaires, qu'avant d'accorder la permission de plaider, j'ai cru devoir vous en rendre compte.

« M. de Gemeaux se rend opposant à une délibération prise par la communauté relativement au choix d'un maître d'école, sous le seul prétexte que cette assemblée a été tenue hors la présence de ses officiers, et il déclare qu'il s'oppose à ce que les échevins et habitants fassent convoquer dans l'avenir aucune assemblée sans son autorité et licence. Cette prétention serait fondée sur son terrier.

« Malgré l'énonciation de ce terrier, j'ai peine à croire qu'une prétention aussi contraire à la liberté de la communauté, à la disposition des ordonnances qui défendent aux seigneurs de se mêler des affaires des communautés, et surtout des impositions, pût réussir. Je crois même que si elle était adoptée, l'arrêt pourrait être détruit par la voie de la cassation ; mais ce serait engager la commune dans des frais considérables, elle serait obligée de subir trois degrés de juridiction, et pendant la durée de ce procès, cette communauté se trouverait exposée au caprice et à la vexation des officiers du seigneur ; enfin, on peut craindre que les habitants, rebutés de faire l'avance des frais, ne prennent le parti d'abandonner les poursuites, et je crois qu'un pareil exemple serait d'une conséquence dangereuse, etc. »

Le pouvoir royal n'avait garde de manquer une si bonne occasion d'affirmer l'autorité de ses intendants : aussi, comme on le verra plus loin, le roi évoqua l'affaire.

Pendant ces lenteurs de procédure, les habitants ne perdaient pas de vue la nomination d'un nouveau maître, et ils sollicitaient encore de M. l'intendant la permission de se réunir pour le choisir. L'intendant répond le 25 novembre, et, vu la gravité des circonstances, il délègue, pour présider l'assemblée, M. Pierre Chauvot, notaire royal à Gemeaux, avec injonction de dresser procès-verbal de la décision prise.

Les échevins convoquent les habitants en la forme accoutumée, pour le 14 décembre, et au jour dit on se réunit sous la halle.

Le président, par mesure de prudence, met de nouveau aux voix la question de maintien ou de remplacement de Strophe, et, dans la seconde alternative, le choix du sieur Nicolas Lejeune, natif d'Echalot, ci-devant recteur d'école à Chanceaux.

Le curé Arnoult fait connaître les conditions provisoires arrêtées avec Lejeune, et qui sont les suivantes :

Le recteur d'école s'oblige à tenir exactement la classe pendant toute l'année, à l'exception du temps des vendanges jusqu'après les vins faits, et l'après-midi du jeudi, savoir, l'été de six heures du matin à dix heures, et dans l'après-midi, de 1 heure à 5 heures. En hiver de 8 heures à 11 heures 1/2, et de 1 heure du soir à 4 heures 1/2.

Il s'engage à enseigner exactement tous les enfants qui lui seront adressés, moyennant 4 sous pour les commençants, 5 sous pour ceux qui sauront déjà un peu lire et écrire, 6 sous pour ceux qui liront dans les écritures à la main, écriront et chiffreront, sans pouvoir exiger une plus grande rétribution.

Il s'engage en outre à faire aussi exactement que possible le catéchisme aux enfants qui seront envoyés à l'école au moins trois fois par semaine, et tous les jours pendant le carême, jusqu'à ce que ceux qui sont destinés à la première communion y soient admis.

Il s'engage à assister M. le curé à l'église dans toutes ses fonctions, moyennant les droits et rétributions accordés par les règlements et statuts du diocèse, et l'usage des lieux ; de faire porter l'eau bénite chez tous les habitants, sans exception, chaque dimanche de l'année après la messe ; au moyen de quoi ledit Lejeune demande qu'il lui soit payé 5 sous par chaque habitant pour le droit d'eau bénite, et qu'il lui soit permis de faire chaque année une quête de vin au moment de la vendange chez les habitants ayant vigne, mais à leur volonté, et qu'il soit payé 8 sous par ceux qui n'ont pas de vignes, au lieu de dix payés à Strophe.

Il devait jouir de la maison rectorale en bon père de famille, et l'entretenir de réparations locatives.

Il devait être exempt de taille, capitation et impositions de la commune.

En outre, Lejeune s'engageait à sonner chaque jour une des petites cloches de l'église, pour avertir les enfants de l'ouverture des classes.

Après lecture faite de ces conditions par le notaire présidant l'assemblée, celui-ci met aux voix le remplacement de Strophe par Lejeune, ce qui est voté par 113 voix contre 12.

Le procès-verbal est signé par le notaire Chauvot,

le curé Arnoult, les échevins Juret et Fousset ; il contient les noms de tous les votants ; sur 125, 50 ont déclaré ne savoir signer ; parmi eux se trouvait Philibert Bouchard, un des échevins.

L'intendant ratifie le choix des habitants et M. l'évêque Marc-Antoine d'Apchon, après avoir fait interroger Lejeune par son promoteur, envoie son approbation, le 16 décembre 1755. Nouvelle opposition est formée par M. Loppin de Gemeaux et par Strophe, à la décision prise. M. Loppin de Montmort, président au Parlement, frère de Charles-Catherine, intervient dans l'affaire et écrit à M. l'intendant :

« J'ai déjà eu l'honneur de vous faire part de toutes les menées qu'on a pratiquées, pour expulser le recteur d'école de Gemeaux, à qui on n'a d'autre reproche à faire que celui d'être bien venu du seigneur ; vous avez commis M. le notaire Chauvot pour tenir l'assemblée à ce sujet ; mais personne n'était plus récusable que ce notaire pour une pareille fonction ; il est la partie secrète contre ce maître d'école, et pour être maître des suffrages de la communauté, il a pris la collecte de la taille à un denier par livre, chose extraordinaire et qui ne s'était jamais vue ; il est d'ailleurs le beau-frère du curé, et tous deux, pour se venger de ce que mon frère lui a ôté la place de procureur fiscal, il n'y a sorte de moyens qu'ils n'emploient pour le contrecarrer, et faire tomber leur ressentiment sur ceux qu'il protège.

« Je vous serais sensiblement obligé de faire droit

promptement à la requête de mon frère, pour empêcher le mal qui s'ensuivrait si les factieux avaient le dessus. »

L'intendant qui, dans ce conflit, a agi avec autant de tact que d'impartialité, répond :

« J'ai reçu la lettre que vous m'avez fait l'honneur de m'adresser au nom de Monsieur votre frère, qui s'est rendu opposant à mon ordonnance.

« Je vous assure, Monsieur, que je ne comprends pas quel intérêt Monsieur votre frère peut prendre à cette contestation.

« La nomination d'un recteur d'école ne concerne pas les seigneurs, les ordonnances du roi ne leur donnent aucun droit à cet égard, et même elles leur défendent de se mêler des affaires des communautés (1). Je ne pourrais donc pas admettre l'opposition sans y contrevenir. »

Strophe n'a quitté ni le village, ni la maison rectorale; fort de l'appui du seigneur, il persiste à dire qu'il a été remercié illégalement, et qu'il se considère toujours comme seul recteur et chantre, et qu'à l'occasion il le fera bien voir.

Lejeune devait entrer en fonctions le 1ᵉʳ janvier; aussi s'était-il rendu de bonne heure à la messe, et installé fièrement au lutrin. L'office allait commencer, il se préparait à chanter, lorsque tout à coup

_____

(1) On voit que cette prétendue puissance des seigneurs était peu de chose.

Strophe fait irruption dans l'église et se place devant son rival en le menaçant du regard. Les deux champions se fixent un instant et commencent à s'injurier à la façon des héros d'Homère, puis en viennent aux mains. De là un scandale dont procès-verbal est dressé et envoyé à M. l'intendant, auquel de son côté M. de Gemeaux écrit de nouveau le 2 janvier 1756.

Il prétend que ses droits sont indiscutables ; que si les habitants les méconnaissent, c'est la faute du notaire et du curé, qui persistent à le braver et à ameuter la population contre lui. Ils ont su, dit-il, mettre avec eux le subdélégué d'Is-sur-Tille, M. Louis Charpy.

Ils ont installé, dit-il encore, le nouveau recteur dans un cabaret qui sert d'école, et ils obligent les enfants à s'y rendre ; puis il ajoute qu'il est cruel pour un seigneur, homme doux et tranquille, qui ne cherche qu'à faire du bien, de se voir ainsi molester par un notaire et un curé de village. Il termine en disant :

« J'attends, Monsieur, de votre autorité et de votre justice, de mettre un frein à toutes ces divisions ; et la satisfaction qui m'est due, j'ose vous la demander instamment, avec toute la confiance que m'inspirent les bonnes raisons que je vous ai présentées, confiance qu'augmente encore l'honneur que j'ai de vous appartenir (1), qui m'a fait sentir plus vivement, que de

____

(1) M. Loppin de Gemeaux était allié aux Joly de Fleury.

tels gens soient assez hardis pour me braver et pour
dire que vous les soutiendrez. »

L'intendant tient bon et répond :

« Je n'ai rien à ajouter à ce que j'ai eu l'honneur
de vous mander, ainsi qu'à Monsieur votre frère au
sujet du maître d'école de Gemeaux. Je persiste à penser que cette affaire ne vous concerne pas, et que l'on
ne peut forcer une communauté sur le choix d'un
maître d'école *qu'elle paie, et aux appointements
duquel le seigneur ne contribue pas.* Je vous dirai
que depuis six ans que je suis intendant, je n'ai jamais
vu aucun seigneur se mêler de pareille affaire. »

Strophe ne quittant toujours pas la maison rectorale, l'intendant était décidé à le faire expulser par
la force ; mais avant d'en venir là, il fit écrire aux
échevins de tenter une conciliation, d'aller voir le
seigneur et de lui demander d'intervenir lui-même
pour faire cesser ce conflit ; en même temps il écrivait
à M. de Gemeaux ;

« J'espère que les deux lettres que j'ai eu l'honneur
de vous écrire vous détermineront à engager ce particulier à se retirer, sans me mettre dans la nécessité
de l'y contraindre.

« J'écris au procureur des habitants de dire de ma
part à leurs échevins d'aller vous supplier et de vous
donner cette preuve de leur respect et de leur défé-
rence. »

Les trois échevins, Claude Juret, Jean Fousset et
Philibert Bouchard, déférant au désir de l'intendant,

se rendirent au château le 17 janvier 1756, à l'issue de la messe ; ils furent reçus par M. de Gemeaux, qui les écouta avec bienveillance et leur répondit, en homme d'esprit, qu'il considérait leur démarche comme une reconnaissance de ses droits. Il leur promit de voir Strophe et de l'engager à partir. Celui-ci, se voyant abandonné même de son protecteur, quitta en effet le pays.

Il était temps que le conflit prît fin, car par son édit de janvier 1756, le roi, faisant droit à la requête de M. l'intendant, évoquait l'affaire en son conseil, retenait la demande formée par le sieur Loppin contre la communauté de Gemeaux, ensemble toutes autres nées ou à naître avec cette communauté pour raison des assemblées, reddition de comptes et autres droits prétendus par le seigneur et ses officiers, et renvoyait les parties devant l'intendant, pour être par lui pourvu ainsi qu'il appartiendrait, sauf appel au Conseil.

Cette affaire se termina donc à la satisfaction de tous les intéressés, et les habitants n'en gardèrent pas rancune à leur seigneur, car il ne fut nullement inquiété pendant la Révolution, et mourut paisiblement en son château de Gemeaux, à l'âge de 91 ans, le 25 octobre 1805.

A la suite de cet incident on inséra dans les baux, notamment dans celui passé avec Antoine Barabant, en 1773, cette phrase : « Sous le bon vouloir et le plaisir de M. Loppin de Gemeaux et de M. le curé prieur Arnoult. »

Dans le traité intervenu entre les habitants et Barabant, il avait été stipulé que chaque habitant, chef de famille, lui donnerait 15 sous plus la quête de vin ; l'intendant refusa d'approuver la délibération et invita les habitants à voter une somme fixe, ceux-ci votèrent 150 livres.

Avant la Révolution, la surveillance de l'école appartenait au curé ; lui seul en effet dans la commune avait une instruction suffisante pour l'exercer, puis c'était dans les mœurs du temps. L'Eglise, à la veille de 1789, avait encore une grande influence dans les campagnes, c'est elle qui avait, pendant de longs siècles, conservé la direction des écoles, et par là marqué son empreinte dans l'âme et le cœur des générations.

La Révolution voulut s'emparer de l'instruction primaire, pour lui substituer des doctrines philosophico-politiques qui n'avaient rien à voir dans l'étude de l'alphabet, des quatre règles et du catéchisme. Elle dépassa le but, devint intolérante et antichrétienne, sans profit pour personne. L'état se substitua complètement au père de famille, et aujourd'hui nous en sommes encore là au nom de la liberté ; les habitants n'ont pas même voix consultative dans le choix de l'homme qui doit s'emparer des premières impressions de leurs enfants.

En 1755 il en était autrement. L'intendant disait :

« On ne peut forcer une communauté sur le choix d'un maître d'école qu'elle paie ! ! »

Elle paie encore aujourd'hui, la commune, le pouvoir estime que c'est assez. Sous un régime basé sur la triple prépondérance de l'autorité royale, de l'autorité ecclésiastique, de l'autorité seigneuriale, les habitants des villages avaient plus de liberté pour le choix des maîtres de leurs enfants qu'ils n'en possèdent aujourd'hui, sous une démocratie basée sur l'égalité des citoyens et sur le système représentatif.

L'enseignement primaire était autrefois, et de beaucoup, inférieur à celui d'aujourd'hui ; les maîtres n'avaient pas d'écoles normales préparatoires, on ne leur délivrait pas de diplômes, ils passaient seulement devant le délégué de l'évêque un examen sommaire avant d'entrer en fonctions ; on se montrait, et pour cause, peu exigeant, mais si de grands progrès restaient à faire, de grands efforts avaient été tentés, chaque pouvoir dans sa sphère cherchait à y contribuer ; les pères de famille, pressentant les résultats de l'instruction, n'hésitaient pas à s'imposer de plus lourds sacrifices, et comprenaient aussi bien qu'aujourd'hui leurs devoirs de pères et citoyens, quand ils assuraient à leurs enfants les bienfaits de l'instruction. « Où avaient-ils puisé ces sentiments généreux, sinon dans ces assemblées de paroisse où, sous les arbres séculaires, au sortir de l'église, ils délibéraient et agissaient en commun, sous la triple inspiration de la patrie, de la religion et de la famille, qui étaient inséparables dans leur esprit et dans leurs cœurs (1). »

(1) Albert Babeau, *l'École.*

Noms de quelques recteurs d'école et instituteurs :

1614. Arbois.
1670. Claude Vaucher.
1683. Cinqfonds.
1692. Vincent Ballant.
1740. De Bienville.
1743. Aug. Degré.
1750. Strophe.
1756. Lejeune.
1792. Séjournant.
1793. Deschamps.
1794. Delangue.
1816. Thomas Sebille.

1820 à 1856. Pierre Carrière, né à Chaignay, mort à Dijon, enterré à Véronnes-les-Grandes. L'auteur de cet ouvrage l'a eu pour maître et a conservé de lui le meilleur souvenir.

1856. Paul Gagnerot,

1860 à 1870. Lecrivain.

1871. Darcy, puis Tortochot, Berille et enfin M. Mariller, instituteur actuel, 1892.

LE SERVICE MILTAIRE

Aux xii° et xiii° siècles, lors de l'établissement définitif du régime féodal, les hauts barons devaient, avec
leurs vassaux et leurs hommes, se rendre à l'appel du
suzerain ; c'est ce qu'on appelait l'host et la chevau-
chée ; le service militaire était alors, mais beaucoup
moins qu'aujourd'hui, une lourde charge pour le seigneur et le paysan, heureusement il était restreint
pour ce dernier.

Il fut réglementé par les chartes d'affranchissement qui accordaient à certaines communes le droit de
remplacement ; en campagne le seigneur se chargeait
de la nourriture de ses hommes dont le service était
limité, quelquefois même à un seul jour, en tout cas
on ne pouvait les faire sortir du duché.

A Véronnes, il n'y avait pas eu de restriction ap-
portée au service militaire par la charte de 1294,
cependant elle admet le remplacement, car on y lit :

« Et qui n'irait ou *envoierait* paierait dex sols
d'amende. »

Il en était de même à Saulx-le-Duc.

« Quant à la grande guerre ou aux expéditions au

dehors, les Ducs, aussitôt qu'ils le purent, préférèrent à ces levées d'hommes aussi mal armés qu'indisciplinés, des aides en argent qui leur permettaient de soudoyer de véritables gens de guerre (1). » Ce qui n'empêchait pas les habitants des villages et des villes de garder leurs châteaux et remparts et même de les défendre au besoin.

C'est sous Charles VII que commença l'organisation des armées permanentes, la féodalité militaire allait disparaître avec l'invention des armes à feu.

Les milices communales n'étaient alors que *de la piétaille*, elles ne comptaient pas dans le dénombrement d'une compagnie. Cette piétaille méprisée, comme aussi du reste les archers et arbalétriers, par les hauts barons, devint un jour cette brillante infanterie française qui, à Rocroi, enfonça les carrés espagnols.

Sous Louis XIII et Louis XIV, on convoquait le ban et l'arrière-ban de la noblesse toutes les fois que cela était nécessaire, on lui adjoignait encore des enrôlés et des étrangers.

On finit par renoncer à ce mode de procéder et on régularisa l'établissement des milices; mais ces milices n'étaient pas l'armée active, elles correspondaient à notre réserve, sous le nom de Régiments provinciaux. Le nombre des hommes qu'elles absorbaient

____

(1) Joseph Garnier, *le Service militaire au moyen âge.*

13.

était très peu considérable, peut-être 10,000 hommes au plus par an pour toute la France.

Chaque paroisse devait fournir un milicien, et encore les petites communes étaient souvent exemptes de cette servitude ; on le prenait depuis l'âge de 20 ans jusqu'à 40.

Ce milicien était désigné par les habitants réunis en assemblée ; on doit penser combien un tel choix était délicat à faire, que de haines il devait susciter ; heureusement qu'il se trouvait souvent un homme de bonne volonté qui, en se présentant, mettait fin aux hésitations des votants. Ce mode de recrutement ne dura pas et il fut décidé qu'on procéderait par voie de tirage au sort.

En 1701, par ordre de Sa Majesté et de MM. les Elus de Bourgogne, la communauté de Gemeaux dut fournir un milicien. Un jeune homme traite avec la commune qui lui donnera neuf livres de supplément de solde ; jusqu'à son départ il mangera à tour de rôle chez les habitants, ceux qui ne l'auront pas nourri lui donneront cinq sols. L'engagement était de deux ans.

Lorsque les communautés ne trouvaient pas un homme de bonne volonté, on tirait au sort. Le jour fixé personne ne se présentait, tous les jeunes gens se sauvaient, l'Intendant en désignait un d'office que la communauté rachetait le plus souvent.

Le métier des armes, on le voit, inspirait aux paysans une véritable terreur ; les jeunes gens se cachaient dans les bois pour ne pas rejoindre leurs corps, les villes se rachetaient du tirage au sort, les paroisses s'imposaient pour fournir à l'état le nombre d'hommes demandé, on exemptait ainsi les habitants du village (1).

Il y avait déjà à cette époque beaucoup d'enrôlés volontaires, on les a vus, au moment de la Révolution, faire une fortune rapide.

En résumé, sauf la noblesse qui, par elle et ses vassaux, devait le service militaire à tout appel du suzerain, le peuple ne supporta pas, sauf quelques rares exceptions, de service militaire jusqu'à Louis XIV.

Les milices communales commençaient alors à paraître, mais ce n'est que sous Louis XV qu'on procéda régulièrement par voie de tirage au sort.

Il est à dire cependant que le peuple supportait, sous l'ancien régime, une charge militaire plus terrible que le service personnel, c'était le logement des gens de guerre (2) ; comme il n'y avait pas de casernes dans les villes, le soldat logeait chez l'habitant où il agissait souvent en maître ; ainsi, le 10 janvier

(1) Dans la subdélégation de Troyes sur 1378 hommes ayant tiré au sort, on en prenait 70. (Albert Babeau, *les Milices provinciales.*)

(2) On lit dans *le Bailliage de Dijon après la bataille de Rocroi*, par Rossignol, en 1643 : Gemeaux eut à souffrir durant deux quartiers d'hiver du logement des régiments de Marsin, de Vaudy, la compagnie de La Villette, et encore le régiment de cavalerie de Gassin dont les habitants supportèrent seuls les dépenses.

1696, le recteur d'école de Gemeaux, nommé Cinqfonds, présente une requête à Mgr Ferrand, intendant
de Bourgogne, dans laquelle il se plaint de ce qu'un
dragon du régiment de M. de Massol, en garnison à
Gemeaux, l'a rossé, battu et frappé de son épée, et a
traité sa femme de p..., s..., v..., a juré le nom de
Dieu, mort-Dieu, sang-Dieu, parce que ledit Cinqfonds
avait donné asile à deux jeunes filles que ce dragon
poursuivait. Il ajoutait qu'il s'était plaint aux officiers
qui avaient répondu que cela ne les regardait pas.

L'Intendant appointe la requête et commet le subdélégué d'Is-sur-Tille pour suivre l'affaire.

On peut donc dire que, sous l'ancien régime, les
charges militaires n'écrasaient pas les citoyens; toutefois, à Gemeaux, jusqu'au xviiie siècle, il y avait un
service militaire organisé entre les habitants pour la
garde du fort, puisqu'on a vu qu'il existait un capitaine, un lieutenant, des enseignes, sergents, caporaux et un tambour.

En 1701, lorsque l'on demanda la suppression, des
milices, un orateur s'écria : « Cette institution, pro-
duite par un gouvernement arbitraire, doit disparaître; cet arrêt du sort qui arrachait le citoyen à ses
foyers, à sa famille, à ses travaux, était la désola-
tion des campagnes, etc., etc. »

Parle, brave homme, parle, et attends la levée en
masse et les guerres de l'empire, et tu pourras alors
achever ta pensée, et tes successeurs crier aussi : *plus
d'armées permanentes !*

J'ai sous les yeux un annuaire militaire de 1785 ; on n'y voit figurer, pour la Bourgogne, qu'un bataillon de garnison seulement, commandé par M. de Jabrot, lieutenant-colonel.

Voici la composition de l'armée royale, non compris les milices ou troupes provinciales (1785) :

24 compagnies du roi,
107 régiments d'infanterie,
62 régiments de cavalerie.

Puis pour la défense des montagnes :

1 bataillon chasseurs des Alpes,
1 — — des Vosges,
1 — — des Ardennes,
1 — — du Gévaudan,
1 — — des Pyrénées,
1 — — des Cévennes,

plus les corps du génie et de l'artillerie. On y trouve, dans le Génie, M. Lazare Carnot, capitaine, et Carnot de Feulins, son cousin, lieutenant.

Le chiffre total de l'armée, avant 1789, ne dépassait pas 200.000 hommes sur le pied de guerre. Ces petites armées décidaient aussi bien du sort d'une nation que ces masses énormes que l'Europe entretient à grands frais aujourd'hui, car l'effectif s'en monte à seize millions de combattants ; c'est encore là une supériorité et un progrès incontestables sur le passé.

Après la suppression de la milice et du tirage au sort, le gouvernement, pour se procurer des soldats, fit appel, en 1791, au bon vouloir des citoyens et demanda des volontaires. Il ne faut pas croire que tous les jeunes gens répondirent à cet appel, ce fut l'exception.

A Gemeaux, il n'y en eut que trois à ma connaissance : ce furent les trois frères Chauvot, Claude-François, Simon-Jérôme, et Honoré. Le premier devint commissaire des Guerres, j'en parlerai plus loin ; le second fut tué en duel à Corfou, en 1811 ; le troisième se retira pour cause de santé après la bataille de Marengo ; il était lieutenant.

Il n'y eut pas un seul volontaire à Pichanges, à Spoix, à Lux ; Tarsul en fournit huit ; Selongey, Lamargelle, Fontaine-Française, Blagny, Montigny, un certain nombre ; dans tout le district d'Is-sur-Tille, qui comprenait douze cantons : Gemeaux, Beaumont, Mirebeau, Bèze, Fontaine-Française, Grancey, Is-sur-Tille, Lamargelle, Salives, Saint-Seine, Saulx-le-Duc, et Selongey, il y en eut vingt-cinq. C'était peu (1) !

L'enthousiasme était si maigre que le Procureur général syndic du département de la Côte-d'Or écrivait, le 6 décembre 1791, au Procureur syndic d'Is-sur-Tille :

(1) On me signale encore à Gemeaux, en 1792, François et Jean-Baptiste Gaspard, l'un fut tué à Aix-la-Chapelle, Jean-Baptiste rentra en 1807 dans ses foyers avec le grade d'officier. Je n'ai trouvé aucun document sur les engagements de 1792.

« Vous me prévenez par votre lettre du 28 novembre
du peu d'empressement que les jeunes citoyens de
votre district ont à faire leur engagement pour servir
d'auxiliaires et que vous n'en avez encore que vingt-
cinq, etc. »

On croit généralement le contraire. On croit aussi
que ce sont les volontaires qui ont repoussé l'étranger ;
ce sont de pures légendes dont l'histoire fait chaque
jour justice. Il faut lire l'intéressant ouvrage de M. C.
Rousset pour se bien rendre compte de la valeur de
ces troupes, qui ont revécu en 1870 dans les francs-
tireurs.

Victor Fournel, dans sa biographie du patriote *Pal-
loy*, s'exprime ainsi :

« A Chalon, le désordre était prodigieux ; des volontaires avaient coupé le cou à un prétendu espion ;
d'autres avaient massacré leur lieutenant-colonel. Les
volontaires imposent leur bon plaisir, ils n'acceptent
pas les campements qu'on leur indique dans un village, ils veulent loger en ville, tous disent qu'ils sont
mal conduits et que le général les trahit.

« Turbulents, indisciplinés, exigeants, ces mauvais
soldats ne veulent pas de riz, pas de pain de munition,
réclament du pain blanc et une haute paie ; ils crient
sans cesse à la trahison et pétitionnent contre leurs
officiers. »

Il est impossible, écrivait le général Dumouriez
dans son rapport du 7 octobre 1791, d'entreprendre
quelque chose avec de pareilles troupes qui méprisent

les lois et qui sont *volontaires* dans « toute l'étendue du mot ». Et tous les rapports des généraux sont dans le même esprit.

Lorsque les volontaires furent encadrés dans la vieille et solide armée royale, lorsque leurs officiers ne furent plus nommés à l'élection, ils devinrent, sous la conduite de Bonaparte, les vainqueurs de Rivoli et de Marengo.

L'un d'eux qui habitait Dijon, mais possédait des intérêts à Gemeaux, qui avait cependant reçu une instruction soignée, écrivait à sa mère des lettres que je possède, et qui sont bien dans la note indiquée par MM. V. Fournel et C. Rousset ; il était sergent-major élu.

En voici quelques extraits :

1re LETTRE

1791.

« Je serai toujours fidèle à mes serments et Dijon me verra toujours digne de lui ; nous apprendrons à la France entière que nous sommes dignes de la Révolution et que nous saurons plutôt mourir . . . . . »

2e LETTRE

Reims, 1791.

« Il y a eu ici une émeute, je vous dirai que ce sont des prêtres réfractaires qui ont excité tout ce tumulte ; nous les avons délivrés des mains de 12,000 ouvriers. Je me suis trouvé entouré avec 20 de mes camarades par plus de 2000 ouvriers armés de bâtons et de pelles, en voulant sauver deux de ces scélérats de prêtres, qui auraient dû être sacrifiés, si je n'avais pas eu plus de cœur qu'eux. »

3ᵉ LETTRE

1791.

« Je ne comprends pas que l'on m'ait refusé un certificat comme à mes camarades, je me plains à la Convention nationale, ma lettre est partie, du reste je vais me faire remplacer. »

4ᵉ LETTRE

Reims, 20 janvier 1792.

« Jeudi 12 de ce mois, M. de La Fayette, notre général, nous passe en revue. Comme notre bataillon est un des plus instruits et que nous manœuvrons aussi bien que les troupes de ligne, nous allons en sa présence faire une petite guerre, et s'il est content, nous lui demanderons à être les premiers au feu pour venger notre patrie en nous couvrant de gloire ; car nous sommes bien décidés à vaincre ou à mourir et vous verrez votre fils vainqueur ou il perdra la vie, mort qui sera bien douce et bien glorieuse.

« Puissent mes sœurs avoir des enfants dignes de la liberté française, c'est pour eux que je vais me sacrifier ; dites-leur de m'envoyer 200 livres car elles vont bientôt hériter de moi. »

5° LETTRE

1793.

« J'avais obtenu un congé de mon colonel et je suis parti pour vous voir (1). Arrivé à Givet je suis arrêté et conduit chez le général Tourville, qui donne ordre de me conduire en prison ; je lui adresse la parole, il refuse de m'entendre, je fais de nouvelles instances et veux lui lire *la loi*, il me répond que la loi c'est sa volonté. Il donne l'ordre de me désarmer, il a bien fait, car je lui aurais fait voir qu'un citoyen français et un soldat de la liberté ne se laissent pas traiter ainsi, mais désarmé, il a eu beau jeu, il a fallu céder à la force ! Hélas ! au lieu de prison je suis dans un cachot sans avoir à manger. Un sergent de garde m'a dit : si vous voulez manger écrivez au général ; hélas ! la faim me fit avilir au point de le faire. Je lui ai écrit comme à un citoyen, pas de réponse, il faut donc lui écrire comme à un despote, la faim m'a fait ramper, mais je me vengerai par sa mort, en attendant je suis au cachot, bien mouillé et affamé.

« On m'a apporté du pain moisi. Aussitôt que je serai en liberté, je demanderai justice aux commissaires de la Convention, sinon la mort de Tourville. Voilà la récompense des services et des grands sacrifices que j'ai rendus à ma patrie qui est ingrate. Je vais employer de nouveaux moyens pour me sauver du des-

(1) Il était parti sans congé.

potisme du nouveau régime, je saurai punir de sa témérité le premier qui osera me le reprocher, etc. »

Et dire que ce volontaire est devenu un homme paisible, religieux, timide, doux, réactionnaire enragé, bon époux, je ne dirai pas bon père, car il est mort sans enfants !

LES LÉGENDES[1]

La mystérieuse intuition de la poésie se trouve à l'état latent et de vagues rêveries chez beaucoup d'habitants de la campagne. Cette poésie se traduit de façons diverses : chansons, adages, légendes ; elle est comme une fleur sauvage, il ne lui manque qu'un peu de culture pour briller d'un plus vif éclat. La vie du paysan est triste et monotone, aussi cherche-t-il à la rendre plus gaie, il remarque tout et souvent les faits les plus ordinaires de la vie sont pour lui la source de charmantes fictions. Rien d'étonnant à ce que l'homme des champs soit poète, il vit continuellement en contemplation devant la nature dont il est sans cesse environné. Il n'a pas, il est vrai, l'instruction et la culture d'esprit nécessaires pour développer son instinct poétique et rêveur ; mais ses impressions et son imagination sont susceptibles de conceptions idéales. Des visions provoquées par un feu follet, une étoile filante, un bruit étrange, une hallucination, le

(1) Ce chapitre est l'œuvre de mon jeune fils Pierre.
 (*Note de l'auteur*).

paysan les exprime et c'est l'expression de ces faits qui a créé la plupart des légendes, légendes qui du reste sous une autre forme sont à peu près les mêmes partout. D'autres prennent naissance dans des récits historiques défigurés, dans des contes inventés pour charmer les longues veillées des écraignes, d'autres enfin sont dues à l'imagination des aïeules ou des mères, lorsque le soir elles endorment leurs petits enfants, tout en filant la laine.

Le plus souvent ces légendes ne sont pas venues jusqu'à nous avec leurs formes premières, si toutefois elles en ont eu une. Chaque veillée, chaque hiver, comme chaque siècle, les ont plus ou moins modifiées. Cette poésie champêtre, nul ne l'a jamais écrite, la bouche lente des vieux l'a transmise aux oreilles attentives des jeunes, chaque entendant a redit les légendes à sa façon et souvent la forme primitive a disparu.

Peut-être en cultivant cette fleur sauvage lui ai-je enlevé son parfum et sa fraîcheur, qu'on me le pardonne et qu'on juge par le récit qui va suivre de ce que peut produire une imagination sans cesse excitée et provoquée par une existence contemplative.

Il faudrait pouvoir reproduire ici toutes ces légendes, car leur faisceau seul offre un véritable intérêt. Je ne le puis ni ne le veux, aussi je me contenterai d'en retenir la plus charmante qui a déjà été publiée sous une autre forme dans le *Bulletin d'histoire et d'Archéologie religieuses du diocèse de Dijon,* année 1888.

Je veux parler de la légende des onze mille vierges.
La voici.

La neige blanche couvre la campagne, le brouillard
du matin se traîne à l'horizon. A l'église du vieux
bourg de Gemeaux le glas tinte. Ce glas qui retentit
au milieu de la nature, morne et ensevelie, est plus
triste que de coutume et cependant on sonne l'entrée au ciel d'une âme de jeune fille.

Dans l'église romane aux vieilles voûtes, des
paysans et des paysannes sont réunis avec leurs habits qui servent à la fois pour les fêtes et les enterrements. Le prêtre est à l'autel, les cierges étoilent
l'ombre du chœur, devant lequel est placé un cercueil
recouvert d'un drap blanc. L'encens brûle, le prêtre
prie, le chantre psalmodie de lugubres notes, et une
femme en deuil est à genoux sur les dalles, affaissée,
les bras pendants le long du corps ; d'un œil fixe elle
regarde le sol qu'elle inonde de ses larmes, elle pleure
et pleure toujours, car c'est sa fille, sa fille aimée, son
enfant qui est là près d'elle encore et qu'elle ne verra
plus. Maintenant sa demeure sera triste, car elle va
être seule, son mari et sa vieille mère depuis longtemps déjà sont partis ! Il ne lui restait qu'elle, elle
qu'elle aimait tant et elle venait de mourir !

L'office touche à sa fin, les assistants vont à l'of-
ferte, on entend les gros sous tomber dans la coupe
et la mère pleure toujours. Deux hommes ont pris le
corps et on se dirige vers le cimetière ; une fosse est
là béante, l'enfant y est descendue ; la terre jetée

par les fossoyeurs frappe d'un bruit lugubre le chêne du cercueil, la jeune fille est là pour l'éternité. Les assistants s'éloignent, la mère seule prie et ne cesse de pleurer ; enfin elle se lève, reprend le chemin de sa demeure et reste anéantie dans sa douleur et ses larmes.

Les jours qui suivirent furent tristes comme l'hiver ; enfin le printemps revint et le soleil apporta son sourire et sa gaieté, mais tout lui rappelait sa fille, et l'oiseau qui chantait, et l'aubépine qui emplissait l'air de ses parfums sauvages.

La mère vivait toujours dans des regrets profonds; ses larmes ne cessaient pas. Un soir qu'elle s'était attardée le long des chemins, il lui sembla entendre au loin de mélodieux accords, elle pensa aux onze mille vierges.

On dit au village que chaque jeune fille qui meurt va prendre une place dans la céleste troupe des vierges conduite par la Reine Marie. On dit aussi que, durant le mois de mai, le cortège des Vierges passe chaque nuit en chantant le long des chemins fleuris.

La mère affligée résolut donc un soir d'aller se placer sur le bord du sentier que suivent les bienheureuses, afin de voir sa fille... et de lui parler peut-être !

Après avoir communié, elle partit son cœur ouvert à l'espérance. Le ciel était teinté de rose par les derniers rayons du soleil qui venait de mourir à l'horizon, la lune pleine et dorée se levait et inondait la campagne de sa lumière bleuâtre.

La nuit était calme, des nuages blancs et légers semblaient s'incliner sur la montagne de Saulx-le-Duc ; de ces nuages soudain sortent de blancs fantômes qui s'agenouillent devant la chapelle, puis s'avancent en chantant. La mère les voit se diriger sur Gemeaux, elle les entend, les vierges semblent glisser sur les blés qui se plient et se relèvent sous leurs pas ; comme les Déesses antiques elles ne volent pas, elles ne marchent pas, elles vont. Les voici, elles entrent dans le sentier à la Vierge (1).

Le cortège passe en chantant toujours, chaque vierge tient un flambeau ; c'est d'abord les vierges blanches immaculées, puis les vierges martyres qui sont vêtues de rouge. La mère les regarde et veut leur parler, mais toutes lui répondent : « Demandez à la Reine. » D'autres passent encore, ce sont les dernières, elles sont vêtues d'étoffes violettes, la mère veut renouveler ses questions ; « Demandez à la Reine. » Mais elle ne voit pas sa fille. Oh ce n'est pas possible, sa fille ne serait pas parmi les Vierges ! elle s'affaisse, ses sanglots redoublent. Enfin paraît la Reine, la Vierge Marie, la mère de Dieu, un sourire de sereine et divine bonté éclaire son visage ; elle s'approche de la pauvre femme : « Pourquoi pleurez-vous, ma sœur ? »

Parce que j'ai perdu ma fille et que je ne la vois

____

(1) Il existe à Gemeaux un sentier de ce nom.

pas parmi vous. Regardez, dit la Reine, et elle lui montre derrière, loin encore, une vierge qui marchait lentement, courbée sous le poids d'un suaire lourd, humide et pesant.

« Voilà celle que vous aimez et que vous cherchez ; vos larmes tombent sur elle et l'empêchent de suivre en chantant ses compagnes. Cessez de vous désoler, priez au lieu de pleurer, elle ne sera plus retardée et vous la verrez parmi les vierges blanches qui ouvrent notre marche. » Aussitôt ses larmes cessèrent et en se levant, la mère put déjà voir sa fille s'élever lentement du sol et se placer dans les premiers rangs du cortège qui disparaissait à l'horizon.

Beaucoup d'autres légendes existent à Gemeaux, l'une d'elles rappelle à n'en pas douter la mission de Jeanne d'Arc, c'est la plus ancienne ; d'autres ne sont que des récits mi-historiques mi-surnaturels, tels que la Botte de M. de Tavanes (1), Saint Pierre et Satan, la Vouivre, le Sire de la Haute-Gessine, Dame Jeanne, l'Ermite du Pont de Gueux, la Croix Claudine Ciresse, l'Oiseau de Saint-Michel, Marie l'hôtelière, Saint Martin et le Diable, le Père La Ramée, le Verdreau, et beaucoup d'autres ; tout le monde ne les comprend pas, mais on pourrait, en les réunissant, indiquer le siècle où chacune d'elles s'est révélée et les causes de leur naissance ; il serait peut-être inté-

____

(1) M. Léonce Pingaud, dans son beau travail sur les Saulx-Tavanes parle de cette légende.

ressant de les publier, cette tâche revient à celui qui nous les a conservées (1).

Gemeaux avait aussi ses fées. La fée de la fontaine sous la Roche, les fées lavandières de Venarde et de Preigney, la fée de la fontaine des Violettes. Les grandes réunions des fées avaient lieu chaque année sur *la Rèpe*, c'est là qu'on désignait les personnes qui seraient l'objet de la faveur ou de la haine de ces dames.

Toutes ces charmantes fictions, qui témoignaient de de 'a foi naïve de nos pères, étaient à signaler.

(1) Presque toutes ces légendes ont été conservées par M. Césaire Huot, instituteur à Fixin, né à Gemeaux, et qui a un véritable culte pour son pays natal.

LES CHANSONS

On chantait beaucoup sous l'ancien régime, aussi les chansons comme les légendes étaient nombreuses à Gemeaux. Je n'en retiendrai qu'une : La Veillée de Noël.

Il en existe encore d'autres, telles que : La fête de Gemeâ, Vive Gemeâ, l'aiventure de Gros-Jean, le Pécora, etc. ; toutes ces chansons, Noëls et Ballades champêtres, ont été recueillis par M. Césaire Huot, dont j'ai déjà parlé. Comme les légendes, ces chansons sont l'œuvre du temps et de chacun.

Elles amusaient, on les chantait au coin du feu, pendant les longues soirées d'hiver; celle qui avait le plus de succès était naturellement *la Veillée de Noël*, dans laquelle une femme raconte à son mari la misère du ménage. Le pauvre homme ne la connaît que trop, aussi lui dit-il : *tu m'étenne, as que tu en finiré aujd'hei ?*

Voici ce Noël :

LAI VOILLÉE DE NOÈEIL

Voicéin lé-z-aivan de Noueil,
Voicéin le tarme du fonneil ;
Teu lé gomichon son mégé,
Ma le fonneil n'a pa paré !

E n'y ai pu d'graigne au grenèil
E faurò core au labourèil,
Ma si teu le quéeuffre a vudié,
Le laboureil n'a pa paré !

E n'y ai pu d'là-t-au celeil
Et pu de pà dans le chandeil ;
El a dé porcéà su l' marché,
Ma le dareil n'a pa paré !

V' lai lai froidiure, ai fau du feil
Quepon lé bousson du senteil ;
Le dareil faiguéeuh ai tiaré
Ma le bò breulé n'a pa paré !

Si tu me demande pô quèil
Lai lampe s'éton su l'chandleil :
L'heule manque, lai motche ai soiché
Ma ton heulèil n'a pa paré !

LA VEILLÉE DE NOEL

Voici les avents de Noël,
Voici le terme du fournier,
Toutes les miches sont mangées,
Mais le fournier n'est pas payé !

Il n'y a plus de grain au grenier,
Il faudrait courir au laboureur,
Mais si tout le coffre est vidé,
Le laboureur n'est pas payé !

Il n'y a plus de lard au collier
Et plus de viande dans le charnier ;
Il est des porcs sur le marché,
Mais le dernier n'est pas payé !

Voici la froidure, il faut du feu,
Coupons les buissons du sentier ;
Le dernier fagot a clairé,
Mais le bois brûlé n'est pas payé !

Si tu me demandes pourquoi
La lampe s'éteint sur le chandelier :
L'huile manque, la mèche est sèche,
Mais ton huilier n'est pas payé !

14.

Voicein veni le saibeutèil,
Voicein veni le saiventéil,
Saibéeuh et soulai son precé
Ma ne son pa enço paré !

E n'y ai que guenilles au vesteil,
Teu-t-y a eusai teu-t-entéil,
E fau po l'hivar s'hèbillé,
Ma le dreugu' teil n'a pa paré !

— Tu m'éteunne, fanne, padéil
As que t'y en finiré auj'dhéil?
Chantons, dansons, ça bon marché
Car on n'ai pas b' songn' de l'paré !

Voici venir le sabotier,
Voici venir le savetier,
Sabots et souliers sont percés,
Mais ne sont pas encore payés !

Il n'y a que guenilles au vestiaire ;
Tout y est usé tout entier ;
Il faut pour l'hiver s'habiller,
Mais le droguetier n'est pas payé !

— Tu m'ennuies, femme, pardi
Est-ce que tu en finiras aujourd'hui ?
Chantons, dansons, c'est bon marché
Car on n'a pas besoin de le payer.

LES HUGUENOTS[1]

C'est sous le règne de François Ier, vers 1520, que la réforme commença à s'acclimater en France. Elle ne s'y développa que lentement, et le pays resta toujours en majorité profondément attaché à la foi catholique.

Le pouvoir royal, qui comprenait qu'en somme les protestants combattaient pour autre chose que pour la messe, se défendit et les amena à composition. Henri IV, protestant jadis, ne pouvait, malgré son abjuration, abandonner ses anciens coreligionnaires; aussi leur avait-il accordé, le 13 avril 1598, ce célèbre édit de Nantes, œuvre de l'historien de Thou, de Gaspart de Schomberg et du président Jeannin. Tous ces hommes d'une intègre vertu, d'une grande austérité, aux âmes fortes, avaient compris la pensée de leur roi. Et cependant il y avait encore dans ces concessions bien des timidités, des hésitations ! on accordait aux protestants le droit d'exercer librement

(1) C'était le nom sous lequel étaient connus les protestants de Gemeaux et lieux voisins.

leur culte, d'avoir des temples, leurs ministres étaient salariés par l'Etat, ils avaient des *écoles particulières*, étaient admissibles aux emplois publics, en un mot leur qualité de citoyen était reconnue : mais il y a loin de la coupe aux lèvres, aussi, malgré cet édit, ils continuaient à être tenus à l'écart, on les tolérait, mais c'était tout. En parlait-on ? on se servait de cette formule : *N., de la religion prétendue réformée.*

Les protestants, comprenant bien qu'ils ne devaient, pour se faire une place dans la société, compter que sur eux-mêmes, s'étaient jetés dans le commerce et l'industrie, ils en tiraient, et le pays aussi, de grands profits. La religion protestante demeurait stationnaire et ne faisait plus, en 1685, de prosélytes.

On est cependant étonné de voir qu'à Is-sur-Tille, Gemeaux, Thil-Châtel, Marcilly, elle ait eu tant de disciples, car on peut évaluer à 1000 ou 1200 les réformés de ces villages.

Comment le protestantisme s'était-il implanté parmi ces populations ? La chose est assez difficile à expliquer, cependant j'en trouve la raison dans le caractère particulier des habitants de ces communes ; Is-sur-Tille, Thil-Châtel, Gemeaux, ont encore aujourd'hui un grand esprit d'opposition, et leurs votes sont toujours différents de ceux des autres communes du canton, c'est très marqué.

« L'opposition en France a toujours été protestante, parce qu'elle n'a jamais eu que la négation pour politique. Les sectes politiques, humanitaires, égali-

taires d'aujourd'hui sont la queue du calvinisme.
Reconnaître la nécessité d'une religion, la nécessité
du pouvoir, et laisser aux citoyens le droit de nier la
religion, de s'opposer à l'expression du pouvoir par
la pensée communicable et communiquée (La Presse)
est une impossibilité. » Ainsi parle Balzac dans sa
savante étude sur Catherine de Médicis.

A Gemeaux, le seigneur, François le Marlet, était
protestant ; a-t-il cherché à influencer ses hommes?
c'est douteux ; cependant c'était un fanatique, et
M. Mochot, dans sa notice sur *les Protestants d'Is-sur-
Tille*, raconte que ce François le Marlet voulant, en
1584, protéger les protestants par les voies légales,
présenta requête au bailli de Dijon à l'effet d'être autorisé à établir un prêche dans sa maison seigneuriale
de Saulon, Sa demande ne fut pas accueillie, mais
comme c'était un homme d'action, la Chambre de
ville crut devoir faire saisir les armes qui étaient
déposées en son château.

François le Marlet était par sa mère coseigneur
de Gemeaux avec Jean le Marlet, son père, qui était
aussi vicomte maïeur de Dijon, seigneur de Saulon,
Barges et autres lieux.

Il y avait à cette époque des protestants dans toutes
les classes de la société. On voit, en 1607, Pierre Grillet,
ministre du Temple d'Is-sur-Tille, admettre à la sainte
Cène Jacques Crecey de Mirebel. En 1612, il reçoit
l'abjuration d'un sieur Claparède du Languedoc, qui
avait été auparavant catéchisé à Mirebeau. Le 15 mars

1615, Pierre Grillet et sa femme, Anne de Combes, ont une fille qu'ils appellent Marie. Le 22 février de la même année le ministre Grillet donne le baptême à Catherine, fille de Claude Chambellan, homme d'armes des ordonnances de sa Majesté et de Jacquette Regnaudot, puis il reçoit aussi à la sainte Cène Jean Chabut, écuyer, sieur de Rivière-les-Bois.

Elie Duban, recteur d'école à Is-sur-Tille, fait baptiser un fils le 8 septembre 1624.

Le 1er septembre 1664, le pasteur Jean Durand et dame Denise Folin ont un fils qu'ils appellent Jean.

Le recteur Elie Duban devait évidemment tenir une école protestante, ce qui prouve qu'on ne contraignait pas les réformés à aller apprendre le catéchisme avec les catholiques, comme on l'a si souvent prétendu.

Il y eut aussi à Is-sur-Tille un ministre du nom de Prudent Gauthier, dont la famille était originaire de Gemeaux. Son père Jacob Gauthier était frère de Jean Gauthier, notaire à Gemeaux en 1600.

Jacob, son prénom indique suffisamment qu'il était protestant, avait naturellement élevé son fils Prudent dans sa religion. Celui-ci fut d'abord pasteur à Mirebeau, puis à Is-sur-Tille, et était encore en exercice lors de la révocation de l'édit de Nantes.

Il avait une fille qui fut emmenée en otage, comme on le verra plus loin ; elle s'appelait Edmée, et on nomma comme administrateur de ses biens un sieur Nicolas Hugonenc de Dijon. Le 8 octobre 1703, bien qu'elle fût majeure, le séquestre n'avait pas encore été levé, car on trouve dans les minutes du notaire Jacques Gauthier de Gemeaux, sans doute son cousin, un acte par lequel il annonce la vente aux enchères publiques de onze queues de vin blanc et rouge, appartenant à demoiselle Edmée Gauthier, fille de Prudent Gauthier, en son vivant ministre de la religion prétendue réformée ; il est dit que ces vins sont dans la cave d'une maison appartenant à la dite demoiselle Gauthier ; les onze queues sont adjugées moyennant 327 livres 10 sous à Savelier, huissier à Mirebeau. L'acte est passé en présence de Jean Gauthier, chanoine de la chapelle aux Riches, à Dijon, et de Jacques Gauthier, clerc demeurant à Gemeaux,

On peut estimer de 120 à 130 le nombre des huguenots à Gemeaux. Parmi eux se trouvait Marie Chaubois, fille de Claude Chaubois, maître chirurgien ; elle remplissait dans le pays les fonctions de ministre, secourait les pauvres, assistait les mourants à l'heure suprême, et dans un langage extatique les initiait déjà au bonheur de la vie éternelle ; son nom est resté légendaire et populaire.

Elle et son père prirent le chemin de l'exil en 1685, et le 4 mars 1687, la justice inventoriait leur mobilier pour être vendu judiciairement. A une époque à peu près contemporaine, c'est-à-dire en avril de la même année, on vendait les meubles abandonnés par les mariés Gauthier-Sauvageot ; à la suite de l'acte d'abjuration que je reproduirai plus loin, ces mariés

Gauthier-Sauvageot figurent comme s'étant convertis à la religion catholique ; mais c'est une erreur, l'acte de vente de leur mobilier ne laisse aucun doute sur leur départ.

Il y avait aussi les sœurs Lecuret, deux protestantes exaltées, qui préférèrent l'exil à l'abjuration, et se rendirent à Genève ; mais comme elles possédaient une certaine fortune, et qu'à Genève elles n'avaient rencontré que la misère, elles prirent le parti de rentrer et d'abjurer.

On parle encore, dans le pays, de Jérémie Lécuret *la grande barbe*, réformé fanatique qui, sur le point de mourir, fit appeler le curé Guillaume et demanda à se confesser. Le prêtre lui donna l'absolution et le fit communier en présence d'une foule nombreuse qui remerciait Dieu de cette conversion ; mais à peine venait-il de recevoir la sainte hostie qu'il la rejeta en ricanant. Le prêtre et les assistants en furent profondément scandalisés ; tout à coup ils virent les traits de l'*impie* se contracter, et il ne tarda pas à expirer dans d'affreuses convulsions. La population indignée se rua sur son cadavre, le plaça sur une herse et le fit traîner dans les rues. Longtemps après cet événement, chaque année, dit-on, on fabriquait un homme de paille que les habitants livraient aux flammes en disant : « Nous brûlons Jérémie Lécuret (1) ! »

(1) « Le roi ne veut plus, écrivait Pontchartrain aux intendants, que l'on traîne sur la claie les cadavres des nouveaux

Ces actes d'intolérance étaient inévitables et se reproduisaient souvent, il se passait à cette époque, en matière religieuse, ce qui s'est passé depuis et se passe encore chaque jour en matière politique ; les passions religieuses sont les pires de toutes, elles touchent si intimement à tout l'être que, lorsqu'elles étreignent l'homme, il s'y donne tout entier comme s'il s'agissait de son plus grand intérêt, de sa vie même ; Dieu nous garde d'en voir le retour !

La justice de Gemeaux eut à intervenir dans un acte de sacrilège, qui aurait été de la compétence du lieutenant-criminel, si la tolérance du juge ne lui eût fait retenir la cause par devant lui.

Le 2 novembre 1672, le curé de Gemeaux Odinet Gilbert était sorti de l'église, le Saint-Sacrement à la main, pour le porter à Claudine Sasser, femme de Denis Pouteaux, malade ; il était accompagné de plusieurs personnes. Arrivé au-dessus de la rue de Montmeroux, près de la maison de M. Clerc, huissier à la Cour (maison Belnot)(1), un nommé Jean Peltret, vigneron, faisant profession de la religion prétendue réformée, sortit d'une ruelle, la tête couverte d'un bonnet et d'un chapeau, et passa effrontément tout proche du Saint-Sacrement, devant le marguillier qui

catholiques coupables d'avoir déclaré en mourant qu'ils persistaient dans la religion protestante » (Gaillardin, *Histoire de Louis XIV*, t. VI, p. 69).

(1) C'est cette maison qui a appartenu à la famille Carnot, puis à la famille Billard.

portait le falot et la clochette. Il fit mine de mettre la main à son chapeau, mais marcha la tête couverte et le dos tourné au Saint-Sacrement jusqu'à une autre ruelle qui coupe en Meix Geltin, et ce au conspect de toute l'assemblée et du curé, qui lui dit plusieurs fois qu'il faisait scandale, lui parla hautement devant le peuple, qui était fort scandalisé.

Le Procureur d'office se saisit de l'affaire, et présenta requête au bailli pour procéder à une information. Celui-ci l'appointa et commit pour assister à cette procédure Abraham Lecuret, de la Religion prétendue réformée, afin, est-il dit dans l'ordonnance, que toutes les formalités nécessaires soient observées (1). On procède à un premier interrogatoire de Jean Peltret, qui répond qu'il n'a pas vu le Saint-Sacrement, qu'il n'a pas entendu la clochette, ni la voix du curé.

On entend les témoins qui disent tous que Jean Peltret n'a pas pu ne pas entendre la cloche, non plus que la voix du curé et ne pas voir le Saint-Sacrement.

Nouvel interrogatoire de Peltret qui, avec une certaine fierté, répond qu'il n'a rien à ajouter à sa première déclaration.

Le Procureur d'office requiert contre le délinquant 60 livres d'amende :

20 livres au profit du seigneur,

---

(1) Il devait exister une ordonnance prescrivant la présence d'un ou plusieurs de ses coreligionnaires, lorsqu'on informait contre un protestant.

20 livres au profit de la commune,

20 livres au profit du luminaire du Saint-Sacrement.

Jugement conforme.

Quoi qu'il en soit, les protestants vivaient relativement heureux et paisibles dans ce petit coin ignoré de la Bourgogne, affirmant leur amour et leur dévouement pour le Roi. Il en était de même à peu près partout, car il semble qu'à cette époque ils avaient cessé d'être un parti politique; ils étaient donc loin de s'attendre aux mesures rigoureuses qui allaient être décrétées contre eux dans les conseils de la couronne.

Louis XIV était vieux, en proie à des intrigues religieuses; on essaya de convertir les réformés, mais ils avaient l'âme haute et fière et résistèrent malgré les dragonnades et les missions bottées. Rien ne put ébranler leur foi.

C'est alors, et en violation des droits sacrés de la conscience humaine, que le Roi, le cerveau affaibli plus que jamais, cédant à l'influence de M⁽ᵐᵉ⁾ de Maintenon qui, *dans les grâces un peu mûres d'une beauté finissante, mêlait aux plaisirs défendus les raffinements d'une religion timorée*, révoqua, le 17 octobre 1685, l'édit de Nantes qui avait assuré à la France, pendant près d'un siècle, la paix religieuse.

Il portait que tous les temples seraient démolis, défense de s'assembler pour l'exercice du culte, interdiction des écoles particulières (1). Tous les enfants qui naîtront de parents appartenant à la religion réformée seront baptisés d'office. — Confiscation des biens de tous les religionnaires fugitifs qui ne seront pas rentrés dans un délai de quatre mois.

Un cri de protestation et d'horreur s'éleva, mais il fallut s'exiler ou abjurer ; beaucoup s'en allèrent, emportant avec eux une partie de la fortune de la France.

A Gemeaux, deux ou trois familles seulement s'exilèrent. Ce furent Claude Chaubois et sa fille Marie, les mariés Gauthier-Sauvageot, Jean-Baptiste Belin, et peut-être plusieurs encore dont les noms ne sont pas venus jusqu'à nous ; les autres se présentèrent au curé, au nombre de 100 environ, le 2 novembre 1685, jour des trépassés, et déclarèrent abjurer leur foi et rentrer dans le giron de l'Église. Voici l'acte qui fut dressé par le prieur Guillaume, et qui se trouve aux archives de la commune. Je copie textuellement, malgré les erreurs :

« L'an 1685 le Roy, par sa déclaration du mois d'août, donnée à Fontainebleau, supprima l'édit de Nantes, donné en cette ville par le Roy Henri quatrième son grand'père en 1582 (sic), pour l'exercice de la religion prétendue réformée. Et cette déclaration de Sa Majesté ayant été publiée et registrée au Parlement de Dijon, le lundi 15 du mois d'octobre 1685, M. de

____

(1) Il devait y avoir une école protestante à Is-sur-Tille.

Harlet de *bon œil* (Boneuil), intendant de Bourgogne et Bresse, se transporta à Is-sur-Tille le lendemain 16 dudit mois, accompagné de la maréchaussée de Dijon et fit raser et mettre bas le temple d'Is-sur-Tille, où s'exerçait la religion prétendue réformée, et, ayant interdit et renvoyé Gauthier, ministre de cette église prétendue, retint sa fille âgée de 7 ans. Ensuite, le mercredy dernier jour dudit mois d'octobre, étant retourné avec la même maréchaussée dans ladite ville d'Is-sur-Tille, où il avait fait assigner ceux de la religion répondant audit temple, il exposa les ordres de Sa Majesté. Le vendredi suivant, jour des Trépassés, je reçus à Gemeaux à l'abjuration de ladite religion, vingt-sept familles dudit Gemeaux, faisant le nombre de cent trois personnes qui l'avaient professée jusqu'alors. »

La liberté de conscience, qu'elle s'exerce en matière religieuse ou politique, est une chose sacrée; aussi peut-on s'étonner à bon droit de voir qu'en plein XIXᵉ siècle elle soit si peu respectée, et qu'aujourd'hui encore les dissidents en matière politique et les catholiques sont, en violation formelle des droits reconnus par la Révolution, exclus parfois des fonctions de l'état, et insultés jusque dans les églises.

A Gemeaux les abjurations comprenaient vingt-sept familles, formant ensemble cent trois personnes; mais les registres de catholicité ne donnent que les noms suivants :

1. Jean le Court.

2. Marie, sa femme.
3. Jacques Lecourt,
4. Gabrielle,
5. Suzanne,
6. Elisabeth,
7. Louis,
8. Jean le Court.

} leurs enfants.

9. Marguerite, sa femme.
10. Pierre Parise.
11. Jean Lécuret.
12. Pierre Gauthier.
13. Elisabeth Sauvageot, sa femme.
14. Edme Lécuret.
15. Abraham Lécuret.
16. Jacob Désirey.
17. Marguerite Gaultier, sa femme.
18. Pierre Patigney.
19. Isabelle Ravyot, sa femme.
20. Edme,
21. Marie,

} leurs enfants.

22. Jérémie Demartinécourt, l'aîné.
23. Jérémie Demartinécourt, le jeune.
24. Madelaine Blanchot, sa femme.
25. Marguerite, leur fille.
26. David Rouget.
27. Judith Forcay, sa femme.
28. Nicolas Demartinécourt.
29. Pierre Passavant.
30. Huguette Rouget, sa femme.
31. Edme,
32. Etienne,
33. Marie,
34. Catherine,

} leurs enfants.

35. Isaac Chaumont.
36. Esther Joly, sa femme.
37. Jeanne Rouget, veuve de Jean Rouget.
38. Denise Gavignot, veuve de Jacques Forcay.
39. David Rouget.
40. Jeanne Gauthier, veuve de Humbert Bourgeois.
41. Marguerite Gauthier, veuve de Isaac Thomas.
42. Daniel Bryet.
43. Nicolas Passavant.
44. Jacob Gauthier.
45. Elisabeth Boisselier, veuve de Samuel Chevalier.
46. Louis Boutevilain, fils de feu Pierre Boutevilain.
47. Etienne Boisselier.
48. Suzanne Lécuret, sa femme.
49. Jean,
50. Judith, } leurs enfants.
51. Marie Aubertin, veuve de Jean Sauvageot.
52. Pierre,
53. François, } ses enfants.
54. Isaac (1),

(1) Les huguenots avaient à Gemeaux un lieu de sépulture particulier, leur cimetière était situé au *Meix-Gellin*, dans le jardin de la maison Blondeau-Chauvot et dans celui de la maison Bezard-Sergent. Il y a encore à Gemeaux un chemin qui porte le nom de chemin des Huguenots, il conduisait à Mirebeau, où ils se rendaient avant qu'il y eût un temple à Is-sur-Tille.

NOBLES ET BOURGEOIS

Dans la chambrée d'un régiment, on parle du colonel, on dit qu'il est noble. Oui, c'est possible, dit un grenadier, mais pour moi, c'est toujours un homme comme un autre. L'adjudant indigné, le punit de quarante-huit heures de salle de police. Le lendemain on présente le rapport au colonel qui écrit de sa main sur le livret, à la grande surprise de l'adjudant, ces mots : punition levée.

Donc, si les nobles sont des hommes comme les autres et c'était l'opinion d'un colonel homme d'esprit, il est permis de dire qu'ils ont les qualités et les défauts inhérents à l'humanité. S'il y en avait de bons, de compatissants, il y en avait de méchants, de durs aux pauvres gens, c'est ce qui est arrivé à Gemeaux. Il n'apparaît pas cependant qu'ils aient été trop inhumains, car aucun d'eux n'est resté impopulaire ; la tradition, n'a pas conservé des seigneurs du pays une mauvaise impression.

Le baron de Vitteaux, dont j'ai parlé, n'a pas été seigneur de Gemeaux, car c'est sa veuve qui avait acheté cette terre. Son impopularité lui venait de ce que, pendant la Ligue, il avait occupé et ravagé le pays.

Dans son introduction sur les origines du droit français, Michelet, qui n'est pas tendre pour l'ancien régime, s'exprime ainsi sur les seigneurs en général : « Ce fier baron, ce tyran, semble pourtant dans la pratique avoir été assez débonnaire. Tant que les besoins du luxe ne le forcèrent pas à pressurer ses hommes, à leur arracher de l'argent ; les redevances se payaient en nature, sans peine et de bonne grâce. C'était du blé, des bestiaux, des poules, pour le banquet seigneurial ; il y avait tel fief, dont la redevance était uniquement un *mai* orné de rubans et paré d'épis. Beaucoup de droits féodaux qui nous révoltent étaient probablement ceux dont les serfs se plaignaient le moins, parce qu'ils leur coûtaient peu. »

Au moyen âge les seigneurs ménageaient leurs hommes ; lorsqu'ils avaient des besoins, ils pillaient les voisins ; du reste leur vie était simple et sans luxe. Ce n'est que sous les Valois, lorsque les nobles commencèrent à devenir des courtisans, qu'ils usèrent de tous leurs droits et pressurèrent leurs hommes le plus possible ; mais ceux-ci surent bien résister et longtemps déjà avant la Révolution, « la vieille aristocratie n'avait plus, comme classe dirigeante, ni pouvoir ni influence, la somme de ses privilèges se trouvait réduite à des exemptions d'impôts, que le fisc rendait souvent illusoires, et à des droits seigneuriaux devenus moins utiles pour elle qu'onéreux pour les habitants des campagnes » (1). « Les privilèges des nobles, dit un autre auteur, ne sont plus que des ombres et des toiles d'araignée qui ne les mettent à l'abri de rien.

« Aujourd'hui il faut qu'un gentilhomme ait une fois et demi raison pour gagner son procès contre un paysan (2).

Les seigneurs de Gemeaux, jusqu'à la fin du xviiᵉ siècle, ne résidaient pas dans le pays, ils n'y faisaient que de courtes apparitions ; les sires de Thil-Châtel, les Grancey, les Châteauvillain habitaient leurs châteaux ; les Duprat, les Chabot, les Vienne possédaient des fiefs plus importants et plus confortables, où ils séjournaient habituellement.

Ils étaient représentés à Gemeaux par un capitaine châtelain, qui, à la nomination du seigneur, avait centralisé entre ses mains les fonctions du maire et du prévôt ; régisseur et hommes d'armes, il avait à la fois des pouvoirs civils et militaires.

Je n'ai pas de renseignements bien précis sur ses fonctions ; Courtépée parle en ces termes du châtelain de Saulx-le-Duc en 1563.

« L'office de capitaine châtelain était très considérable en ce temps-là, car ceux qui en étaient pourvûs étaient gouverneurs des châteaux, tours, places du domaine de leur châtellenie.

<hr>

(1) Augustin Thierry, *Essais sur l'origine du Tiers-État.*
(2) *Les Soupirs de la France esclave* (Amsterdam, 1689).

« Aux occasions importantes où le besoin obligeait les sujets au service, soit en guerre, soit autrement, ils convoquaient les nobles et les roturiers du ressort.

« Il fallait être gentilhomme pour remplir ces fonctions. »

A Gemeaux la charge n'avait pas l'importance d'un commandement d'une châtellenie royale, néanmoins je constate la présence, en 1595, d'un capitaine châtelain du nom de Simon de Martinécourt. C'est lui qui se rendit avec quelques hommes d'armes dans la cour du château de Lux, le 5 juin 1595, au matin, et accompagna Henri IV à Fontaine-Française ; il y fut blessé et le roi, pour reconnaître son courage, le nomma maréchal des logis en la cornette blanche, c'est-à-dire de l'escorte royale qui avait pour fanion une cornette blanche.

Ces de Martinécourt semblent avoir été capitaines de Gemeaux, de père en fils ; Courtépée en signale plusieurs ; Simon, dont je viens de parler, puis Honoré, Henri ; ils descendaient de Claude, bailli d'Amont, nommé à ces fonctions par le duc Philippe le Hardi. Ils devaient appartenir à la famille de Martinécourt de Selongey, puisque la chapelle du Rosaire dans l'église de ce bourg fut fondée par François de Martinécourt, professeur au collège de Bourgogne. D'autres membres de cette famille y ont fondé des messes, un sermon et une lampe perpétuelle. Courtépée dit encore qu'elle a ses armes à Selongey, dans la chapelle Saint-Didier. Cette chapelle ainsi que les armes n'existent plus, j'ignore si ce sont les mêmes que celles dont je parlerai plus loin à propos des de Martinécourt de Selongey et de Gemeaux, je ne le crois pas.

Donc, les capitaines châtelains de Gemeaux commandaient le fort et la compagnie des hommes d'armes chargée de veiller aux remparts, puis le vieux château ayant cessé, vers 1640, d'être une forteresse, ces fonctions quoique supprimées restèrent honorifiques, car on trouve encore dans la reprise de fief de Jean-Claude Loppin, en 1711, qu'il a le droit de nommer un capitaine pour commander *ses sujets de Gemeaux.*

Les seigneurs n'habitèrent le village qu'à partir de 1682, lorsque Jean Mochot, trésorier de France, acheta la seigneurie du marquis de Vitteaux ; il s'installa dans le nouveau château qui avait été construit par Jean Mochot, conseiller à la cour des comptes, son père. Après Jean, son fils Jacques, je l'ai dit, lui succéda, puis Jean-Claude et Charles-Catherine Loppin ; tous habitaient Gemeaux, pendant les loisirs que leur laissait l'exercice des fonctions publiques dont ils étaient investis. Leur vie y était large, mais simple, comme celle d'un riche bourgeois, rien du grand seigneur ; du reste, ni leur situation, ni leur fortune ne le comportaient. Ils vivaient en bonne intelligence avec ceux qu'ils appelaient encore leurs sujets, mais qui ne l'étaient que de nom. A côté du seigneur, dans le village, se trouvaient les bourgeois, car la noblesse sortait de la bourgeoisie comme la bourgeoisie sortait du peuple.

A toutes les époques et sous tous les régimes, l'argent a régné en maître. Au moyen âge, les serfs enrichis par le commerce trouvaient facilement à s'affranchir de la domination de leur seigneur, soit en se rachetant de leurs obligations, soit, mais toujours moyennant finances, en devenant bourgeois du duc. Pour obtenir cette qualité, il fallait être reçu habitant de la bonne ville de Talant ; alors quel que soit le lieu de sa résidence, ce bourgeois échappait à la juridiction de tout autre seigneur, il ne relevait plus que du duc.

Plusieurs habitants de Spoy, Mirebeau, Salmaise, Gemeaux, figurent sur les listes des personnes qui sont ainsi sous la bonne garde de *Monseigneur*. A un certain moment, ces bourgeois devinrent si nombreux, que le duc Philippe fut obligé de refuser cette qualité à tous ceux qui ne seraient pas *couchant et levant au lieu où ils s'advoueraient bourgeois*.

Plus tard, on appela bourgeois, sous l'ancien régime, tous ceux qui ne travaillaient pas la terre : les magistrats, les gens de loi, titulaires d'offices ou non, tels que les avocats, les procureurs, les médecins, les rentiers, les marchands, etc. ; les uns, habitant le pays toute l'année ; les autres n'y venaient que pendant la partie de la belle saison qu'on nomme les vacances.

« Le nom de bourgeois se donne le plus souvent

aux habitants des villes comparés à ceux des campagnes; il se donnait aussi, sous l'ancien régime, à ceux qui jouissaient de droits et de privilèges municipaux; il s'appliquait enfin aux membres des classes moyennes, aux citadins qui n'appartenaient pas à la noblesse et qui se distinguaient du peuple par leur aisance, la nature de leurs occupations et leur éducation (1). »

Cette classe était très nombreuse à Gemeaux; en 1780, on y comptait (2) : deux notaires, un avocat, un lieutenant de juge, un substitut, un greffier, un chirurgien, quatorze bourgeois, soit en tout vingt-un bourgeois, non compris les marchands, vignerons, propriétaires. Et dans cette énumération ne sont pas compris les forains; tout cela dénote une certaine aisance, puisqu'il y avait à cette époque quatorze familles qui s'étaient enrichies, dans le pays même, par le travail, l'ordre et l'épargne.

C'étaient de bien modestes emplois que ceux de notaire ou lieutenant de juge, procureur d'office, médecin ou chirurgien ; les honoraires étaient maigres, aussi la plupart exploitaient leurs petits domaines, et leurs fonctions n'étaient qu'un accessoire.

(1) Albert Babeau, *les Bourgeois d'autrefois.*
(2) Deux notaires, MM. Jean et Pierre Chauvot, 1 avocat, Pierre Chauvot, 1 lieutenant de juge M. Montoy, 1 substitut M. Lieutot, 1 greffier M. Mestanier, 1 chirurgien M. Rouget; les bourgeois étaient les Clerc, les Brocard, Laurent, Carnot, Billard, Gauvenet et autres.

On vivait de peu aux xvii° et xviii° siècles, les besoins étaient moins grands qu'aujourd'hui et on avait traversé de si mauvais jours, que l'économie faisait partie du patrimoine d'une famille.

Je la vois encore la vieille maison bourgeoise avec sa porte en bois, peinte en vert, une cloche à patte de chevreuil, une petite cour devant, derrière, un jardin de curé emplanté de fleurs et d'arbustes vivaces, des pivoines, des tulipes, des asters, des roses à cent feuilles, des roses capucines, la boule de neige, les lilas.

Le vigneron cultivait le jardin au printemps, puis l'appropriait à la veille des vacances. Derrière la maison ou à côté, les cuveries, une écurie.

Si le bourgeois habitait la localité, il cultivait quelques espaliers, un potager, quelques fleurs annuelles, tout était marqué au coin de la plus grande simplicité.

Le mobilier était disparate, c'étaient des meubles de toutes les époques.

La salle à manger servait de lieu de réunion, on ne connaissait pas le salon. Le matin on se tenait à la cuisine sous l'âtre de la grande cheminée, où se chauffa'ent aussi les chiens, Perdreau et Milord !

La table était simple, mais largement servie, la nourriture tenait plus de place dans le budget d'un bourgeois que son vêtement, on ne pouvait pas lui appliquer ce proverbe : *Dos de velours, ventre de son.* Le pot-au-feu pour le bourgeois, la potée pour le paysan, sont les mets principaux. Le dimanche le veau rôti, un gigot, la salade, les pommes au beurre ; à la Noël, l'oie grasse, parfois une dinde, des fruits, des pâtisseries, le flan, la salée, les œufs à la neige, le biscuit de Savoie, tels étaient les mets usuels d'une famille bourgeoise. On prenait rarement du café, seulement pour les grandes fêtes ; mais après le repas du soir on s'offrait volontiers un verre de liqueur de ménage. Les assiettes étaient très larges, aussi on en changeait peu, une pour le potage, une pour les autres plats et le dessert (1).

Les vêtements étaient simples, deux habillements, l'un d'hiver, l'autre d'été, avec un costume noir pour les enterrements et les deuils, et lorsqu'ils étaient rapés, on les faisait retourner ; lorsqu'ils ne pouvaient plus être portés, ni à l'envers ni à l'endroit, on en faisait des vêtements pour les enfants.

On quittait à jour fixe les habits d'été ou d'hiver, à la Toussaint et à Pâques (2). Il en était de même pour le feu, quelle que soit la température on l'éteignait à Pâques et on le rallumait à la Toussaint.

Le costume des bourgeoises était sévère, elles se mettaient moins bien que les paysannes de nos jours : des robes de cotonnade pour l'été, de drap pour l'hiver, puis la robe de soie qui faisait la vie ; elles portaient un chapeau (3) et soignaient leur coiffure, c'est

(1) Je parle ici de la bourgeoisie d'un village.
(2) Albert Babeau, *les Bourgeois d'autrefois*.
(3) Quand une jeune fille du village faisait un beau mariage, on disait : elle va porter chapeau.

en cela qu'elles se distinguaient du vulgaire, on le voit d'après les portraits de famille. Même une bourgeoise de Gemeaux, femme de notaire, d'avocat, de marchand, se frisait, se poudrait, et portait des bijoux d'un certain prix. On avait de l'argenterie, du linge à revendre, enfin c'était l'aisance, *aurea mediocritas*, autant dire le bonheur, car la vie n'était pas surchauffée et dévorante comme à notre époque.

La politique, l'affreuse politique n'étreignait pas nos pères, elle leur était heureusement inconnue.

On se visitait souvent, les habitants des villes venaient voir leurs amis de la campagne, les réceptions étaient simples.

Pendant les vacances les avocats, procureurs, recevaient la visite de leurs confrères de la ville.

J'ai entendu raconter que l'avocat Lacoste était venu à pied, par une chaude journée de septembre, voir son confrère Billard, à Gemeaux. Le soigneur était conseiller, aussi M° Lacoste crut-il bien faire en allant lui présenter ses devoirs.

Il arrive au château, on l'introduit auprès du magistrat qui, plus par habitude que par nécessité, sommeillait au frais assis dans un bon fauteuil. L'avocat était fatigué et avait chaud, le conseiller ne lui offrant pas de s'asseoir et encore moins de se couvrir, il prend un siège et sans façon met son chapeau. Grande surprise du conseiller qui ne dit rien, mais qui adroitement amène la conversation sur le bon vieux temps dont il fait l'éloge, et après force précautions oratoires finit par dire :

« Ainsi, autrefois, jamais un avocat ne se serait assis et couvert devant un magistrat. Ah! que voulez-vous, répond l'avocat, c'est que probablement, dans ce temps-là, les avocats n'avaient ni cul ni tête. »

Les bourgeois, qui intellectuellement étaient les égaux du seigneur, souffraient plus que le paysan de l'exercice de ses privilèges. On a vu comment ils avaient essayé d'échapper à la banalité du four sans pouvoir y réussir ; voulaient-ils chasser? le seigneur les poursuivait et les faisait condamner, aussi cherchaient-ils par tous moyens à ébranler le vieil édifice social qui ne devait pas tarder à s'écrouler sous ces coups répétés. Ils excitaient les paysans, mais quelques-uns seulement entraient en lutte.

A Gemeaux, celui qui tenait la corde, c'était Nicolas Mochot, boulanger, le même qui a construit le *logis neuf.* Il avait été condamné plusieurs fois à 3 livres d'amende, pour n'avoir pas voulu enlever des objets déposés devant sa porte, le jour de la procession ; puis aussi pour avoir insulté son seigneur, à 6 sols d'amende, et à lui demander pardon ; il était incorrigible et cherchait toutes les occasions de plaider contre lui et de le vexer. Il laissait, au mépris des ordonnances, son cabaret ouvert le dimanche, et donnait à boire pendant les offices.

M. Ruelle, qui était procureur au bailliage, racontait

qu'un jour Mochot arrive chez lui. Il était absent, la domestique lui demande son nom. Oh! c'est inutile, vous direz à M. Ruelle que c'est un gros paysan qui plaide contre un petit seigneur (1).

A Lux, un fermier nommé Morisot protestait dans toutes les assemblées des habitants contre les droits du seigneur, si bien que, par ordonnance de l'intendant, il lui fut fait défense d'y assister. Il ne tenait aucun compte des bans de moisson et n'en faisait qu'à sa tête.

La classe privilégiée défendait ses droits avec d'autant plus d'énergie qu'elle sentait bien qu'ils allaient lui échapper ; jamais en effet les seigneurs ne s'étaient montrés plus âpres, pour la revendication de leurs redevances pécuniaires, qu'à la veille de la Révolution.

En rappelant tous ces incidents, je n'ai l'intention de blesser qui que ce soit, je veux simplement établir que le pouvoir des seigneurs, battu en brèche par les intendants, ne tenait plus qu'à un fil qui allait se briser à la première commotion.

Si le pouvoir seigneurial était tenu en suspicion par le peuple, son amour pour la royauté n'avait pas encore diminué ; on ne peut croire de nos jours combien les habitants des villes et des campagnes étaient attachés au roi.

(1) Il va sans dire que je ne m'associe nullement à l'opinion de Mochot.

« Le peuple, jusqu'en 1789, verra en lui le redres-
seur de torts, le gardien du droit, le protecteur des
faibles, l'universel refuge. Au commencement du
règne de Louis XVI, les cris de vive le roi, qui commençaient à six heures du matin, n'étaient presque
point interrompus jusqu'après le coucher du soleil.
Quand naquit son dauphin, la joie de la France fut
celle d'une famille : on s'arrêtait dans les rues, on se
parlait sans se connaître, on embrassait les gens que
l'on connaissait (1). »

Aussi ce n'est pas le peuple qui a été le promoteur
de la Révolution, on le lui fait croire aujourd'hui en
lui disant : Défendez ces libertés que vous avez con-
quises au prix de votre sang, libertés du reste que
personne ne menace. Or, rien n'est moins vrai, la
Révolution est l'œuvre de la bourgeoisie ; quant au
sang versé il n'y a eu que celui des victimes que la
lie de la Société a fait monter sur l'échafaud, le vrai
peuple est étranger à ces excès qui n'ont pas frappé
seulement la noblesse.

En effet sur 104 malheureux décapités dans le département de la Côte-d'Or, on comptait vingt nobles,
le reste appartenait à toutes les classes de la société,
procureurs, solliciteurs, perruquiers, fondeurs, commis, artisans, laboureurs, etc. (2).

(1) H. Taine, *l'Ancien Régime.*
(2) Gabriel Peignot, *Notice sur toutes les personnes nées ou
domiciliées dans la Côte-d'Or qui ont péri sur l'échafaud,
1793-1794.*

C'est donc la bourgeoisie qui a fait la Révolution et on s'explique mal aujourd'hui cette méfiance du paysan qui croit, ou à qui l'on fait croire que le bourgeois veut le ramener à l'ancien régime. Le paysan n'aime pas le bourgeois, est-ce pour cette raison, est-ce par un sentiment de jalousie difficile à saisir, car jaloux de quoi ? Enfin c'est un fait ; ce qui ne l'empêche pas de venir lui demander des services et des conseils en protestant de ses meilleurs sentiments. Espérons que cette équivoque cessera un jour, et que l'habitant des campagnes finira par se convaincre qu'il a le même intérêt que celui qu'il appelle le bourgeois et que ce dernier n'a qu'un désir, c'est de l'obliger.

En 1790, Pierre Chauvot, avocat au Parlement, avait été nommé président du Directoire du district d'Is-sur-Tille, redoutables fonctions pour l'époque. On a vu que le seigneur Charles-Catherine Loppin avait fait condamner assez durement son père Etienne Chauvot-Dumay, pour délit de chasse.

Le conventionnel Bourdon écrit à Pierre Chauvot, en sa qualité, de faire arrêter Charles-Catherine Loppin et ses trois fils.

Les privilèges avaient disparu, Charles-Catherine était un citoyen comme un autre, il avait déposé ses armes à la mairie, avait fait don à la commune de deux petits canons dits fauconneaux, il n'avait pas conspiré.

Pierre Chauvot, oubliant ses rancunes personnelles,

répondit au Directoire de Dijon la lettre suivante qui lui fait grand honneur et que je suis heureux de reproduire ici :

« Loppin est un vieillard octogénaire qui ne peut quitter sa chambre, il lui serait difficile de supporter le transport en ville. Il n'a jamais fait acte d'incivisme. Il a trois fils qui n'ont jamais possédé de seigneuries, l'un a été conseiller au Parlement, il a fait liquider sa charge et le prix en a été employé à l'acquisition d'un domaine national ; le second est capitaine dans la garde nationale, il a été nommé électeur dans la dernière assemblée primaire de son canton, et nous devons dire qu'il est à notre connaissance que l'année dernière, lors du recrutement, il donna une récompense au premier citoyen de la commune de Gemeaux qui s'était enrôlé pour la défense de la patrie. Le troisième est capitaine dans les troupes de ligne, fait prisonnier en Belgique et renvoyé sur parole, il n'a cessé, pendant tout le temps qu'il est resté dans sa famille, de respirer après le moment où il pourrait se venger des maux qu'il a soufferts, et lorsqu'il a été échangé, il n'a pas perdu un instant pour rejoindre son bataillon.

« D'après cela devons-nous toujours les faire arrêter ? »

L'ordre d'arrestation ne fut pas maintenu. Qu'il me soit permis de dire aussi, en passant, que M. Pierre Chauvot fit mettre en liberté de Mandat-Grancey, et empêcha l'arrestation de M. Deblic, d'Echalot.

ÉTAT MORAL
ET MATÉRIEL DES PAYSANS

La condition morale des habitants des campagnes est-elle pire ou meilleure aujourd'hui que sous l'ancien régime ? C'est là une question délicate à résoudre, aussi je ne le ferai pas. Qu'importe mon opinion, à chacun de juger. Les uns parlent du bon vieux temps avec attendrissement ; selon eux, le bonheur était l'apanage de l'homme des champs qui avait toutes les vertus : la bonté, la simplicité, la droiture, la foi conjugale (1). Au XVIIIe siècle surtout, il était à la mode ; on vivait en pleine églogue, on voyait même une reine de France bâtir des fermes d'opéra comique et traire les vaches en robe de satin.

Florian, Berquin ont poétisé le paysan et lui ont donné toutes les qualités ; d'autres, au contraire, font un triste tableau du passé et exultent le temps présent. Il y aurait beaucoup à dire sur ces questions, mais, comme toujours, on ne convainc personne.

On peut toutefois affirmer qu'à Gemeaux, au siècle dernier, la foi religieuse était plus ardente et plus sin-

(1) Albert Babeau, *la Vie rurale*.

cère qu'aujourd'hui ; on fréquentait l'église, on pratiquait ; on travaillait quelquefois le dimanche, mais on manquait rarement la messe. Le 20 mars 1786, les habitants de Gemeaux se réunissent sous la halle et décident, à la majorité des suffrages, qu'il sera donné, chaque année, 200 livres aux Révérends Pères capucins d'Is-sur-Tille pour qu'ils envoient un des leurs dire une messe basse, à 6 heures du matin, les dimanches et jours de fêtes, et l'Assemblée prie M. l'Intendant de les autoriser à s'imposer pour le paiement de cette somme. L'Intendant refuse, annule la convention provisoire faite avec les Capucins : « Le curé, dit-il, est gros décimateur, sa cure est d'un revenu important, il doit donc entretenir un vicaire à ses frais ; que les habitants l'y contraignent s'ils veulent avoir une messe le matin. Du reste, ajoute-t-il, le bourg de Gemeaux est sans ressources et assez chargé d'impôts pour ne pas en créer de nouveaux. »

On voit que si les habitants demandaient une messe le matin, c'était pour être libres d'aller aux champs dans la journée et on est étonné, étant admis les idées d'alors, de voir que l'administration n'ait pas secondé leurs vues ; la résistance de l'Intendant prouve qu'à cette époque le clergé, régulier ou séculier, n'avait pas l'influence qu'on lui a supposée.

Dans les campagnes, chez les laboureurs et les vignerons, il existait alors des confréries respectées ; à Gemeaux, on se disputait les Bâtons de saint Eloi et de saint Vincent ; maintenant ces pauvres saints ont de la peine à trouver un gîte ; aussi, à voir nos récoltes, c'est à penser qu'ils nous en gardent rancune.

Jadis aussi, sous le ciel bleu et dans le soleil d'un beau jour de juin, à travers les sonneries et les cantiques, à l'ombre des bannières de la Vierge et des reliques des saints Jumeaux, portées par de jeunes filles couronnées de roses blanches ; dans des rues tapissées de verdure et jonchées de fleurs, la procession se déroulait dans le village ; on s'arrêtait devant les croix de famille, les reposoirs ; tous, vieillards, hommes, femmes, enfants se courbaient lorsque le prêtre les bénissait.

Aujourd'hui ce n'est plus qu'un souvenir : les vieux saints, on les dédaigne, et cependant tout cela ne faisait de mal à personne ; c'était un hommage public rendu au créateur en face des récoltes qui couvraient la terre. L'homme est si fort, si puissant, qu'il n'a plus besoin de Dieu ! il se suffit, du moins il le croit. C'est le progrès dont nous nous enorgueillissons, pourvu que ce ne soit pas la décadence !

La famille tenait aussi une place plus large dans l'ancienne société française ; les enfants avaient pour leurs parents une affection à la fois craintive et respectueuse, dévouée jusqu'au sacrifice ; il y avait cependant des fils dénaturés car j'ai constaté, dans les registres de la Justice de Gomeaux, que plusieurs habitants du village avaient été condamnés à l'amende pour avoir, par leurs mauvais traitements, forcé leurs pères à se suicider.

Lors des élections aux Etats Généraux, une province voisine de la Bourgogne demandait, dans ses cahiers, qu'on édictât une loi obligeant les fils à porter à leurs pères et mères le respect qui leur était dû. L'application en eût été difficile, car ce sont là des sentiments qui ne se commandent pas.

J'ai constaté qu'autrefois il y avait certainement au moins autant de querelles et de disputes au village que de nos jours ; on médisait de son prochain, du seigneur, du curé ; cela soulageait du paiement de la dîme. Chaque année, le juge condamnait un grand nombre de délinquants, de femmes surtout.

Au point de vue social et politique, on est mieux partagé ; de nos jours, il y a plus de liberté, plus d'égalité, des droits publics plus étendus. Matériellement aussi, il y a un grand progrès, ce n'est pas douteux ; on vit mieux, la vanité, les appétits sont à l'ordre du jour ; mais adieu les économies qui faisaient la force du paysan. Autrefois il luttait, luttait toujours ; il avait un vague pressentiment qu'un jour il atteindrait le but. Les fléaux de tous genres : la peste, les invasions l'abattaient un instant, mais comme Antée il reprenait courage en touchant la terre et comme le Juif-errant dont il est l'image, il allait toujours. Ce qui le soutenait, c'est qu'il était propriétaire, car la propriété, comme je l'ai dit et ne saurais trop le répéter, lui appartenait déjà en partie dans beaucoup de provinces et notamment en Bourgogne.

Il travaillait dur ; aussi malgré ses charges, et elles

étaient pesantes, sa condition allait toujours s'amé-
liorant. Les petites épargnes, souvent répétées, avaient
fini par remplir les vieux bas de laine ; on le vit lors
de la vente des biens nationaux, car il s'en rendit acquéreur à beaux deniers comptants.

Un philosophe qui vivait en 1687, Labruyère, s'exprime ainsi sur l'état matériel du peuple :

« On voit, dit-il, certains animaux farouches, des
mâles et des femelles, répandus par la campagne,
noirs, livides et tout brûlés du soleil. Attachés à la
terre qu'ils fouillent, ils ont une voix articulée, et
quand ils se lèvent sur leurs pieds, ils montrent une
face humaine. En effet, ce sont des hommes. Ils se
retirent la nuit dans leur tanière où ils vivent de pain
noir, d'eau et de racines. »

Au risque d'attrister certains esprits qui se com-
plaisent dans cette peinture et qui redoutent qu'on en
affaiblisse l'effet, je me demande, et beaucoup d'autres avec moi, dans quelle province Labruyère a vu
ce tableau : probablement en traversant une forêt habitée par des charbonniers ; en tout cas, ce n'est pas
à Gemeaux.

Le procès-verbal de la visite (1) de 1666 ne dit pas
que les habitants ont pour demeures des tanières,
mais bien *trois cents maisons* qui sont encore debout
et qui ont peu changé. Il dit aussi qu'une partie de la
population est *fort à l'aise*, et si on consulte les re-

(1) Voir le chapitre : *Une visite à Gemeaux en 1666.*

gistres des notaires, on y voit que beaucoup d'habitants possédaient non seulement des terres, mais un beau mobilier personnel et agricole. On y voit que dans les familles Demartinécourt, Clerc, Gauthier, Sordoillet, Ciresse, Fousset, il y avait des armoires pleines de linge, des bahuts, des lits garnis, de grandes provisions de bouche, des chevaux, vaches, moutons, voitures, etc.

Le four banal se chauffait trois fois par jour ; il y avait un four spécial pour les pâtisseries, flans, flamusses, salées et autres douceurs, qui existait déjà en 1612. Au commencement du xviiie siècle, vers 1702 ou 1703, il y avait à Gemeaux deux boulangers, deux bouchers (1), un pâtissier, deux huiliers, huit tisserands, dix tonneliers, cinq cordonniers, deux savetiers, deux bourreliers, deux maréchaux ferrants, quatre aubergistes, trois marchands, deux chirurgiens, deux notaires, un bailli, un lieutenant de juge, un procureur d'office, un substitut, un greffier, des bourgeois en grand nombre, etc...

Tout cela prouve que le village avait une certaine importance et que les habitants mangeaient autre chose que des racines. En tout cas ils ne buvaient pas seulement de l'eau, je puis l'affirmer, car jamais la vigne n'avait été aussi cultivée et aussi fertile.

(1) « Les bouchers étaient nombreux dans les campagnes ; des bourgs de sept à huit cents habitants en avaient trois ou quatre et tous dans l'aisance. » Albert Babeau, *la Vie rurale*.

16.

Si on remonte plus loin, on voit qu'en l'an 1375, il y avait déjà à Gemeaux 45 feux, c'est-à-dire, en multipliant par cinq, 225 habitants au moins. En 1469 il y avait 805 habitants. Après la bataille de Rocroi, en 1643, le nombre en est réduit à 660, *dit-on*, mais les échevins expliquent aux commissaires chargés du recensement (qu'ils trompaient le plus possible), qu'il était mort 700 personnes de la peste en 1636 (ce que je ne crois pas), qu'ils avaient été pillés et ravagés par l'armée de Galas, les Suédois et les Comtois, qui leur avaient brûlé 25 maisons ; qu'ils avaient 12,000 livres de dettes, ce qui était exagéré, qu'ils n'avaient ni foires, ni marchés, ce qui était faux.

Donc si, en 1636, il y avait encore à Gemeaux 700 habitants, en les ajoutant aux 660 qui existaient en 1643, on voit qu'il devait y avoir, en 1636, 1360 habitants.

Enfin, lors de la visite de 1666, on constate qu'il y a 289 feux, ce qui donne 1445 habitants. En 1783, nouveau recensement, le nombre des habitants est de 1400, et encore ceux-ci avaient intérêt à en dissimuler le nombre (1). Toutes ces visites, faites de temps à autre, dans les villages du bailliage, n'avaient d'autre but que l'augmentation et la répartition des impôts ; aussi les renseignements donnés par les

---

(1) On constate sur les registres de la paroisse en 1700, 50 naissances, 40 à 45 décès. En 1892, trois naissances, dont deux enfants naturels et onze décès !

intéressés sont-ils sujets à contrôle. Il faut de même se défier des plaintes contenues dans les cahiers envoyés aux Etats Généraux. « Comme on demandait aux paysans de résumer leurs doléances, ils n'y ont pas manqué, ils ont consigné les plus petits griefs, fait un grand étalage de tous leurs maux, et ont fait valoir toutes leurs misères. L'impression qui en est restée est attristante, mais il faut remarquer qu'il ne pouvait en être autrement, du moment qu'on les invitait à se plaindre (1). »

Aujourd'hui, on prend toutes ces doléances à la lettre, on les exagère même, on fait passer nos pères pour des gens sans dignité, sans indépendance, subissant comme des bêtes de somme le joug seigneurial, alors qu'à chaque pas les faits démontrent le contraire.

Au tableau si triste et si sombre présenté par Labruyère, on pourrait opposer l'opinion de Voltaire d'abord, et surtout celle des étrangers qui, visitant la France, n'avaient aucun intérêt à n'être pas sincères.

Voyons Voltaire.

« Comment peut-on dire que les belles provinces de France sont incultes. En vérité, c'est à se croire damné en paradis. Il suffit d'avoir des yeux pour être persuadé du contraire. D'où vient cette affluence

(1) Albert Babeau, *le Village sous l'ancien régime.*

de nourritures excellentes, si ce n'est des campagnes. Elles sont donc très bien cultivées, elles sont donc riches. L'étranger est étonné de l'abondance qu'il y trouve.

« Jamais la France n'a été mieux cultivée et surtout plus peuplée que depuis la paix de 1763 (1). »

Voyons maintenant l'opinion des étrangers.

Lady Montague écrit en 1739 :

« Les villages sont peuplés de paysans gros et joufflus, vêtus de bons habits et de linge propre, on ne peut imaginer quel air d'abondance et de contentement est répandu dans tout le royaume. »

Horace Walpole écrit en 1765 :

« Je trouve la France prodigieusement enrichie depuis que je ne l'ai vue, les moindres villages ont un grand air de propreté. »

Le docteur Rigby, qui traversa la France, en 1789, s'écrie en allant de Dijon à Lyon : — « Quel pays ! Quel sol fertile ! Quel peuple industrieux, quel charmant climat. Et lorsqu'il retourne en Angleterre il dit : combien ce que nous avons vu depuis que nous avons quitté la France ne peut être comparé avec ce pays plein de vie ! »

Et enfin Arthur Young renchérit encore sur ce thème en 1788.

Eh bien non, on ne veut pas que nos pères aient

____

(1) Voltaire, *Dictionnaire philosophique* au mot : Population.

été relativement heureux, non, il y a des gens qui s'emportent lorsqu'on soutient cette thèse. La légende veut que jusqu'à la Révolution, nos ancêtres aient mangé des racines, bu de l'eau, habité des tanières, aient été des esclaves et en France les légendes règnent en souveraines.

Mais laissons la France en général de côté, et disons qu'à Gemeaux, tout prouve une prospérité relative. Aux preuves déjà données, j'ajouterai quelques renseignements puisés dans des contrats de mariage du XVIIIe siècle. A cette époque, j'ai compté dans une année quinze contrats de mariage passés devant le notaire du lieu, qui de nos jours n'en reçoit pas la moitié (1), car les époux, n'ayant pas d'apports à constater, s'abstiennent de régler authentiquement les conditions civiles de leurs unions.

Du 7 janvier 1703. Gauthier, notaire à Gemeaux.

Mariage entre Jean Trousseau, vigneron, et Denise Fousset, vigneronne. Dot du mari : trois champs, il fournit 20 livres pour la robe nuptiale de la future, 10 livres pour les bagues, plus il paiera les frais d'épousailles et de festin.

Dot de la future : Elle se marie pour ses droits dans la succession de son père, consistant en un cinquième dans des bâtiments, terres, vignes, soit 12 parcelles, en tout 4 journaux, plus un trousseau

---

(1) M. Meuret, notaire, m'a affirmé qu'en 1892 il n'a pas fait un seul contrat !

composé d'un lit, tenture, couvertures, draps, linge, armoire.

7 *janvier 1703.* Gauthier, notaire.

Mariage entre Jacques Clerc, marchand, et Marguerite Mochot.

Le futur apporte en dot : 5 journaux de terre, un journal de vignes, du vin, du grain, emblavures, 6 brebis, 40 livres pour les bagues de la future, il paiera les frais de la bénédiction nuptiale, plus 80 livres pour les habits de la future, il paiera les frais du festin.

La future apporte une chenevière, 2 journaux de vignes, 3 journaux de terres, plus un trousseau en valeur de 300 livres.

30 janvier 1703. Gauthier, notaire.

Mariage entre Pierre Rossignol, tissier en toiles, et Denise Graillot, vigneronne.

Le futur apporte en dot 25 ouvrées de vigne, plus il fournira les habits nuptiaux et le festin, et donnera 20 livres en bagues et joyaux ; puis le contrat ajoute :

« Et d'autant que le futur n'est pas clerc tonsuré, ladite future jouira, pendant sa vie naturelle, de l'ouvrée de vignes *au-dessus de Gemelot* (1). »

La future apporte un trousseau, 4 poinçons de vin dernière récolte, 10 quartiers de terres et vignes.

17 février 1703. Gauthier, notaire.

Mariage entre Marc Chovot, fils de Vincent Chovot,

---

(1) Je ne m'explique pas le sens de cette disposition.

vigneron, et Jeanne Bedez, fille de Jean, tissier en toiles.

Le futur apporte 15 ouvrées de vignes, 15 livres pour bagues et joyaux.

La future un troussel, 20 ouvrées de terre, 300 livres en argent.

13 février 1703.

Mariage entre Jean Clerc, marchand, et Jeanne Pessard.

Le futur apporte 5 journaux de terres, 300 livres en denrées, 6 brebis, paiera l'habit nuptial, noces, festins, 80 livres pour bagues.

La future apporte 5 journaux de vignes, un bon trousseau, 300 livres, 4 brebis.

Enfin, pour terminer cette trop longue nomenclature, je résume un contrat qui a pour moi un intérêt particulier.

Du 5 juin 1703. Gauthier, notaire.

Mariage entre François Chauvot, fils de François Chauvot, admodiateur des terres seigneuriales de Pichanges, appartenant à M. le marquis de Vitteaux, et de honeste Judith Caillot, son épouse, et Claudine Gauthier, fille de Claude Gauthier et d'honeste Claudine Clerc, sa femme.

Les père et mère du futur lui constituent en dot 1000 livres payées comptant en 60 louis d'or et le reste en écus blancs et autres monnaies royales, plus 10 journaux de vignes et terres et encore 30 livres de rente sur un sieur Claude Demier, plus les père et mère se chargent des frais de noces et épousailles et encore 100 livres de joyaux et bagues. Plus promettent le père et la mère du futur de nourrir, vêtir, entretenir les jeunes époux pendant un an et plus longtemps s'ils sont satisfaits, puis de payer leurs impôts et tailles.

La future apporte un trousseau en valeur de 300 livres, des terres, des vignes d'une contenance de 12 journaux.

Cet acte a été enregistré aux droits de 3 livres, soit environ 9 francs. Aujourd'hui ce contrat aurait payé au fisc au moins 200 francs (1).

Si l'on veut consulter les minutes du notaire Gauthier, qui sont à l'étude de Gemeaux, on aura la preuve certaine de la situation de fortune de certains habitants, laboureurs, vignerons, marchands. Tous n'étaient pas dans ce cas, mais si le notaire recevait de quinze à vingt contrats de mariage par an, cela prouve qu'il y avait une grande aisance moyenne, peut-être supérieure à celle de nos jours, et ce qui le prouve encore, c'est la quantité considérable de têtes de bétail qui existait.

Il y avait deux pâtres publics, un taureau banal, quelquefois deux. Les pâtres conduisaient au pâturage des vaches, chèvres, moutons; ils étaient nom-

(1) C'est avec intention que j'ai inséré, dans ce chapitre, les Extraits de ces contrats au lieu de les donner dans les pièces justificatives.

més à l'élection et recevaient un traitement de la communauté.

Le 12 novembre 1708, convention entre les habitants et le sieur Jean Forquay, pour la garde et conduite des troupeaux, moyennant un boisseau de blé convenu par chaque bête payable à la Noël. Le pâtre était tenu de loger, nourrir le taureau banal, mais les habitants ayant vache devaient lui fournir la paille. Le traitement du pâtre pouvait s'élever à 120 livres.

Les habitants de Gemeaux étaient fiers de leur taureau, ils le changeaient tous les ans. On voit en effet, dans les comptes de la communauté, qu'un taureau acheté 500 livres était revendu l'année suivante 400. On en rachetait un autre 600 livres, on le revendait 500, et toujours on augmentait le prix, c'est sans doute ce qui justifie ce dicton :

> Ca quement le beu de Gemia,
> Teujo de pu bia en pu bia.

> C'est comme le bœuf de Gemeaux,
> Toujours de plus en plus beau.

Ce taureau était l'objet de soins particuliers ; ainsi Nicolas Castille, pâtre communal en 1740, réclame 15 livres pour remèdes donnés à l'animal. Les habitants offrent 10 livres ; Castille se pourvoit devant l'Intendant qui condamne la communauté à payer les 15 livres.

On a dit que la nature de l'habitation d'un peuple faisait juger de son aisance ; or Gemeaux a toujours eu des maisons sinon élégantes, du moins solidement

17

bâties, et cela depuis le xiii° siècle, ainsi qu'on peut en juger par celles qui sont encore debout. Tout concourt donc à prouver ce que j'ai avancé, que le village était relativement dans l'aisance avant la Révolution.

A cette époque, le paysan s'habillait de droguet, il se coiffait d'un bonnet de laine grise ; le dimanche une veste bleue à petits pans avec boutons de cuivre, la culotte courte avec boucles d'acier ; la blouse, dit-on, n'a paru que sous Louis XVI, j'ai peine à le croire. Les femmes portaient des robes de cotonnade, des bonnets à barbe tuyautés, un madras en guise de châle ; le dimanche une robe de laine avec un fichu, rarement des rubans aux bonnets. Pour chaussures le plus souvent, en été comme en hiver, des sabots à pelisses.

On riait, on dansait plus qu'aujourd'hui, les noces étaient nombreuses, elles duraient trois jours, c'était une vraie solennité en même temps qu'une fête de famille. Les repas étaient interminables, pour peu que les parents soient aisés ; le lendemain de la noce, dès l'aube, on ne manquait pas d'aller porter aux époux le vin sucré traditionnel.

Les fêtes de village avaient plus d'entrain, plus d'éclat que de nos jours ; on célébrait aussi le dimanche des brandons, les feux de la Saint-Jean, sans oublier la fête patronale.

A Gemeaux, on dansait tantôt au bois de la Charme, tantôt sous le gros tilleul qui se trouvait à la place de l'école des filles. C'est là aussi qu'on allumait le grand feu des Brandons, autour duquel les jeunes filles tournaient en chantant à la ronde. Le 23 mars 1758, le procureur d'office requiert le bailli de faire défense à l'avenir d'allumer ce feu, qui a failli incendier les maisons voisines ; il sera seulement permis d'allumer quelques fagots sur la Charme, près du jeu de quilles.

« Ainsi circonscrite et resserrée, la vie était alors plus agréable qu'aujourd'hui, les âmes moins troublées et moins tendues, moins fatiguées et moins audolories, étaient plus saines. Exempt de nos préoccupations modernes, le Français suivait ses instincts aimables et sociables du côté de l'insouciance et de l'enjouement, grâce à son talent naturel pour s'amuser en amusant les autres (1). »

Pendant la semaine sainte, le maître d'école faisait quêter pour la *Passion*.

Les petits enfants se présentaient aux portes en chantant :

> *Messieurs et Dames*, vous plaît-il d'écouter
> Une complainte pieuse à raconter,
> De Notre-Dame, qui eut le cœur dolent,
> Quand elle sut que fut pris son enfant.
>
> Traître Judas, tu fus bien déloyal,
> D'avoir trahi un sang juste et royal ;
> Trente deniers aux Juifs tu l'as vendu,
> Tu en seras puni et confondu.
>
> . . . .

(1) H. Taine, *le Régime moderne*.

Ils terminaient ainsi :

O filles et femmes qui faites de bons flans,
Ne mettez pas tous vos œufs dedans.
O filles et femmes qui voulez servir Dieu,
Donnez des œufs aux enfants de ce lieu,
Donnez-en deux
Et vous irez aux cieux.

Aujourd'hui encore, les enfants vont chanter aux portes, ramassent des œufs et des sous ; les œufs sont pour le maître, qui ne chante plus la *Passion*, et les sous pour les petits garçons, qu'il fait chanter.

Lorsque venait le mois de mai, que l'aubépine était en fleurs, les garçons couronnaient les maisons de leurs promises de branches fleuries. Tous ces vieux usages, ces charmantes fictions, qui ne manquaient pas de poésie, disparaissent et sont remplacés par la froide raison, et par la libre pensée, mal comprises, et encore plus mal appliquées.

L'assistance publique, sous l'ancien régime, ne faisait pas défaut, elle était peut-être aussi bien organisée que de nos jours. En effet, à qui doit-on la création des hospices, des crèches, sinon à de pieux fondateurs ; Odebert, à Dijon, Rollin, à Beaune.

Au moyen âge, presque dans tous les villages, il existait une Maladière ou maladrerie ; plus tard, lorsque la lèpre et la gale eurent disparu ou à peu près, ces établissements furent délaissés ; mais il se créa des bureaux de charité (1) composés des dames notables du village, qui s'occupaient des pauvres, les soignaient et les assistaient, d'accord avec le seigneur ; c'est ce qui se pratiquait à Gemeaux, où chaque dimanche il y avait une distribution de secours à la porte du château, car le seigneur était obligé, par les règlements et les ordonnances, de s'occuper des pauvres, des voyageurs sans ressources et des enfants abandonnés. Les voyageurs couchaient dans la grande halle du four où ils avaient chaud, et où ils n'étaient pas oubliés par les bonnes femmes du village.

En juillet 1707, on trouve, dans une rue voisine de la rue Moreau, une petite fille emmaillotée âgée d'environ cinq à six mois ; un billet attaché à ses langes indiquait qu'elle avait été baptisée et qu'elle s'appelait Anne Jacquet. Elle fut placée chez le fermier de la seigneurie.

Sous l'ancien régime on oubliait ses peines et on s'amusait le dimanche. Après l'office divin où tout le village assistait, on dînait en famille, et si le temps était beau, on se rendait sur la Charme, au bois. Les hommes jouaient aux quilles et le perdant invitait à boire chez lui le vin du cru. Les femmes causaient, les filles cueillaient des fleurs suivies par les garçons qui les engageaient à jouer au *loup* ou à *la bique ;* il en

(1) C'est en 1867 que le bureau de charité privé a cessé de fonctionner à Gemeaux. Ses ressources, qui étaient importantes, ont été versées au Bureau de bienfaisance.

résultait bien quelques fautes, mais presque toujours promptement réparées par le mariage.

On fréquentait moins les cabarets qu'aujourd'hui, cependant ils étaient aussi nombreux que de nos jours, seulement ils prenaient le nom de *logis ou hôtel*.

En hiver, on fêtait la Noël en chantant, on veillait la souche, que les petits enfants de leur lit ne perdaient pas de vue, attendant le moment où elle allait pondre des noisettes et des châtaignes.

Pour occuper les longues soirées de la mauvaise saison, les femmes allaient à l'écraigne. Elles fournissaient, à tour de rôle, la lampe ; celle qui prêtait le local ne devait pas autre chose. Là, on s'en donnait à cœur joie, on médisait des écraignes voisines tout en filant ou en *tillant*. On racontait des histoires de sorciers et de loups-garous, pendant que les marmots roulaient de sommeil sur les jupes maternelles.

L'entrée de ces réunions était interdite aux garçons, mais ils trouvaient toujours une raison pour s'y introduire, surtout pendant le carnaval en se déguisant. Ils faisaient de grosses farces aux filles, les barbouillaient de suie, mettaient des fagots d'épines devant la porte pour les faire tomber et avoir le plaisir de les relever. Ils plaçaient sur leur chemin des potirons éclairés qui ressemblaient à des têtes de morts; ils les poursuivaient, couverts d'un grand drap blanc qui les faisait ressembler à un fantôme. Ces farces, qui n'avaient pas même l'attrait de la nouveauté, amusaient toujours les *gasseutes*. C'était pour elles une occasion de s'enfuir, de quitter leurs mères pour aller retrouver les garçons au détour d'une rue.

En mars 1754, un sieur Décognou s'était habillé en religieux et se faisait accompagner de la femme du sieur Bergier, sergent royal ; ils entraient ensemble dans les écraignes, où la femme Bergier le présentait pour un vrai religieux et disait qu'il n'avait pas son pareil pour bien confesser. Plusieurs femmes avaient demandé alors à être entendues par lui, mais l'une d'elles le reconnut. Cela fit grand scandale, les vieilles femmes faisaient le signe de la croix, pendant que les jeunes riaient aux éclats. Le procureur, prévenu, fit une enquête, et comme il s'agissait là d'un fait considéré comme sacrilège, l'affaire fut renvoyée par lui, après audition des témoins, au lieutenant criminel à Dijon.

Les écraignes eurent à Gemeaux une longue existence, car il me souvient encore des veillées qui se tenaient, il y a environ 30 ou 40 ans, dans la cave d'une maison des halles, habitée alors par une brave fille qu'on appelait *Nanette Noize.*

Autrefois le paysan était plus gai et plus sociable, la politique ne s'en était pas encore emparé et ne l'avait pas rendu soucieux, sombre et triste. Maintenant il est citoyen, jouit de tous ses droits civils et politiques et il n'est pas satisfait, du moins il n'en a pas l'air. Aussi, plus de réunions, plus de promenades, partant plus de joie, ni de gaieté. Chacun vit chez soi et pour soi, on ne pense qu'à l'argent, on travaille les dimanches et fêtes, sans trêve ni repos, on se rend esclave de soi-même, plus peut-être qu'on ne l'était des autres. En est-on plus riche et plus heureux ? Je le désire, mais il est permis d'en douter !

CONCLUSION

Il est de mode aujourd'hui, sinon de bon goût, de médire de l'ancien régime, et de le charger comme l'âne de la fable de tous les crimes.

J'ai cru longtemps, sur la foi des légendes, que le seigneur, jusqu'en 1789, était le maître absolu et des hommes et des choses. Beaucoup dans le village le croient encore ; aussi grande a été ma surprise, au fur et à mesure que j'avançais dans cette étude, de voir qu'il n'était plus même assez puissant, au xviie siècle, pour supprimer un four banal qui lui appartenait, sans le consentement des habitants de Gemeaux ; et qu'au xviiie siècle, il n'avait pas assez d'influence pour leur faire nommer un recteur d'école de son choix.

J'ai été bien plus étonné encore lorsque j'ai constaté qu'aux xiiie, xive et xve siècles, les habitants administraient les affaires de la communauté par le suffrage universel, sans aucun contrôle, ni du seigneur, ni du pouvoir royal ; les intendants de province n'étant venus qu'au commencement du xviie siècle.

Oui la commune était libre, ses intérêts étaient distincts de ceux du seigneur ; de part et d'autre on les respectait : moyennant le paiement de la taille royale et des droits féodaux, les communautés jouissaient de libertés municipales plus grandes que celles que leur accorde le régime moderne, qui ne leur en accorde pas du tout.

« L'ancien régime (1) a connu cette distinction salutaire entre le domaine municipal et le domaine politique. Ce fut une de ses forces, ce fut son honneur de respecter, malgré les abus et les progrès de la centralisation, quelques-uns des caractères essentiels de la liberté communale. Le nom de *francs* donné par Louis le Hutin à ses sujets n'était pas un vain mot. L'ancienne France ne fut pas complètement asservie sous le despotisme, comme tant d'écrivains l'ont écrit. Louis XIV ne déclarait-il pas lui-même que la liberté avait toujours été l'apanage de son royaume.

« Dans les régions les plus humbles le pouvoir royal laissait aux habitants des campagnes l'exercice de leurs libertés communales, etc. (2).

Dès le xiiᵉ siècle on disait dans notre province : « En Bourgogne il n'y a pas de serfs de corps. »

De nos jours quelles libertés ont les communes? Elles ne peuvent disposer de rien, soit en valeur mobilière, soit en valeur immobilière, sans l'autorisation

(1) Il faut entendre, par ancien régime, les xviiᵉ et xviiiᵉ siècles.
(2) Albert Babeau, *le Village sous l'ancien régime.*

de *M. le Préfet ;* et comme une conséquence naturelle de cette tutelle, les maires qui représentent avant tout le gouvernement et par suite l'autorité, ont des pouvoirs exorbitants, scandaleux, qui laissent loin derrière eux ceux des seigneurs d'antan.

Nos libertés publiques ne sont qu'apparentes, elles existent dans les chartes et constitutions, et c'est tout. Le pouvoir les interprète à sa guise, et ceux qui sont lésés n'ont aucun recours contre les violateurs des lois.

Dans les pays de vraie liberté, en Angleterre, par exemple, un ministre, un agent du pouvoir qui méconnaîtrait les droits d'un citoyen si humble qu'il soit tomberait sous le mépris public ; en France, c'est un titre de gloire, on l'appelle sauveur, homme à poigne, peu importe sa valeur morale.

Sous l'ancien régime, on voyait des procureurs briguer contre les membres du Parlement les fonctions électives de vicomte-maieur de Dijon, engager contre eux une lutte acharnée ; mais le droit de chacun était tellement reconnu, qu'il ne venait pas même à l'idée du supérieur d'en garder rancune à son subordonné.

Quelle situation serait faite de nos jours à des fonctionnaires qui voudraient seulement lutter, non contre des principes, mais contre des hommes qui personnifient le gouvernement ? Si vous ne partagez pas leurs opinions, leurs ridicules, si vous n'épousez pas leurs faiblesses, passez, on ne vous connaît pas.

« Faire son chemin, avancer, parvenir, telle est maintenant la pensée qui domine dans l'esprit des hommes (1). » Pour atteindre ce but, tous les moyens sont bons, on écrase les rivaux, c'est au plus fort, au plus intrigant, au plus souple, sinon au plus capable.

« Le soldat ne songe qu'à déplacer l'officier, l'officier qu'à devenir général, le commis qu'à supplanter l'administrateur en chef, l'avocat d'hier qu'à se vêtir de la pourpre, le curé qu'à devenir évêque, le lettré qu'à s'asseoir sur les bancs des législateurs. Les places, les états, vacants par la nomination de tant de parvenus, ont offert une vaste carrière aux classes inférieures. Voyant sortir du néant un fonctionnaire public, quel est le décrotteur dont l'âme n'ait pas été remuée d'émulation. Sous l'ancienne monarchie, l'avancement était limité, on tenait compte à l'individu, non seulement de ses mérites et de ses services, mais aussi de sa famille et de ses ancêtres, de sa condition, des compagnies qu'il fréquentait. On restait dans les fonctions que le sort ou le hasard vous avait fait choisir et on s'en contentait (2). »

Mais, dira-t-on, les charges se vendaient toutes ? c'est vrai ; toutefois, pour en être investi, il fallait obtenir le consentement du corps dans lequel on

(1) H. Taine, le *Régime moderne.*
(2) Idem.

allait entrer, fournir des garanties, et prouver qu'on était à la hauteur de ses nouvelles fonctions. Il n'était pas rare de voir un candidat ajourné plusieurs fois pour cause d'insuffisance. Les rois, en vendant, pour se procurer des ressources, toutes les charges publiques, avaient aliéné une grande partie de leur puissance, et avaient fait de la décentralisation sans le savoir. Il est plus difficile de se débarrasser d'un agent qui est propriétaire de sa charge, que d'un simple fonctionnaire, toujours sous le coup d'une révocation.

Supposons aujourd'hui les magistrats, les employés de l'enregistrement, des finances, et autres, tous propriétaires de leurs charges et ayant leur franc parler, sans avoir à craindre pour leur pain quotidien. Quelle explosion d'opposition ne se produirait-il pas ?

La vénalité des charges avait donc certains avantages, puisqu'elle rendait le titulaire absolument indépendant vis-à-vis du pouvoir, et faisait de lui, non pas un fonctionnaire, mais un citoyen. Les magistrats étaient riches, partant indépendants, ils avaient bien quelques défaillances inhérentes à l'humanité, mais n'y en a-t-il plus ! Dans les grandes questions de principes, on les trouvait debout, luttant, la tête haute, contre les empiètements de la royauté, et préférant l'exil à la soumission. De nos jours encore, les avoués, les notaires paient leurs études, en résulte-t-il des inconvénients sérieux pour les justiciables ? non, ce sont là au contraire des garanties que ne présen-

teraient peut-être pas des notaires ou des avoués dont
la nomination serait due plus souvent à des influen-
ces politiques, qu'au mérite personnel.

Il y avait donc autrefois une initiative individuelle plus étendue, une vie communale et provin-
ciale plus large ; l'homme était quelque chose, au lieu
de n'être plus qu'une machine à voter, qui, son vote
exprimé, rentre dans le régiment de la décentralisation, pour y être administrée automatiquement.
Allez assister à une séance d'un conseil municipal de
village, vous y verrez à quel degré ces braves édiles
ont été pétris de centralisation ; vous n'entendrez
que : il faut écrire à M. le Préfet, il faut demander
à M. le Préfet. Vous perdrez votre temps à leur faire
comprendre que cette affaire ne regarde pas le Préfet,
que c'est une affaire privée ; non ils ne veulent rien
entendre, il faut bon gré mal gré en saisir le Préfet.

Je sais bien qu'avec son Bulletin de vote, l'électeur
pourrait changer le système. D'abord, il n'y tient pas,
puis il ne vote jamais pour un homme, mais contre
un homme. Lui présente-t-on un candidat du pays,
honnête, intelligent, riche et par conséquent indépendant, il le jalouse, et lui préférera toujours un
déclassé, avocat sans cause, médecin sans clientèle,
un *sous-vétérinaire* quelconque qui ne demande qu'à
se vendre au premier Cornélius qui se présente *pour
l'acheter. Nous voulons Barabbas*, sera éternelle-
ment vrai. « Aujourd'hui on dirait volontiers : j'aime
mieux la servitude et la privation pour tous, que des

libertés et des avantages pour quelques-uns et pourvu que le niveau passe sur toutes les têtes, j'accepte un joug pour toutes les têtes, la mienne y compris (1).

Sous le régime monarchique, le pouvoir était absolu, on l'a renversé, et c'est le peuple qui est souverain. Chose étrange, sa souveraineté ne lui a pas réussi, tous les ans il augmente ses impôts et supporte des abus tels que la monarchie n'en a pas connus ; aussi un Républicain indigné s'écrie :

« Les scandales parlementaires ont déchiré une à une les illusions de la confiance nationale. Elle est profondément ébranlée par les preuves chaque jour accrues d'une dégradation qui n'entache pas seulement l'honneur des représentants du suffrage universel, mais qui a surtout perverti les mœurs politiques (2). »

Déjà en 1887, la presse avait flétri ces manœuvres. Le journal *les Débats* disait : *Les Députés exploitent leur influence comme un fonds de commerce.* Quant aux journaux comme le *Radical*, le *Parti National*, le *Siècle*, le *Matin*, ils se sont servis d'espressions si dures, qu'on me saura gré de ne pas les reproduire ici.

Oui l'ancien régime a eu ses abus, je les connais et si je ne me suis pas étendu plus longuement sur leur compte, c'est que résultant des usages, des cou-

(1) H. Taine, *le Régime moderne.*
(2) Ernest Judet, *Corruption, Perversité, Trahison.* — *Petit Journal* du 20 décembre 1892.

tumes, des mœurs, on peut dire même des lois, ils étaient plutôt généraux que particuliers, et on les ressentait peu dans les villages ; aussi les paysans les subissaient sans trop s'en plaindre, car ils ne l'atteignaient qu'indirectement. C'était la loi de l'époque, arbitraire à l'origine, despotique en principe, imposée de force, mais on vivait avec elle, comme nous vivons avec cette centralisation qui nous étouffe et les impôts qui nous écrasent.

Faut-il donc conclure en faveur de l'ancien régime contre le moderne ? Non, évidemment ! jamais une pareille pensée n'a même germé dans mon esprit, mais il faut avoir pour lui les égards que l'on a pour les vieillards. C'est lui qui a été notre maître et qui, d'une main lente mais sûre, nous a conduits au port, car il s'est produit dans l'ordre administratif, judiciaire et politique ce qui s'est produit dans l'organisation militaire ; sans la vieille armée royale, les volontaires de la Révolution, malgré leur courage, n'auraient pas conquis l'Europe.... ce qui aurait mieux valu pour l'Europe et surtout pour la France.

Si je respecte l'ancien régime, j'aime la liberté, basée sur le respect des droits de tous, liberté qui élève l'homme et l'honore, qui lui fait sentir qu'il est un citoyen ; et non cette liberté mesquine, jalouse, tracassière, que les gouvernements nous marchandent encore, comme si elle ne nous appartenait pas, et par un droit naturel et par un droit de conquête.

PIÈCES JUSTIFICATIVES

I

REMISSIO PRO RICARDO FERET (1)

Charles, etc. Savoir faisons à tous presens et à venir à nous avoir esté humblement exposé de la partie des amis Charnelz de Richart Fernet, povre laboureur de bras, vigneron, chargié de femme et d'enfans, demourant à Gemeaulx, que comme le dimenche VIIe jour de ce presen mois d'aoust un appellé Perronin Chavantet, dudit Gemeaulx, feust venus devant l'ostel dudit Richart, et illec, sans son congié ou licence, se feust efforciez de demolir rompre et desmurer un cleau de pieux où closture, qui estoit ainsi que un rastellier au travers d'une ruelle estant audit Gemeaulx, atachié icellui cleau à deux murs, d'un costé au mur dudit Richart et de l'autre à un autre mur, et est icellui cleau ou closture fait pour obvier à ce que chevaulx, pourceaulx ne autres bestes ne puissent

(1) En 1404, un sieur Richard Fernet, en se disputant avec un sieur Perronin Chavandet, se saisit d'un pieux et le tua. Fernet fut mis en prison à Selongey et demanda sa grâce au roi Charles VI qui la lui accorda par ces lettres. Il est à remarquer que le meurtre est du 7 août et que les lettres de grâce ont été accordées dans ce même mois. Et à cette époque l'ennemi occupait la France et les communications étaient très difficiles avec Paris.

aler par la dicte ruelle pour le dommaige qu'elles y pour-
roient faire aux blez, jardinages, vignes et autres biens dudit
lieu de Gemeaulx, et n'y a ruelle que pour gens à pié; et
feust là survenus dudit Richart, et eust demandé audit Perrenin pourquoy il despessoit et abatoit son mur disant que
c'estoit mal fait de lui faire si grant dommaige et aussi de
despecier ledit cleau, qui est pour le pourfit et à l'usaige de
toute la commuuaulté de la dicte ville, auquel Richart ledit
Perrenin, en procédant toujours et asbatant comme devant,
eust respondu qu'il abatroit ledit mur et despesseroit ledit
cleau pour passer la vache et toutes autres bestes et gens
malgré le sanglant visaige dudit Richart. Et pour ce ledit Richart, veant le dommaige que ledit Perrenin lui faisoit, se
feust apuyé sur l'un des bous dudit cleau, pour cuidier em-
peschier la mauvaise voulenté dudit Perrenin, et lui supplia
par plusieurs fois qu'il se voulust desister de ce faire, mais
ledit Perrenin n'en tint compte et de fait et à force, en per-
severant en son mauvais propos, abati et desmoli d'icellui
mur une grant quantité, et en le abatant chut une grosse
pierre sur le pié dudit Richart qui le bleça et greva moult
fort. Et lors ledit Richart, soy veant ainsi blecié et injurié et
que ledit Perrenin abatoit ainsi son mur et ledit cleau, meuz
d'ire et de courroux et de la temptation de l'ennemi, print un
baston esguisié appellé une fiche pour charrete, qu'il trouva
d'aventure emprez ledit cleau, et en donna d'une seule main
audit Perrenin un seul cop sur le hastorel du col derrière
l'oreille, duquel coq ledit Perrenin chut à terre et assez tost
après ala de vie à trespassement. Pour occasion duquel fait
ledit Richart, moult esbahy de ce, accompaignié d'aucun de
ses voisins, s'est rendu prisonnier en la tour de Selongey,
appartenant à nostre amée la dame de Grancey le Chastel (1).
Et pour ce, lesdits exposans nous ont fait humblement sup-

(1) Les de Grancey étaient seigneurs de Gemeaux en 1401,
et aussi de Selongey.

plier que, comme ledit Richart ait tout son temps esté et soit homme de bonne vie, renommée et honneste conversacion, sans ce qu'il feust oncques reprins, attains ne convaincus d'aucun autre villain cas ou blasme, et que ledit Perrenin feust homme rioteux, de très mauvaise vie et renommée, et pour contemplacion de ladicte povre femme et enfans, que sur ce vueillons audit Richart impartir nostre grace, pitié et miséricorde, et nous, eue consideracion aux choses dessus dictes, voulons grace et misericorde estre preferées à rigueur de justice, audit Richart Fernet ou cas dessus dit avons quitté, remis et pardonné, quittons, remettons et pardonnons de notre grace especial, plaine puissance et auctorité royal le fait et cas dessus dit, ensemble toute peine, offense et amende corporelle, criminele et civile en quoy il puet estre encourus envers nous et justice pour occasion dudit cas, et le restituons à son (*sic*) bonne fame et renommée au pais et à ses biens non confisquez, et imposons sur ce silence perpétuel à nostre procureur et à tous autres, satisfaction faicte à partie civilement tant seulement selon la faculté dudit Richart, se faicte n'est, parmi ce que ledit Richart demoura un mois en prison fermée, et sera puni civilement selon sa faculté. Si donnons en mandement en (*sic*) nostre bailli de Sens et à tous noz autres justiciers et officiers présens et à venir et à leurs lieuxtenans et à chascun d'eulx, si comme à lui appartendra, que de nostre présente grace et remission laissent et facent joir et user paisiblement ledit Richart sans lui faire ne donner ou souffrir estre donné destourbier ou empeschement au contraire, et se le corps dudit Richart ou aucuns de ses biens sont pour ce prins, saisiz, arrestez ou empeschiez, qu'ils les mettent ou facent mettre tantost et sans délay à plaine delivrance. Et pour ce que ce soit chose ferme, etc. Sauf, etc.

Donné à Paris, ou mois d'aoust, l'an de grace Mil CCCC et un et de nostre règne le XXe.

Par le Roy, à la relacion du Conseil,
MANLOUE

Archives nationales, J. J. 156, folio 148 verso.

II

14 AVRIL, PARIS. — CHARLES VIII, A LA REQUÊTE DU SIRE DE NEUFCHASTEL, SEIGNEUR DE GEMEAUX, CRÉE DEUX FOIRES ET UN MARCHÉ A GEMEAUX,

Creatio nundinarum pro domino de Neufchastel in loco de Gemeaulx.

Charles, etc., savoir faisons, etc. Nous avons reçu l'umble supplication de nostre bien amé et féal cousin, conseiller et chambellan le sire de Neufchastel contenant que entre ses autres terres et seigneuries il est seigneur de Gemeaulx, assis en nostre duchié de Bourgoigne au bailliage de Digon, auquel lieu avoit paravant les guerres ung bel et gros villaige bien loigié et habitué, lequel durant icelles a esté destruit et est à present depopulé en maniere que de longtemps il ne scroit remis sus sans aucune aide et moyen ; à ceste cause nostre dit cousin suppliant, qui est hault justicier dudit lieu et désire la reedification et restitucion d'icelluy tant pour son utilité comme aussi de ses subgetz et afin que chascun ait cause de soy y retirer, nous a humblement fait prier et requérir que nostre plaisir soit creer et ériger audit lieu, deux foirez l'an, et un marchié par chascune sepmaine aux jours cy après declarez, et sur ce luy impertir nostre grace. Pourquoy, etc., inclinans liberalement à la requeste de nostre dit cousin et pour subvenir à ses subgetz et à ce qu'ilz se puissent relever des dommaiges qu'ilz ont euz durans lesdites guerres, pour ces causes et autres à ce nous mouvans avons audit lieu de Gemeaulx de nostre grace especial pleine puissance et auctorité royal, par ces presentes creé, erigé et estably, creons, etc., deux foires l'an aux jours qui s'ensuivent: c'est assavoir l'une le deuxieme jour d'Aoust et l'autre le deuxieme jour d'Avril et ung marchié au jour de mardy chascune sepmaine de l'an, pour icelles foires et marchié y estre tenues, continuées et entretenues ausdits jours perpetuellement

et a tousjours pour en icelles estre vendues acheptées et tro-
quées changées et distribuées toutes denrées licites et honnes-
tes, à telz droiz prix, aulnaige, mesuraige, privileges, franchises,
libertés et prérogatives que ès autres foires et marchiés du
pay d'environ, parmy ce quà il n'y ait marchié audit jour de
mardy à quatre lieues françoises à la ronde ne aussi ausdites
foires establies ausdits jours, auxquelles ces presentes puissent nuyre. Si donnons en mandement au bailly de Dijon et
à tous noz autres, etc., que de noz presens grace, etc., ilz
facent, etc., joyr et user nostredit cousin suppliant et ses
successeurs seigneurs dudit lieu, en faisant crier et publier
lesdites foires et marchié à son de trompe et cry publique
par tous les lieux, ainsi qu'il est acoustumé de faire, en permettant à nostre dit cousin de faire construire, bastir et édifier audit lieu, se bon luy semble, une halle pour seoir et
tenir lesdites foires et aux marchans et autres ayans congié
de luy, lolges et estaulx et autres choses nécessaires pour le
fait desdites foires et marchié à telz droiz, privileiges et libertés qu'ilz ont et ont acoustumé d'avoir ès autres foires et mar-
chiez du pay d'environ, car ainsi, etc., et afin, etc., sauf, etc.

Donné à Paris ou moys d'Avril l'an de grace mil CCCC. IIII^{xx}
et XI et de nostre regne le VIIIe. Ainsi signé par le roy, les
sires de Rohan, de Piennes et de Grimault, maistre Charles
de Pontos et autres presens, Bohier. Visa contentor, Boucher.

Archives nationales. Transcription du registre du Trésor des
Chartes, J. J. 226^b, n. 6, fol. 1 verso.

<h2 style="text-align:center">III</h2>

**DÉNOMBREMENT DE LA TERRE ET SEIGNEURIE DE GEMEAUX
DONNÉ PAR MESSIRE JOACHIM DE VIENNE DIT DE BEAUFRE-
MONT, LE 11 MARS 1609.**

1º Ung chasteau encloz de muraille quasy ruyné, dedans
lequel est l'église parrochialle dudict Gemeaux et portion du
cimetière.

Plus ung molin à vent qui vault par communes années cinq esmines de bled (1) ;

Item. — Il y a plusieurs censes emphiteotes portant lotz, vente, retenue, remuages et amendes sur plusieurs héritages, revenans par communes années à vingtz et ung escuz.

Item. — Une halle au milieu du village où se tiennent les foires et marchez dudit Gemeaux, au-dessus de laquelle et en deux endroitz y a quatre maisons qui doibvent chacun an de cense, trois escuz et quatre poulles ;

Item. — Soubs ladicte halle y a deux caves qui doibvent chacun an de cense, seize solz huit deniers ;

Item. Un four bannal seiz prez lad. halle qui vault par com. munes années 50 esmines de grains, mesure dudit Gemeaux le quart froment, le quart bled de 2 grains et la moitié aveyne ;

Item. — A le dit seigneur droict de faire égandiller et marquer les boisseaux à quoy se mesurent les grains qui se vendent et mesurent aud. Gemeaux, tant aux foires, marchez et ès maisons dud. lieu ;

Item. — Y a tous les mardy marchez audict lieu, et deux foires l'an ; l'une au jour de Sainct Claude en juing et l'autre au jour de Saincte Catherine en novembre ;

Item. — Se lève et perçoit aux dictes foires et marchez, et autres jours, tant en grains que en argent pour les ventes et esminages par communes années, la somme de cinq escuz ;

Item. — Ledict seigneur a le droict de créer ung maire pour lever les droictures qui en deppendent, qui peut vailloir par communes années siz escuz ;

Item. — La justice de Gemeaux est exercée par ung bailly que ledict seigneur crée et institue pour expédier les causes de sa justice, tant de ladite mairie, prévôté, gruerye et aultres ;

Item. — Ledit seigneur a le droict de créer ung gruier pour expédier les causes qui proviennent des degasts ès boys et chasses ;

(1) Ce moulin était situé sur la Charme, à l'endroit où se trouve la tour.

Item. — La prévôté vault par communes années six escuz ;

Item. — La gruerye vault par communes années deux escuz ;

Item. — Ledit seigneur a ce droit de prendre et recevoir sur les non clercz et bigames par communes années tant en grains, poulles et argent, environ vingtz escuz ;

Item. — Il est deu par lesdits habitans dudit Gemeaux ayant chevaux et bestes traihantes, deux journaux de charrue ;

Item. — Il est permis audit seigneur de lever le laictage des chèvres et brebis, selon la coutume qui peut vailloir par communes années quarante solz ;

Item. — Ledit seigneur a puissance de nommer et créer ung gr....r pour exercer son greffe audit Gemeaux, dont il ne se tire aucun proffit ;

Item. — N'est permis aux habitans dudit Gemeaux faire assemblées communes pour les affaires et négoces sans la licence dudit seigneur ou ses principaux officiers ;

Item. — Deppend de ladite seigneurie environ 25 journaux de vignes, 20 soitures de prez, ung molin à eau appelé le molin de Venarde, qui est accensé une esmine et demie de bled, mesure de Gemeaux ;

Item. — Une quantité de terres labourables accensées pour 4 esmines, moitié froment et aveyne ;

Item. — Certaine rente ou dixme de Montmeurout, qui se lève sur certains héritages redevables dont il se lève et perçoit 3 esmines ;

Item. — Le Seigneur a ce droict de prendre et percevoir les langues des grosses bestes que les bouchers tuent pour vendre, tant aux foires, marchez, que aultres jours, qui peuvent vailloir ung escu ;

Item. — N'est permis à nul desdits habitans et aultres qui y tiendront feu et lieu, de ne cuire pain ni paste levée, hors que au four bannal dudit Gemeaux, sans la licence et congé dudit seigneur, et peut vailloir six boisseaux froment ;

Item. — Aussy n'est permis à quelque personne que ce soyt de faire estat tant de bouche, ny vendre chair en détail publicque, qu'il ne soyt déclaré habitant dudit seigneur et qui n'ait fait chœf-d'œuvre sans la licence et congé dudit seigneur.

Item. — Aussy permis à aucun de tenir boutique de tixerant tant de toille que de droit, qui n'ayt fait chœf-d'œuvre sans la licence dudict Seigneur.

Item. — Les Ciresses doibvent une livre de cire, abonnée;

Item. — Les Florys doibvent une livre de cire, abonnée ;

Item. — Ledit seigneur a ung signe patibulaire assiz au finage de Gemeaux, dict en Combe Potot près du grand chemin tirant de Dijon à Langres.

Extrait sur l'original qui est aux Archives départementales de la Côte-d'Or.

IV

Louis par la grâce de Dieu, Roi de France et de Navarre, à ous ceux qui ces présentes verront salut.

Nous avons reçu l'humble supplication de Nicolas Villemin faisant profession de la religion catholique apostolique et romaine, né à Gemeaux, de la conciergerie de notre Palais à Dijon, contenant qu'ayant été arrêté pour faits de commerce de contrebande et de faux tabac, et condamné par les juges des traites foraines, droit d'entrée et de sortie en la Chambre de la Table de marbre de notre Palais à Dijon, le suppliant a été condamné par jugement du 12 avril 1736 de l'année dernière en 1000 francs d'amende solidairement avec sa femme et aux dépens, et le tabac et autres choses saisie déclarées acquises et confisquées, et que ne pouvant satisfaire au paiement de ladite amende il a été rendu le 29 mai aussi de l'année dernière, sur la requête de Nicolas Desbrues, adjudicataire général de la ferme et régie, un second jugement qui a converti ladite condamnation d'amende encourue par le suppliant à servir *aux galères* en qualité de forçat pendant trois années.

Considérant que la contravention dans laquelle le suppliant était tombé étant une *première faute* il espérait que

nous voudrions bien lui pardonner et le décharger de la peine
de trois ans de galères à laquelle il a été condamné ; à ces causes voulant préférer la miséricorde à la rigueur des lois, nous
avons, de notre grâce spéciale pleine puissance et autorité
royale et par ces présentes signées de notre main, quitté et
déchargé le suppliant de la peine des galères à laquelle il a été
condamné par ledit jugement rendu par les juges des traites
foraines, droits d'entrée et de sortie en la Chambre de la Table de marbre de notre Palais, à Dijon, le 29 mai de l'année
dernière ; faute par lui d'avoir satisfait à la condamnation
d'amende prononcée par autre jugement du 12 avril précédent ; déchargeons pareillement le suppliant de la flé-
trissure ordonnée par notre déclaration du 4 mars 1724,
imposons sur ce point silence à notre Procureur Général, ses
subsituts, et à tous autres sy donnons en mandement, aux
présidents juges des traites foraines, droit d'entrée et de
sortie en la Chambre de la Table de marbre de notre Palais, à
Dijon, que ces présentes ils aient à faire régistrer dans leur
contenu, et à laisser le suppliant aller paisiblement, cessant
et faisant cesser tous troubles et empêchements contraires,
car tel est notre plaisir, en témoin de quoi nous avons fait
mettre notre scel aux présentes.

Donné à Versailles le 2e jour de mai l'an de grâce 1737
et de notre règne le 22e.

Signé : Louis

V

ARRÊT DU CONSEIL DU ROI DU 2 SEPTEMBRE 1731

Le Roi étant informé que depuis quelques jours on répand
dans le public un ouvrage qui a pour titre : « *Instruction
pastorale de M. l'Evêque duc de Laon,* second pair de France,
contre les réquisitions de M. Gilbert, avocat général », ladite
instruction imprimée à Laon en vertu du privilège accordé

par S. M. audit sieur Evêque en l'année 1724. Elle aurait jugé à propos de la faire examiner en son Conseil, et par le compte qui lui en a été rendu, Sa Majesté aurait reconnu, qu'outre que le seul titre de cette instruction suffit pour en faire sentir les dangereuses conséquences, elle ne contient presque qu'une déclamation véhémente et injurieuse contre un magistrat que le ministère qu'il exerce au nom de S. M. devait mettre à couvert de pareils excès, qu'il y a d'ailleurs plusieurs expressions dont on pourrait aisément abuser pour renouveler les disputes et contestations qui s'étaient élevées sur les bornes de l'autorité spirituelle et de la puissance temporelle, suspendus par l'arrêt du 10 mars dernier. A quoi étant nécessaire de pourvoir conformément audit arrêt par lequel S. M. s'est réservée à elle seule la connaissance de tout ce qui avait rapport aux dites disputes.

Sa Majesté étant en son conseil a ordonné et ordonne que ladite instruction pastorale sera et demeurera supprimée comme contraire au respect dû à l'autorité du roi et à la justice tendante à émouvoir les esprits et à troubler la tranquillité publique, fait défense audit sieur évêque de Laon de publier ou distribuer de pareils écrits, à peine d'être procédé contre lui par *saisie de son temporel* et autres voies de droit...

Et attendu l'abus fait par ledit évêque du privilège général à lui accordé par S. M. le 11 avril 1724 pour l'impression de tous mandements, lettres pastorales, etc., ordonne que ledit privilège demeurera révoqué comme S. M. le révoque par le présent arrêt, etc.

Et sera lu et publié le présent arrêt partout où besoin sera.

Fait au Conseil d'état du roi, Sa Majesté y étant, à Versailles, le 2 septembre 1731.

Archives de la Côte-d'Or. Papiers de Saulx Tavanes.

VI

EXTRAIT DES ACTES DES NOTAIRES

20 mars 1531. — *Procès*, notaire. Acquisition par Oudot-Duclos sur Guyot-Verreau, d'une pièce de vigne contenant une ouvrée, située ès Mesmes, dix livres.

28 mars 1570. — *Journy*, notaire. Acquisition par Bénigne Siresse, sur Toussaint-Chauvot, d'une pièce de vigne d'une ouvrée, située en Pré Nant, douze livres.

8 novembre 1570. — *Viard*, notaire. Acquisition par Jean Procès, laboureur, de Toussaint-Chauvot, 1 pièce de terre de cinq ouvrées, lieu dit au Tremblois des Veaux, quarante livres.

6 février 1572. — *Viard*, notaire. Echange entre Antoine Siresse et Girarde Siresse, femme de Claude Pacotte, de deux ouvrées de vigne sises en Saint-Michel.

8 mars 1580. — *Floryet*, notaire. Acquisition par Nicolas Duclos sur Audot-Sordoillet, d'un demi-journal de terre, lieu dit aux Montots, dix livres.

2 décembre 1581. — *Gabot*, notaire. Contrat d'acquisition d'une chambre sans cheminée, située en la rue du Mont-meroux par Jean Tonnelier.

3 mars 1587. — *Poiret*, notaire à Gemeaux. Acquisition par Denis Demartinécourt sur Nicolas Labbé, d'une ouvrée de terre, lieu dit Eschéseaux, cinq livres.

25 mars 1587. — *Chauvot*, notaire. Acquisition par Denis Carteret sur Jean Bollotte, laboureur, d'une pièce de terre d'un journal, lieu dit en la Rôpe, vingt-cinq livres.

24 janvier 1588. — *Floryet*, notaire. Vente par Jean Arbois, laboureur, à Demartinécourt, fermier, d'une pièce de terre de trois quartiers, située en la Fenotte.

27 octobre 1591. — *Floryet*, notaire. Acquisition par Nicolas Chauvot, vigneron à Gemeaux, d'une pièce de terre, lieu dit en la Combe Notre-Dame.

28 avril 1592. — *Duchat*, notaire. Acquisition par Jean Pernet, sur Thonyme Chauvot, veuve Ouvrard, d'une ouvrée et demie de vigne lieu dit aux Mouchottes, dix livres.

5 mars 1596. — *Floryet*, notaire. Acquisition par Jean Arbois de 5 ouvrées de terre situées en Venarde, 40 livres.

13 janvier 1597. — Acquisition par Claude Bollotte, laboureur, sur Jean Grandcompain, d'une pièce de vigne de une ouvrée, située aux Creterrolles, ving livres dix sols cinq deniers.

25 janvier 1597. — *Floryet*, notaire. Echange entre Denis Demartinécourt et Girard Gauthier, vigneron à Gemeaux, de deux pièces de terre situées sous Montmeroux.

14 février 1597. — *Floryet*, notaire. Acquisition par Antoine Guyot, d'un demi-journal de terre, lieu dit aux Fonteny de Venarde.

31 mars 1597. — *Floryet*, notaire. Acquisition par le sieur Boyer d'une ouvrée de terre arable, lieu dit Echeseaux.

29 juin 1598. — *J. Gauthier*, notaire. Acquisition par Mathieu Aubertin, d'un quartier de terre situé en Cretenot.

4 juin 1618. — *Gauthier*, notaire. Acte de cession et transport entre Simon Demartinécourt et Jacques Demartinécourt.

7 mars 1625. — *Jean Gauthier*, notaire. Echange entre Demartinécourt, notaire et procureur d'office à Gemeaux, et Nicolas Maupin, d'un demi-journal de terre lieu dit au bas de Bugnon, vingt livres.

1er octobre 1640. — *Pessard*, notaire. Acte d'acquisition par Jean Journy, de trois ouvrées de terre sous Montmeroux, un quartier en Combe Robin, trois ouvrées en Saint-Michel et trois ouvrées en la descente d'Espagny, trente livres.

25 février 1646. — Acquisition par Thevenin Demartinécourt, laboureur à Gemeaux, sur Jean Forçay, d'une pièce de terre en vigne en Prénant, une ouvrée et demie, dix livres.

27 mai 1654. — *Demartinécourt*, notaire. Acquisition par Elie Mochot sur Jean Aubertin, d'environ sept ouvrées de vigne lieu dit en Corbevoie, quatre-vingt-dix livres.

« Je donne ces extraits d'actes, que j'aurais pu multiplier, pour prouver que vers 1550 et même bien avant, la propriété était déjà très divisée, et que la terre appartenait, pour la plus grande partie aux paysans. Toutes ces terres étaient franches et libres de tous droits féodaux, sauf de la Dime à Dieu, qui frappait tous les héritages. »

VOICI LA LISTE DES NOTAIRES DE GEMEAUX

1531. — Procès.
1570-72. — Viard.
1580. — Journy.
1587. — Poiret, Chauvot.
1592. — Duchat.
1597. — Floryet.
1598. — Gauthier.
1601. — Miot.
1640. — Pessard, J. Demartinécourt.
1654. — Demartinécourt.
1659. — Etienne Gauthier.
1681. — Demartinécourt-Gabot.
1684. — Pessard.
1688. — J. Gauthier, J. Perret.
1690. — Pierre Bouillon.
1699. — J.-J. Thevenin.
1708. — J. Gauthier.
1718. — François Deshaires.
1734. — Pierre Chauvot.
1737. — Denis Savetier.
1750. — Jacques Gauthier.
1765. — Jean Chauvot.
1768. — Honoré Chauvot. — Pierre Chauvot II.
1813. — Rouget.
1825. — Guelaud père.
1848. — Pétitot.
1860. — Guelaud père.

18.

1870. — Guelaud fils.
1885. — Renaud.
1889. — Meuret.

VII

AUTORISATION DE VENDANGER

Nous soussigné, Seigneur des Baronnies de Gemeaux et Preigney, permettons aux Sergens Vigniers dudit Gemeaux, en exercice la présente année, de laisser entrer à Gemeaux la vendange de
qu'il a déclaré avoir faite dans le finage de
où les vendanges sont ouvertes, laquelle vendange dudit
est d'environ   balongées
de raisins qu'il a dit vouloir déposer dans sa vinée audit lieu de Gemeaux ; ladite permission valable pour la présente année seulement, et sera icelle et les autres permissions pour le même fait, délivrées et signées par le greffier de notre justice, et visées par Nous ou par les officiers de notre dite justice. Fait à Gemeaux le   mil sept cent quatre-vingt-

Signé : LOPPIN DE GEMEAUX.

Vu bon les an et jour que dessus.
Délivré par nous Greffier ordinaire de ladite Justice.

VIII

MAIRES DE GEMEAUX

1693. Gille Castellain de Rienbourg, maire perpétuel.
Révolution. Borel de la Rochette, qui signait, jusqu'en 1795, Borel, puis à partir de 1795, Borel la Rochette, puis en 1799 Borel de la Rochette.
Empire. Loppin de Gemeaux.
Restauration. Michel-François Loppin de Gemeaux. Emilien Loppin.

1830-31-32, Emilien Loppin.
1833, Brocard.
1837, Pouteaux.
1838 à 1846. Gauthier-Cornemillot.
1847, Pouteaux-Degoix.
1848 à 1850. Gaspard.
1851 à 1864. Guelaud Etienne.
1864 à 1868. Morel.
1868 à 1870. A. Huguenin.
1870 à 1871. Fousset, Meuret, Castille.
1876 à 1877. Guelaud Gustave.
1878 à 1880. Fousset.
1880 à 1882. Gauthier-Brocard.
1882 à 1892. Fousset.
1892. Pouteaux, capitaine en retraite, chevalier de la Légion
  d'honneur.

TABLE DES MATIÈRES

ERRATA

Page 73, ligne 14, *au lieu de* : dont je parlerai plus loin, *lisez* : dont j'ai déjà parlé ;

Page 78, note, ligne 2, *au lieu de* 1440, *lisez* : 1479.

Page 161, ligne 27, *au lieu de* : qu'il possédait, *lisez* : qu'il y possédait.

Page 222, ligne 20, *lisez* : de pères et de citoyens,

Page 230, ligne 8, *au lieu de* : j'en parlerai plus loin. *lisez* : j'en ai déjà parlé.

Page 266, ligne 26, *au lieu de* : n'y venaient, *lisez* : n'y venant.

DIJON. — IMPRIMERIE DARANTIÈRE